汽车维修快速入门、进阶与精通

（含新能源汽车）（彩色图解+视频讲解）

于海东　刘青山　主编

电子工业出版社
Publishing House of Electronics Industry
北京·BEIJING

内 容 简 介

本书采用高清图解形式，语言通俗易懂，围绕初级从业者所关心的问题，从汽车构造与维修技术着手，对汽车构造（包含新能源汽车）、汽车维修基础、汽车动力系统（发动机、新能源汽车动力电池和驱动电机）、汽车底盘（传动系统、制动系统、转向系统、行驶系统）及汽车电气系统（汽车电气系统特点与电路图识读，以及汽车充电、起动系统和空调系统、照明系统、中控门锁系统、音响与导航系统、其他电动辅助装置）的结构组成、主要部件的基本工作原理、维修工具的使用、一般养护方法、机械与电控系统的故障诊断及维修方法等知识进行了详细介绍。

本书内容具有较强的实际指导价值，既可作为初级汽车维修从业者的入门指导读物，也可作为大中专院校相关专业的参考资料。

未经许可，不得以任何方式复制或抄袭本书之部分或全部内容。
版权所有，侵权必究。

图书在版编目（CIP）数据

汽车维修快速入门、进阶与精通：含新能源汽车：彩色图解＋视频讲解／于海东，刘青山主编．
—北京：电子工业出版社，2022.10
ISBN 978-7-121-44301-5

Ⅰ．①汽… Ⅱ．①于…②刘… Ⅲ．①汽车－车辆修理－图解 Ⅳ．①U472.4-64

中国版本图书馆 CIP 数据核字（2022）第 170361 号

责任编辑：管晓伟
印　　刷：天津千鹤文化传播有限公司
装　　订：天津千鹤文化传播有限公司
出版发行：电子工业出版社
　　　　　北京市海淀区万寿路 173 信箱　邮编：100036
开　　本：787×1092　1/16　印张：16　字数：409.6 千字
版　　次：2022 年 10 月第 1 版
印　　次：2022 年 10 月第 1 次印刷
定　　价：99.00 元

凡所购买电子工业出版社图书有缺损问题，请向购买书店调换。若书店售缺，请与本社发行部联系，联系及邮购电话：（010）88254888，88258888。

质量投诉请发邮件至 zlts@phei.com.cn，盗版侵权举报请发邮件至 dbqq@phei.com.cn。

本书咨询联系方式：（010）88254460；guanphei@163.com；197238283@qq.com。

前言

随着私家车保有量的不断增加,汽车售后服务市场的前景越发广阔。与此同时,广大汽车维修行业初级从业者的专业素养和技能水平亟待提升,迫切需要掌握汽车的结构特点和故障诊断方法等汽车维修专业知识。为帮助广大初级从业者全面、系统地了解汽车维修基础知识,快速掌握维护修理、故障诊断等技能,特此编写了本书。

本书共16章,采用高清图解形式,语言通俗易懂,围绕初级从业者所关心的问题,从汽车构造与维修技术着手,对汽车构造(包含新能源汽车)、汽车维修基础、汽车动力系统(发动机、新能源汽车动力电池和驱动电机)、汽车底盘(传动系统、制动系统、转向系统、行驶系统)和汽车电气系统(汽车电气系统特点与电路图识读,以及汽车充电、起动系统和空调系统、照明系统、中控门锁系统、音响与导航系统、其他电动辅助装置)的结构组成、基本原理、维修工具、养护方法、常见故障诊断及维修方法等内容进行了详细介绍。

本书排版精美,大量采用高清透视图、分解图来展示汽车的基本构造和工作原理,诊断与维修部分采用实操照片图,并加入文字说明,较好地解决了初学者读图的难题。为了方便读者使用,编者对必要的理论和故障排除实操环节录制了视频,并通过二维码形式附注在书中,读者可通过扫描这些二维码观看学习。本书内容具有较强的实际指导价值,既可作为初级汽车维修从业者的入门指导读物,也可作为大中专院校相关专业的参考资料。

目录

第1部分　汽车构造与维修基础

第1章　汽车基础 ························ 2
1.1　汽车总体构造 ······················ 2
1.1.1　发动机 ······················ 2
1.1.2　底盘 ······················· 3
1.1.3　车身 ······················· 5
1.1.4　电气系统 ···················· 5
1.2　新能源汽车概述 ··················· 6
1.2.1　新能源汽车基本概念 ············ 6
1.2.2　新能源汽车类型与特点 ·········· 7
1.2.3　纯电动汽车基本结构 ············ 9

第2章　汽车维修基础 ················· 13
2.1　汽车维修认知 ····················· 13
2.1.1　汽车经销商（4S店） ··········· 13
2.1.2　机动车维修管理规定 ············ 14
2.2　汽车维修工具仪器认知与使用 ······· 14
2.2.1　手动工具 ···················· 14
2.2.2　气动工具 ···················· 17
2.2.3　电动工具 ···················· 17
2.2.4　测量工具 ···················· 18
2.2.5　车辆举升设备 ················· 22

第2部分　汽车动力系统

第3章　发动机维修基础 ··············· 26
3.1　发动机基础知识 ··················· 26
3.1.1　发动机的分类与基本术语 ········ 26
3.1.2　发动机的工作原理 ············· 28
3.1.3　发动机的组成 ················· 29
3.2　曲柄连杆机构维修与故障诊断 ······· 34
3.2.1　曲柄连杆机构的组成 ············ 34
3.2.2　曲柄连杆机构维修 ············· 39
3.2.3　曲柄连杆机构常见故障的诊断与
排除 ······················· 44
3.3　配气机构维修与故障诊断 ··········· 45
3.3.1　配气机构的类型 ··············· 45
3.3.2　配气机构的组成 ··············· 46
3.3.3　配气机构维修 ················· 49
3.3.4　配气机构常见故障的诊断与排除 ··· 54
3.4　进、排气系统维修与故障诊断 ······· 57
3.4.1　进气系统概述 ················· 57
3.4.2　进气系统维修 ················· 57
3.4.3　排气系统概述 ················· 61
3.4.4　排气系统维修 ················· 63
3.4.5　排气系统常见故障的诊断与排除 ··· 64
3.4.6　进气增压系统概述 ············· 65
3.4.7　进气增压系统维修 ············· 67
3.5　燃油供给和喷射系统维修与故障诊断 ··· 69
3.5.1　燃油供给系统 ················· 69
3.5.2　燃油喷射系统 ················· 72
3.5.3　燃油系统维修 ················· 74
3.6　冷却系统维修与故障诊断 ··········· 78
3.6.1　冷却系统的组成与原理 ·········· 78
3.6.2　冷却系统维修 ················· 81
3.6.3　冷却系统常见故障的诊断与排除 ··· 84

3.7 润滑系统维修与故障诊断 …………… 85
　3.7.1 润滑系统的组成 …………………… 85
　3.7.2 润滑系统维修 ……………………… 88
　3.7.3 润滑系统常见故障的诊断与排除 … 93
3.8 点火系统维修与故障诊断 …………… 94
　3.8.1 点火系统的组成及原理 …………… 95
　3.8.2 点火系统维修 ……………………… 98
　3.8.3 点火系统常见故障的诊断与排除 … 100

第4章 新能源汽车动力电池系统 ……… 103
4.1 动力电池基础知识 …………………… 103
　4.1.1 动力电池概述 ……………………… 103
　4.1.2 动力电池的类型及其原理 ………… 104
4.2 动力电池系统维修与故障诊断 ……… 107
　4.2.1 动力电池的检查保养 ……………… 107
　4.2.2 动力电池总成更换 ………………… 109
　4.2.3 动力电池的开箱与密封 …………… 110
　4.2.4 动力电池高压继电器（接触器）
　　　　更换 ………………………………… 111
　4.2.5 动力电池管理器更换 ……………… 113
4.3 动力电池冷却系统维修与故障诊断 … 113
　4.3.1 动力电池冷却系统的结构与原理 … 113
　4.3.2 动力电池冷却系统维护 …………… 115
4.4 动力电池充电系统维修与故障诊断 … 116
　4.4.1 充电系统的组成及原理 …………… 116
　4.4.2 充电系统一般维护 ………………… 118

第5章 新能源汽车驱动电机系统 ……… 120
5.1 新能源汽车驱动电机基础知识 ……… 120
　5.1.1 驱动电机的分类及结构 …………… 120
　5.1.2 驱动电机的工作原理 ……………… 123
5.2 新能源汽车驱动电机维护 …………… 123

第3部分　汽车底盘

第6章 传动系统维修与故障诊断 ……… 132
6.1 传动系统概述 ………………………… 132
6.2 离合器维修与故障诊断 ……………… 135
6.3 手动变速器维修与故障诊断 ………… 139
6.4 自动变速器维修与故障诊断 ………… 149

　6.4.1 行星齿轮式自动变速器 …………… 149
　6.4.2 双离合器自动变速器 ……………… 155
6.5 主减速器、差速器和传动轴维修与故障
　　诊断 …………………………………… 160
　6.5.1 主减速器与差速器概述 …………… 160
　6.5.2 传动轴概述 ………………………… 162
　6.5.3 主减速器维修 ……………………… 163
　6.5.4 传动轴异响的维修 ………………… 163

第7章 制动系统维修与故障诊断 ……… 165
7.1 制动系统概述 ………………………… 165
7.2 盘式制动器 …………………………… 167
　7.2.1 盘式制动器概述 …………………… 167
　7.2.2 盘式制动器维修 …………………… 169
7.3 鼓式制动器 …………………………… 171
　7.3.1 鼓式制动器概述 …………………… 172
　7.3.2 鼓式制动器维修 …………………… 173
7.4 制动助力系统 ………………………… 174
　7.4.1 真空助力系统 ……………………… 174
　7.4.2 真空助力器 ………………………… 174
　7.4.3 真空助力系统维修 ………………… 175
7.5 制动控制系统 ………………………… 177
　7.5.1 防抱死制动系统 …………………… 177
　7.5.2 其他电子制动系统 ………………… 178

第8章 转向系统维修与故障诊断 ……… 180
8.1 转向系统概述 ………………………… 180
8.2 转向系统的维修与故障诊断 ………… 185
　8.2.1 转向系统检查 ……………………… 185
　8.2.2 转向系统拆装 ……………………… 187
　8.2.3 转向系统常见故障的诊断与排除 … 191

第9章 行驶系统维修与故障诊断 ……… 194
9.1 行驶系统基础知识 …………………… 194
9.2 车轮维修与故障诊断 ………………… 194
　9.2.1 车轮检查 …………………………… 194
　9.2.2 轮胎拆卸、修补与动平衡 ………… 196
9.3 悬架基础知识 ………………………… 200
　9.3.1 悬架概述 …………………………… 200
　9.3.2 常见的非独立悬架 ………………… 201

9.3.3 常见的独立悬架 202
9.3.4 悬架的弹性元件 204
9.3.5 减振器 205
9.4 悬架系统维修 205
9.5 行驶系统常见故障的诊断与排除 208

第4部分　汽车电气系统

第10章　汽车电气系统特点与电路图识读 212
10.1 汽车电气系统特点 212
10.2 汽车电路图识读 213
　10.2.1 汽车电路组成 213
　10.2.2 汽车电路图的识读方法 213

第11章　汽车充电、起动系统维修与故障诊断 215
11.1 汽车充电、起动系统基本知识 215
11.2 汽车充电、起动系统检修与故障诊断 217
　11.2.1 发电机检查 217
　11.2.2 充电系统常见故障的诊断与排除 217
　11.2.3 起动机检测 219
　11.2.4 起动系统常见故障的诊断与排除 219

第12章　汽车空调系统维修与故障诊断 222
12.1 汽车空调系统基础知识 222
　12.1.1 汽车空调系统概述 222
　12.1.2 空调制冷系统的工作原理 223
　12.1.3 空调压缩机的结构与原理 224
12.2 空调系统维修 224
　12.2.1 空调系统抽真空 224
　12.2.2 空调系统制冷剂的加注 225

第13章　照明系统维修与故障诊断 227
13.1 汽车照明系统基础知识 227
13.2 汽车照明系统维修 228
　13.2.1 灯光组合开关的更换 228
　13.2.2 前照灯的更换 228
　13.2.3 前照灯电路的检查 229

第14章　汽车中控门锁系统维修与故障诊断 231
14.1 汽车中控门锁系统基础知识 231
　14.1.1 汽车中控门锁系统 231
　14.1.2 遥控中控门锁系统 232
14.2 汽车中控门锁系统维修 233
　14.2.1 前门锁总成拆卸 233
　14.2.2 行李舱锁总成拆卸 234
14.3 汽车中控门锁系统的常见故障及排除方法 235

第15章　汽车音响与导航系统维修与故障诊断 236
15.1 汽车音响与导航系统基础知识 236
　15.1.1 汽车音响系统的组成 236
　15.1.2 汽车导航系统的组成 237
15.2 汽车音响与导航系统维修 238
　15.2.1 低音喇叭的拆卸 238
　15.2.2 GPS主机的拆卸 239
15.3 汽车音响与导航系统的常见故障及排除方法 239

第16章　其他电动辅助装置的维修与故障诊断 241
16.1 刮水器与洗涤系统维修与故障诊断 241
　16.1.1 刮水器与洗涤系统概述 241
　16.1.2 刮水器电动机的供电检查 242
　16.1.3 刮水器系统故障诊断 243
16.2 电动后视镜维修与故障诊断 243
　16.2.1 电动后视镜的组成与原理 243
　16.2.2 电动后视镜的供电检查 244
16.3 电动车窗维修与故障诊断 244
　16.3.1 电动车窗的基本组成 244
　16.3.2 电动车窗维修 245

第 1 部分

汽车构造与维修基础

第1章 汽车基础

1.1 汽车总体构造

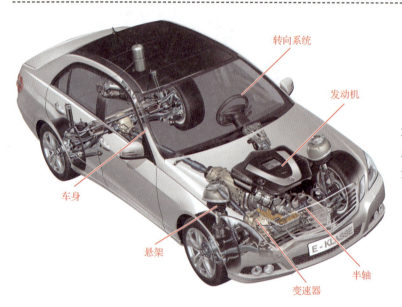

汽车主要由发动机、底盘、车身和电气系统等部分组成。典型乘用车的总体构造示意图如图1-1所示。

图1-1 典型乘用车的总体构造示意图

1.1.1 发动机

发动机是汽车的动力装置,其功用是使进入气缸内的燃料燃烧从而产生动力。一般汽车采用往复活塞式发动机,它由曲柄连杆机构、配气机构、燃料供给系统、冷却系统、润滑系统、点火系统(汽油发动机采用)及起动系统等组成。汽车发动机实物图如图1-2所示。

图1-2 汽车发动机实物图

1.1.2 底盘

底盘通过接收发动机产生的动力来驱动汽车,并使汽车按照驾驶人的意图正确行驶。如图1-3所示,汽车底盘包括传动系统、行驶系统、转向系统和制动系统。

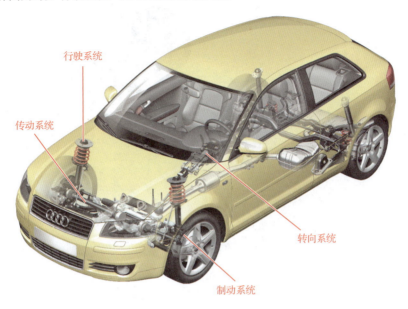

图1-3　汽车底盘构成示意图

1)传动系统

传动系统的作用是将发动机产生的动力传给驱动车轮。它包括离合器、变速器、传动轴、万向节、主减速器、差速器、半轴及桥壳等,如图1-4所示。

图1-4　传动系统

2）行驶系统

行驶系统确保汽车各总成及部件安装在适当位置,其对全车起支承作用并与路面产生附着作用,能够缓和道路冲击和振动。它包括支承全车的车身、悬架及车轮等,如图1-5所示。

图1-5　行驶系统

3）转向系统

转向系统的作用是使汽车按照驾驶人选定的方向行驶。如图1-6所示,它由转向操纵机构、转向传动机构及转向器组成,部分汽车还装有转向助力装置。

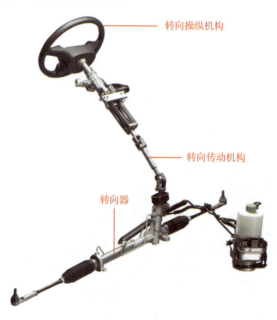

图1-6　转向系统

4）制动系统

制动系统的作用是使汽车减速或停车,并保证汽车可靠驻停。它主要包括制动器和制动传动装置,如图1-7所示。

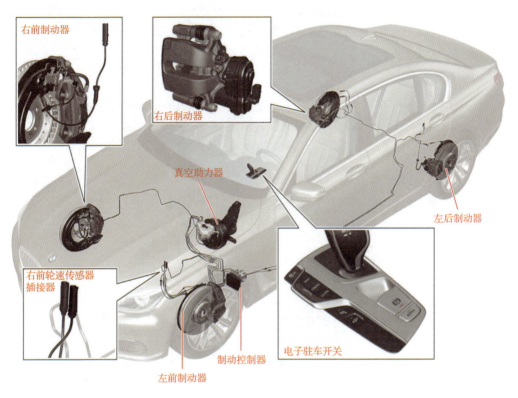

图1-7 制动系统

1.1.3 车身

车身（图1-8）是形成驾驶员和乘员乘坐空间的装置，也能用于存放行李等物品。因此，对它的要求是：既能为驾驶员提供方便的操作条件，又能为乘员提供舒适的环境；既能保护全体驾乘人员的安全，又能保证货物完好无损。也就是说，车身既是安保部件又是承载部件。在现代汽车中，车身还是技术与艺术有机结合的艺术品。轿车车身由本体及内、外装饰和车身附件等组成。

图1-8 车身

1.1.4 电气系统

电气系统是汽车重要的组成部分，它由电源、发动机点火系统、起动系统、照明和信号装置、空调、仪表和报警装置及辅助电器等组成。高级轿车采用更多的现代技术，尤其是电子技术，如计算机控制的人工智能装置、智能网联汽车的辅助驾驶装置等。汽车空调作为汽车电气系统的重要组成部分，其组成示意图如图1-9所示。

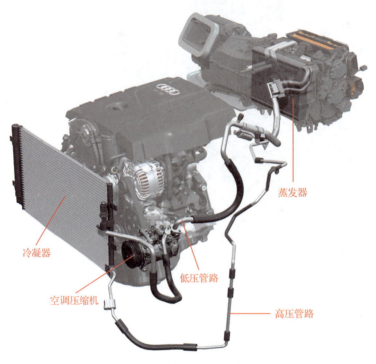

图1-9　汽车空调组成示意图

1.2　新能源汽车概述

1.2.1　新能源汽车基本概念

1）新能源汽车

新能源汽车指采用非常规车用燃料作为动力来源（或使用常规车用燃料，采用新型车载动力装置），通过综合车辆动力控制和驱动方面的先进技术所形成的技术原理先进、具有新技术和新结构的汽车。

2）电动汽车

电动汽车指以车载电源为动力，通过电机驱动车轮行驶，符合道路交通、安全法规各项要求的车辆。

3）非常规车用燃料

非常规车用燃料指汽油、柴油、天然气、液化石油气、乙醇汽油、甲醇及二甲醚以外的燃料。

4）动力蓄电池

由于电池单体的电压、容量都非常有限，为能满足车辆应用的要求，利用串联、并联的方式将多个电池单体连接成电池组，称为动力蓄电池。电池组可用先并联后串联的方法，也可用先串联后并联的方法。

5）制动能量回收

制动能量回收是指汽车减速或制动时，驱动电机运行在发电状态，将汽车的部分动能回馈给动力蓄电池以对其充电，并产生制动力使车辆减速或制动。这样既达到了电动汽车制动的效果，又实现了能量回收的功能，增加了电动汽车续驶里程。

6）续驶里程

续驶里程指电动汽车在动力蓄电池完全充电状态下，以一定的行驶工况能连续行驶的最大距离。

1.2.2 新能源汽车类型与特点

新能源汽车包括五大类型：纯电动汽车（BEV，包括太阳能汽车）、混合动力电动汽车（HEV）、燃料电池电动汽车（FCEV）、氢能汽车及其他新能源（如超级电容器、飞轮等高效储能器）汽车等。

1）纯电动汽车

纯电动汽车是以动力蓄电池为储能单元，以驱动电机为驱动系统的车辆，如图1-10所示。纯电动汽车具有以下特点：结构比较简单，生产工艺相对成熟，行驶中无废气排出，噪声小，并且可以在用电低峰时充电，以平抑电网峰谷差，使发电设备得到充分利用。但是纯电动汽车存在续驶里程较短、充电时间过长或快捷充电会缩短蓄电池寿命等缺点。

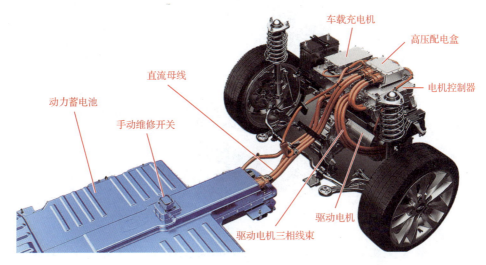

图1-10 纯电动汽车

2）混合动力电动汽车

混合动力电动汽车是同时装备两种动力源——热动力源（由传统的汽油发动机或柴油发动机产生）与电动力源（动力蓄电池与驱动电机）的汽车，如图1-11所示。混合动力电动汽车的优点主要是耗油量较少，并且在内燃机所有不利运行的范围内可由电机提供动力支持。混合动力模式可以对所使用的电机和内燃机的功率特性曲线进行较好补充，电机的较高转矩可以为（低转速范围内）内燃机的较小转矩进行最佳补充，同时具备起动机和发电机的功能，从

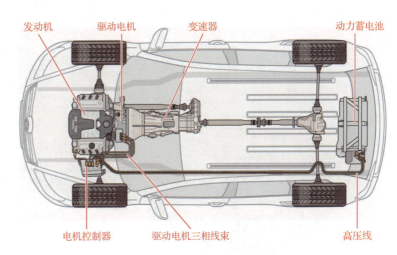

图1-11 混合动力电动汽车

而可以取消传统燃汽油车中的起动机和发电机。

3）燃料电池电动汽车

燃料电池电动汽车实质上是电动汽车的一种，如图1-12所示。在车身、动力传动系统及控制系统等方面，燃料电池电动汽车与普通电动汽车基本相同，主要区别在于动力蓄电池的工作原理不同。一般来说，燃料电池通过电化学反应将化学能转化为电能，其电池的能量是通过氢气和氧气的化学作用直接产生的，并未经过燃烧。燃料电池的化学反应过程不会产生有害物质，因此，燃料电池电动汽车是无污染汽车，燃料电池的能量转换效率比内燃机高 2～3 倍。

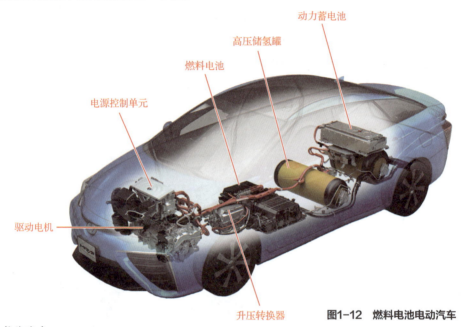

图1-12　燃料电池电动汽车

4）氢能汽车

氢能汽车是以氢气为能源的汽车，如图1-13所示。氢气发动机属于点燃式发动机，可由汽油发动机或柴油发动机改制。根据氢气的使用方法，氢能汽车主要有压缩氢气汽车、液化氢气汽车和吸附氢气汽车 3 种。

图1-13　氢能汽车

1.2.3 纯电动汽车基本结构

传统内燃机汽车由四大部分组成，分别是发动机、底盘、电器和车身。电动汽车的组成与传统内燃机汽车相比，在电器和车身方面的变化不大，但在底盘的传动系统和驱动方面有很大变化。电动汽车在驱动和传动方面的组成包括电力驱动及控制系统、驱动力传动等机械系统，以及用于完成既定任务的工作装置等。电力驱动及控制系统是电动汽车的核心，也是电动汽车区别于内燃机汽车的最大不同之处。电力驱动及控制系统由动力蓄电池、驱动电机和驱动电机调速控制装置（以下统称电机控制器）等组成。

1）动力蓄电池

动力蓄电池（图1-14）的作用是为电动汽车的驱动电机提供电能。目前，电动汽车上应用最多的动力蓄电池是锂离子蓄电池和磷酸铁锂蓄电池。

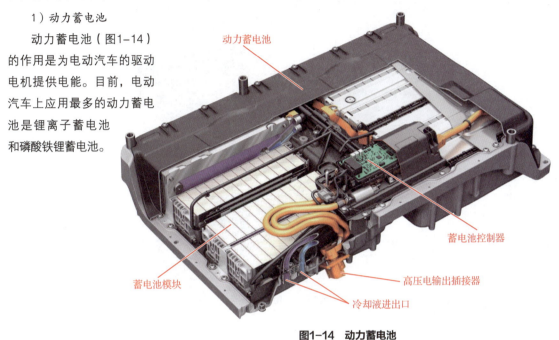

图1-14 动力蓄电池

2）驱动电机

驱动电机（图1-15）的作用是将动力蓄电池的电能转化为机械能，通过传动装置或直接驱动车轮和工作装置。目前，电动汽车上广泛采用的是交流同步电机，部分车型采用交流异步电机等。

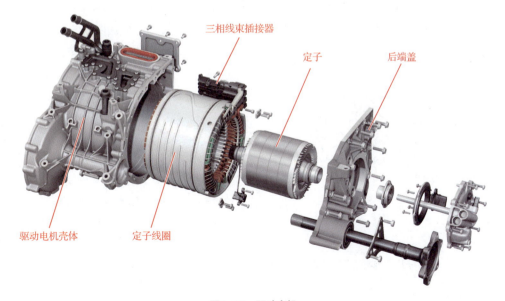

图1-15 驱动电机

第1章 汽车基础

3)电机控制器

电机控制器(图1-16)是为实现电动汽车的变速和方向变换等而设置的,其作用是通过控制驱动电机的电压或电流来实现对驱动电机驱动转矩和旋转方向的控制。它采用变频调速控制技术,使电动汽车的制动能量回收控制更加方便。

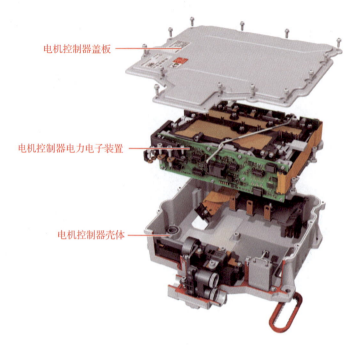

图1-16　电机控制器

4)传动装置

电动汽车传动装置的作用是将驱动电机的驱动转矩传给汽车的驱动轴。当采用驱动电机驱动汽车时,传动装置的多数部件通常可以省略。例如,因为驱动电机可以带负载起动,所以电动汽车无须安装传统内燃机汽车中的离合器;因为驱动电机的旋转方向可以通过电路控制实现变换,所以电动汽车无须设置传统内燃机汽车变速器中的倒挡。当采用驱动电机无级调速控制时,电动汽车可以省略传统内燃机汽车中的变速器。当采用车轮直驱时,电动汽车还可以省略传统内燃机汽车传动系统中的差速器。目前,大多数电动汽车的传动系统采用固定减速比的减速传动装置配合驱动电机驱动车辆,如图1-17所示。插电式混合动力汽车一般采用内燃机汽车中的变速器与驱动电机配合使用。

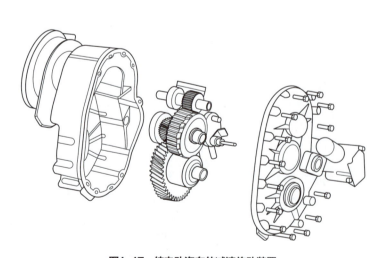

图1-17　纯电动汽车的减速传动装置

5）行驶装置

行驶装置的作用是将驱动电机的驱动转矩通过车轮变成对地面的作用力，驱动车轮转动。它与内燃机汽车的行驶装置相同，也是由车轮和悬架等组成的。

6）转向装置

转向装置是为实现汽车的转弯而设置的，它由转向盘、转向器、转向机构、转向助力装置和转向轮等组成。作用于转向盘上的转向力，通过转向轴和转向器使转向机构带动转向轮偏转一定的角度，实现汽车转向。转向助力装置可以使转向操纵更加轻便、安全。电动汽车采用电动助力转向方式，控制单元根据转矩传感器、车速传感器的信号控制电动机的旋转方向和助力电流的大小，电动机的转矩通过减速机构作用于齿轮齿条转向器的小齿轮上，实现助力转向，如图1-18所示。

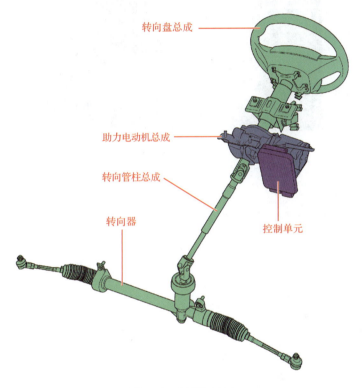

图1-18　电动助力转向

7）制动装置

电动汽车的制动装置同内燃机汽车一样，也是为汽车减速或停车而设置的，通常由制动器及操纵装置组成。电动汽车上一般还装有电磁制动装置，它可以利用驱动电机的控制电路实现驱动电机的发电运行，使减速制动时的能量转换为对动力蓄电池充电的能量，从而实现制动能量再生利用。因为电动汽车没有发动机，即没有真空源，所以电动汽车通常采用电动真空泵（图1-19）产生真空度，以实现制动时的真空助力。

图1-19　电动真空泵

8)空调

不同于传统内燃机汽车,电动汽车空调的驱动能量来源于动力蓄电池。由于作为驱动能量来源的动力蓄电池能量有限,空调系统的能耗对电动汽车的续驶里程有较大影响。因而与传统内燃机汽车相比,对电动汽车空调系统的节能高效提出了更高要求。目前,电动汽车空调多采用电动压缩机,如图1-20所示。

图1-20　电动压缩机

第2章 汽车维修基础

2.1 汽车维修认知

2.1.1 汽车经销商（4S店）

1）汽车经销商（4S店）概述

目前，汽车经销商（4S店）是我国汽车维修行业中生产组织最规范、生产工艺最先进的企业类型。汽车经销商（4S店）是集整车销售（Sale）、售后服务（Service）、配件（Sparepart）、信息反馈（Survey）四位一体的汽车销售企业。

当前大多数汽车经销商（4S店）售后服务部的组织架构如图2-1所示。

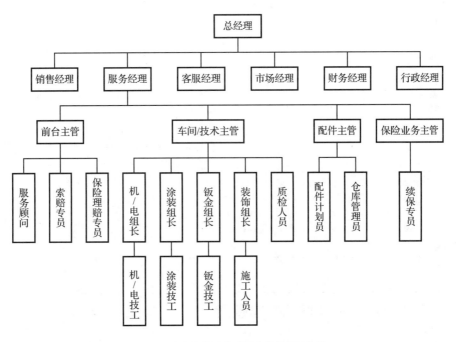

图2-1 汽车经销商售后服务部的组织架构

有些汽车品牌，如上汽大众和一汽-大众会设置服务总监的岗位，其职责对应于图2-1中的服务经理；而服务经理的职责对应于图2-1中的前台主管。随着各汽车厂商对维护客户关系及提高客户满意度的要求逐渐提升，客户关系部门也作为独立的部门直接向总经理汇报工作，但也有部分汽车品牌的客服部门是设置在售后服务部内的，并且由客服经理向服务经理汇报工作。

2）汽车经销商（4S店）售后服务流程

一般汽车经销商（4S店）的售后服务流程包括7步：预约、准备工作、接车/制单、修理/进行工作、质检/内部交车、交车/结账、跟踪/回访。

2.1.2 机动车维修管理规定

2019年6月，交通运输部发布了修正后的《机动车维修管理规定》，将汽车维修企业分为一类、二类和三类，并针对各类维修企业经营范围做出明确规定，见表2-1。

表2-1 各类维修企业经营范围

维修企业类型	允许从事的修理作业范围
一类、二类	整车修理、总成修理、整车维护、小修、维修救援、专项修理和维修竣工检验工作
三类	汽车综合小修或者发动机维修、车身维修、电气系统维修、自动变速器维修、轮胎动平衡及修补、四轮定位检测调整、汽车润滑与养护、喷油泵和喷油器维修、曲轴修磨、气缸镗磨、散热器维修、空调维修、汽车美容装饰、汽车玻璃安装及修复等汽车专项维修工作

修正后的《机动车维修管理规定》针对各类维修企业应配备的技术人员也做了具体规定，见表2-2。

表2-2 各类维修企业应配备的技术人员规定

维修企业类型	允许从事的修理作业范围	技术人员职责
一类、二类	各配备至少1名技术负责人员、质量检验人员、业务接待人员及负责机修、电器、钣金、涂漆的维修技术人员	技术负责人员应当熟悉汽车或者其他机动车维修业务，并掌握汽车或者其他机动车维修及相关政策法规和技术规范； 质量检验人员应当熟悉各类汽车或者其他机动车维修检测作业规范，掌握汽车或者其他机动车维修故障诊断和质量检验的相关技术，熟悉汽车或者其他机动车维修服务收费标准及相关政策法规和技术规范，并持有与承修车型种类相对应的机动车驾驶证； 从事机修、电器、钣金及涂漆的维修技术人员应当熟悉所从事工种的维修技术和操作规范，并了解汽车或者其他机动车维修及相关政策法规
三类	按照具体经营项目分别配备专业机修、电器、钣金及涂漆的维修技术人员；对于汽车综合小修、发动机维修、车身维修、电气系统维修及自动变速器维修，还应配备技术负责人员和质量检验人员	

2.2 汽车维修工具仪器认知与使用

2.2.1 手动工具

1）扳手

扳手主要分为扭力扳手、套筒扳手、梅花扳手、呆扳手、棘轮扳手和活扳手。

① 扭力扳手。各汽车公司对重要部件的螺栓连接力矩有相应的标准和规定，如气缸盖、车轮、变速器及空调压缩机等使用的紧固螺栓。在车辆维修和维护过程中，用于连接的螺栓必须使用扭力扳手紧固到标准力矩。扭力扳手包括3种，如图2-2所示。

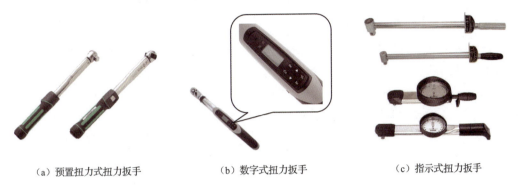

(a) 预置扭力式扭力扳手　　(b) 数字式扭力扳手　　(c) 指示式扭力扳手

图2-2　扭力扳手

预置扭力式扭力扳手可以预设需要的扭力力矩，当紧固件的紧固力矩达到预设力矩时，扳手会自动发出"咔嗒"声，提示紧固力矩已经达到预设力矩。预设扭力力矩时，先将手柄上的锁定开关（如有）解除，再旋转手柄，调节刻度尺达到需要的力矩，最后锁紧锁定开关。

数字式扭力扳手带有LED显示屏和操作按键，可以利用操作按键设定所需的力矩、单位并进行数据存储等。使用过程中 LED 显示屏会显示当前的力矩数值，当力矩达到预设值后，扳手会发出"咔嗒"声，同时操作面板上的 LED 灯点亮以提醒使用者。

指示式扭力扳手有指针式和表盘式两种指示方式。使用指针式扭力扳手紧固螺栓、螺母时，根据所施加的不同力矩，指针在刻度盘上指示不同的刻度；使用表盘式扭力扳手紧固螺栓、螺母时，表盘内的指针会根据力矩的方向转动，并最终停在刻度盘的某个刻度处，通过观察表盘上的指示刻度即可知道所施加力矩的大小。

② 套筒扳手。为满足日常工作需要，套筒扳手一般由不同尺寸、不同规格的套筒组成一个完整的套装。在狭小空间内工作时，套筒扳手应选用与之配套的附件，以避免工具与工件发生干涉。套筒扳手的实物和使用如图2-3所示。

(a) 实物　　　　　　　　(b) 使用（1）　　　　　　　(c) 使用（2）

图2-3　套筒扳手的实物和使用

③ 梅花扳手。梅花扳手（图2-4）能以抱住螺栓或螺母六角面的形式转动，其柄部较长，因而能施以更大的力矩，便于使用。

④ 呆扳手。呆扳手（图2-5）的用途与梅花扳手类似，但其钳口结构为开放式，使用更方便，但能承受的力矩小于梅花扳手。

图2-4 梅花扳手

图2-5 呆扳手

⑤ 棘轮扳手。棘轮扳手（图2-6）的内部是一个单向棘轮，可以单向空转，但在受力方向棘轮不能转动，因而可以用于拆装螺栓，反向空转不受力，以快速回转扳手手柄。棘轮扳手可以提高工作效率，拆装螺栓时可以不需要重复松开套筒，并且可以单向转动。

⑥ 活扳手。活扳手（图2-7）适用于尺寸不规则的螺栓或螺母，因其可以改变口径，可用来代替多个呆扳手。使用时，通过转动活扳手的调节螺杆来调节扳手直至其与螺栓或螺母完全嵌合。注意：活扳手不能用于施加大力矩的场合。

图2-6 棘轮扳手

图2-7 活扳手

2）钳类工具

钳类工具主要分为尖嘴钳、鳄鱼钳及斜口钳等，如图2-8所示。

（a）尖嘴钳

（b）鳄鱼钳

（c）斜口钳

图2-8 钳类工具

① 尖嘴钳。它主要用于剪切线径较细的单股与多股线及剥除塑料绝缘层等，可在较狭小的工作空间内操作。

② 鳄鱼钳。它可用于夹持物体，通过改变鳄鱼钳支点上孔的位置，可以调节钳口打开的程度，以便于夹持不同尺寸的物体。另外，鳄鱼钳也可在其颈部剪切细导线。

③ 斜口钳。它一般用于切割细导线，因其尖部为圆形。

3）螺钉旋具

螺钉旋具（图2-9）俗称起子，用于拆装螺钉。螺钉旋具主要有一字槽和十字槽等类型，使用时应根据螺钉的头部形状来选择。

使用螺钉旋具时，需要保持其与螺钉尾端成直线，边用力压紧边转动。

图2-9 螺钉旋具

2.2.2 气动工具

气动工具使用压缩气体作为驱动源,具有使用稳定、安全、省力、能够获得较大力矩、适用多种场合,以及可拆卸大力矩紧固件等优点,因而在工作中得到广泛使用。

气动剪和气动铲适用于钣金维修座椅,可分别用于薄金属板的切断和分离金属焊接件,如图2-10所示。

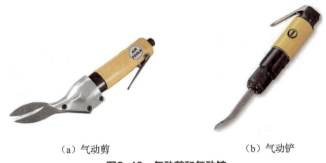

(a)气动剪　　　　　　　(b)气动铲

图2-10　气动剪和气动铲

如图2-11所示,气动扳手和气动棘轮均为拆装类工具,两者在功能上是相同的,但气动棘轮承载的力矩比气动扳手小。尽管如此,气动棘轮仍以其体积小、重量轻、使用方便等特点,在日常工作中得到广泛使用。

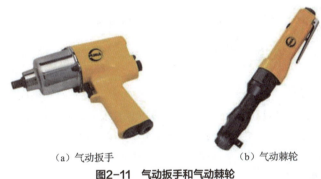

(a)气动扳手　　　　　　　(b)气动棘轮

图2-11　气动扳手和气动棘轮

除上述工具外,气动工具还包括气动砂轮和气动剖光机,分别用于钣金和喷漆作业。

2.2.3 电动工具

汽车维修中常用的电动工具是电动扳手,主要分为外接电源式和自带电源式,如图2-12所示。

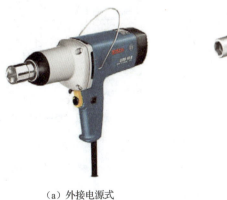

(a)外接电源式　　　　　　　(b)自带电源式

图2-12　电动扳手

外接电源式电动扳手,需要外接220V电源,可拆卸大力矩紧固件。在拆装过程中使用电动扳手能够提高工作效率,降低劳动强度。

自带电源式电动扳手带有充电电池,可在不外接电源的情况下工作,适用于中小力矩紧固件。自带电源式电动扳手因携带方便、使用便捷得到广泛使用。

2.2.4 测量工具

测量工具是汽车检测维修过程中必不可少的工具。常见的测量工具有游标卡尺、千分尺及百分表等。

(1)游标卡尺。游标卡尺通常用来测量精度较高的工件。它可以测量零件的内、外直径及长度、宽度和深度等尺寸。游标卡尺由内径测量爪、紧固螺钉、深度尺、外径测量爪、游标尺和尺身6个部分组成,如图2-13所示。

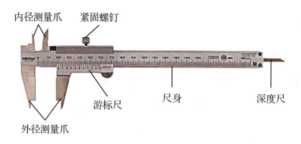

图2-13 游标卡尺的组成结构

常见的游标卡尺有三种,即10分度、20分度和50分度。下面以20分度为例,介绍游标卡尺的读数原理。

如图2-14所示,尺身的每个刻度为1mm;游标尺总长19mm,由20个刻度等分,称为20分度;游标尺每个刻度都比尺身每个刻度短0.05mm,则该游标卡尺的精度为0.05mm。

游标尺的零刻度线与尺身的零刻度线对齐,此时测量的结果为0;如果游标尺向右移动至零刻度线后第一个刻度并与尺身零刻度线后第一刻度对齐,则此时测量的结果为1个0.05mm,即0.05mm。同理,如果游标尺向右移动至零刻度线后第二个刻度并与尺身零刻度线后第二刻度对齐,则此时测量的结果为2个0.05mm,即0.1mm。

注意:10分度游标卡尺的精度为0.1mm;50分度游标卡尺的精度为0.02mm。

根据读数原理,通过示例说明游标卡尺的读数方法,如图2-15所示。

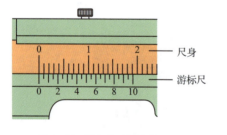

图2-14 游标卡尺的读数原理

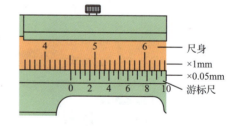

图2-15 游标卡尺读法示例

第1步:读取尺身上位于游标尺零刻度线前面的整刻度线数。图中为45mm。

第2步:读取游标尺上与尺身刻度线重合的或最近的0.05mm刻度线数。图中为游标尺第5条刻度线与尺身刻度线重合。

第3步：计算读数结果。图中读数结果=尺身读数+游标尺重合线位数×精度

$$= (45 + 5 \times 0.05)\ \text{mm} = 45.25\ \text{mm}。$$

（2）千分尺。千分尺又称螺旋测微器，是一种比游标卡尺精度更高的精密测量工具。常用的千分尺有外径千分尺（图2-16）和内径千分尺（图2-17）两种。在汽车维修中，内径千分尺使用较少，而外径千分尺使用较多，常用来测量活塞直径、配合量缸表测量气缸圆度和锥度等。下面以外径千分尺为例，介绍千分尺的结构原理、校零方法和使用方法等内容。

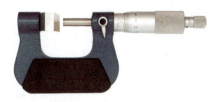

图2-16　外径千分尺

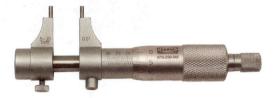

图2-17　内径千分尺

① 结构原理。外径千分尺的规格有 0～25mm、25～75mm及75～100mm 等。如图2-18所示，它主要由尺架、测砧、测微螺杆、锁紧装置、固定套筒、微分筒及测力装置等组成。其中，尺架是整个量具部件的支承部分，两侧装有隔热垫，防止测量时手上的热量传递给金属尺架从而引起由于金属尺架热胀冷缩而造成的测量误差。测砧和测微螺杆用来夹持被测工件，当工件被夹住后，锁紧装置用来固定被测工件与测砧和测微螺杆的位置。固定套筒上有一条水平基准线，其上、下各有一列间距为1mm 的刻度线。微分筒（又称活动套筒）可以在固定套筒上旋转，其上的刻度线将圆周等分为50份，分度值是 0.01mm。

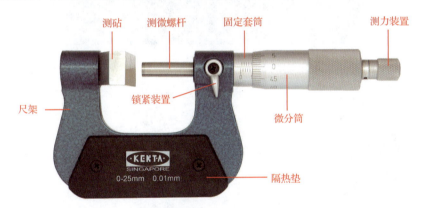

图2-18　外径千分尺的组成结构

根据螺旋运动原理，当微分筒旋转一周时，测微螺杆前进或后退一个螺距（0.5mm）。当微分筒旋转一个分度后，它转过了 1/50 周，测微螺杆轴线移动$1/50 \times 0.5\ \text{mm} = 0.01\ \text{mm}$，因此使用外径千分尺可以准确读出精度为0.01mm 的数值。

② 校零方法。测量前需要校准外径千分尺的零刻度，即校零。校零时，需要根据外径千分尺的量程选择适当的校准杆（图2-19）或校准块。如图2-20所示，将校准杆放在测砧与测微螺杆之间，旋转微分筒，当测砧和测微螺杆刚好接触到校准杆的两端时，轻轻旋转后部的测力装置旋钮，听到三声"咔咔"声后，锁住锁紧装置，然后观察外径千分尺的读数，如果微分筒上的零刻度线刚好与固定套筒上的零刻度线对齐，则说明外径千分尺零刻度线正确。若两刻度线不重合，则可将固定套筒上的小螺钉拧松，并用专用扳手调节套筒的位置，使两刻度线对齐，再把小螺钉拧紧。注意：不同厂家生产的千分尺的调零方法不同，使用时以该千分尺的使用说明书为准。

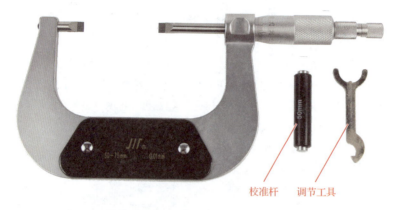

图2-19 外径千分尺的校准杆

图2-20 外径千分尺校零

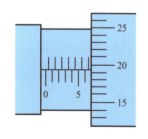

图2-21 外径千分尺读数示例

③ 使用方法。使用外径千分尺进行工件外径测量时，应先用游标卡尺粗略测量待测工件的外径尺寸，然后旋动微分筒，直至测微螺杆与测砧之间的距离略大于待测工件的外径尺寸，最后将待测工件放入测砧与测微螺杆之间，旋动测力装置旋钮，使测微螺杆压在待测工件表面上，当听到"咔咔"声后，再轻轻转动测力装置0.5~1.0圈即可读取数值。

④ 读数方法。根据读数原理，通过示例说明外径千分尺的读数方法，如图2-21所示。

第1步：读取固定套筒的整数部分数值a。以微分筒的端面为基准线，读出固定套筒的数值，即微分筒左边露出的固定套筒上的数值。若微分筒的端面与固定套筒的下刻度线之间无上刻度线，则只需读取下刻度线的数值；若微分筒端面与下刻度线之间有一条上刻度线，则读数结果应为下刻度线的数值加上0.5mm。在图2-21中，$a=6.5$mm。

第2步：读取微分筒的小数部分数值b。观察微分筒上哪一条刻度线与固定套筒上的水平基准线对齐，将该刻度线的顺序数乘以微分筒分度值得到小数部分数值。如果固定套筒的水平基准线与微分筒上任意一条刻度线都不对齐，则需要估读第三位小数。在图2-21中，$b=20\times0.01$mm$+0.004$mm$=0.204$mm。

第3步：计算测量值。将固定套筒数值与微分筒数值相加得到实际测量值。在图2-21中，$a+b=6.704$mm。

（3）百分表。百分表是一种利用精密齿条齿轮机构制成的表式通用长度测量工具，主要用于检测工件的形状和位置误差（如圆度、平面度等）。作为常用的汽车检测量具，其在汽车维修检测中的应用主要包括制动盘端面跳动量、曲轴径向跳动量、曲轴轴向间隙和离合器间隙等的测量。

① 结构原理。百分表主要由3个部分组成，分别是表体部分、传动机构和读数装置。表体部分和读数装置包括测量头、测量杆、大刻度盘、小刻度盘、大指针、小指针和可动表圈等部件，如图2-22所示。其中，大指针指示大刻度盘的数值，小指针指示小刻度盘的数值。用手转动可动表圈能够带动大刻度盘一起旋转，以便调整大指针对准大刻度盘上的零刻度线。

百分表是一种指示式量具。其工作原理是将测量杆在测量过程中的微小直线移动经过齿轮传动机构放大，转变为指针在刻度盘上的转动，从而指示被测尺寸的大小。大刻度盘的圆周上有 100 个等分格，各格的数值为 0.01mm。当测量杆向上或向下移动 1mm 时，百分表内部的齿轮传动机构带动大指针旋转一圈，小指针则旋转一格，指针读数的变动量即为尺寸变化量。百分表的测量范围主要包括0～3mm、0～5mm 和0～10mm 三种。

如果改变测量头的形状并且搭配磁力表座，如图2-23所示，则可以制成多种用途的百分表，如厚度百分表、深度百分表和内径百分表等。其中，内径百分表通常用于测量发动机气缸的内径尺寸。由于磁力表座上的支架能够以不同的角度搭配，故百分表可以适应不同方向的测量，如测量外圆、小孔和沟槽等的形状及位置误差。

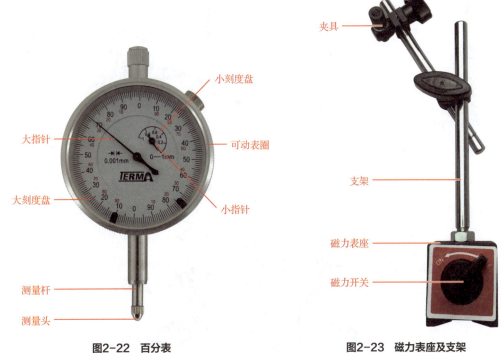

图2-22　百分表　　　　　　　　图2-23　磁力表座及支架

② 校零方法。使用百分表测量前必须校零，校零的原则如下：比较性测量一般用对比物（量块）作零位基准，形位误差性测量通常用工件作零位基准。下面讲述百分表的校零步骤。

第1步：先将百分表和磁力表座连接固定好，再将测量杆靠近待测物体表面，使测量头与基准面接触，按压百分表顶部的圆头，使测量头处于量程的位置，其目的是使测量杆具有 0.3～1m 的紧缩量（千分表可选0.1mm）。

第2步：转动可动表圈，使大指针对准大刻度盘上的零刻度线，然后反复测量同一位置 2 或 3 次后检查大指针是否仍与零刻度线对齐。如果对齐,表明校零成功;如果未对齐,则应重调。

③读数方法。

第1步:读小指针转过的刻度线(毫米整数)。若小指针未转过1格,则小指针读数为0。

第2步:读大指针转过的刻度线并乘以0.01(小数部分)。例如,大指针转过91格,则大指针读数为91×0.01mm = 0.91mm。

第3步:计算测量值。将大、小指针读数相加即可得测量值。例如,将上述第1步和第2步的读数相加,可得到测量值为(0 + 0.91)mm = 0.91mm。

2.2.5 车辆举升设备

举升设备是在汽车维修及保养过程中使用的主要设备之一,用于举升车辆排放机油、检查维修底盘等操作。

(1)两柱举升机。两柱举升机(图2-24)多用于在车辆大修、小修或保养时举升车辆。其主要特点是结构简单,使用可靠,举升能力为2.5~3.5t,举升高度为1700~1800mm。

(2)四柱举升机。四柱举升机(图2-25)多用于车辆四轮定位和车辆底部检修等。它具有以下特点:能够保证举升车辆的水平度,能够实现二次举升,举升能力为2.5~4.5t,举升高度为1700~1800 mm。

图2-24 两柱举升机　　　　图2-25 四柱举升机

(3)剪式举升机。剪式举升机(图2-26)多用于车辆快修保养。其主要特点是采用地嵌式设计(适用于底部较低的车辆),使用方便、可靠,举升能力为2.5~3.5t,举升高度为1700~1800mm。

图2-26 剪式举升机

(4)移动举升设备。移动举升设备(图2-27)多用于车辆单个车轮或局部举升。其主要特点是体积小、重量轻、可移动。

图2-27 移动举升设备

第 2 部分 汽车动力系统

第3章
发动机维修基础

■ 3.1 发动机基础知识

3.1.1 发动机的分类与基本术语

将热能转化为机械能的发动机简称为热机。内燃机是热机的一种,其特点是将液体或气体燃料与空气混合后送入机体内部燃烧而产生热能,并将热能转化为机械能。另一种热机是外燃机,其特点是燃料在机器外部燃烧将水加热,然后把产生的高温、高压水蒸气输送至机器内部,使其所含的热能转化为机械能。目前,因内燃机具有热效率高、体积小、重量轻及起动性能好等优点,汽车发动机主要采用内燃机。汽车发动机的外观如图3-1所示。

1.发动机的分类

车用内燃机大体分为活塞式内燃机和燃气轮机两大类,活塞式内燃机按活塞运动方式不同又分为往复活塞式和旋转活塞式两种。汽车上应用最多的是往复活塞式内燃机。

往复活塞式内燃机根据工作行程不同,可分为二冲程发动机和四冲程发动机,如图3-2所示。汽车发动机

图3-1 汽车发动机的外观

普遍采用四冲程发动机。

四冲程发动机根据燃料不同,可分为汽油发动机、柴油发动机和生物燃料发动机等。目前,最常见的汽车发动机是汽油发动机(以下简称汽油机)和柴油发动机(以下简称柴油机)。

2.发动机的基本术语

图3-3所示为使用汽油作为燃料的往复活塞式内燃机的基本构造。往复活塞式内燃机的工作腔称为气缸,其内表面为圆柱形。往复活塞式内燃机因其工作时活塞在气缸内不断往复运动而得名。活塞通过活塞销与连杆一端铰接,连杆另一端与曲轴连接,当活塞在气缸内往复运动时,它通过连杆推动曲轴旋转。气缸的顶端用气缸盖封闭,在气缸盖上装有进、排气门,通过凸轮轴控制进、排气门开闭实现气缸的充气和排气。

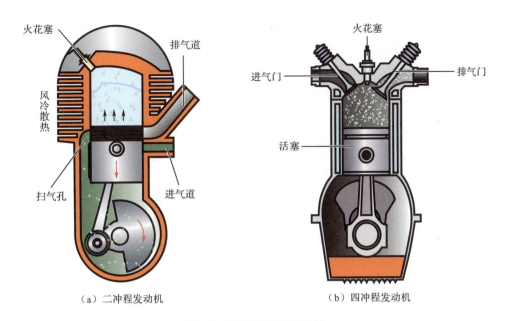

（a）二冲程发动机　　（b）四冲程发动机

图3-2　二冲程和四冲程发动机

下面介绍一些发动机的基本术语，如图3-4所示。

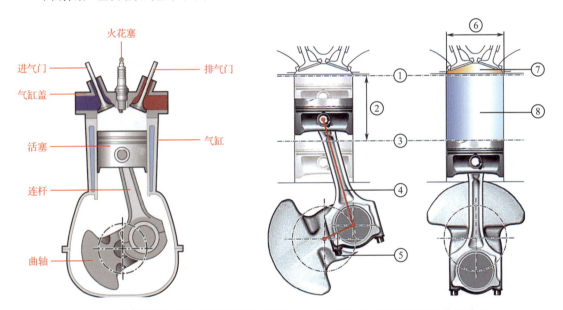

图3-3　使用汽油作为燃料的往复活塞式内燃机的基本构造　　**图3-4　发动机的基本术语示意图**

① 上止点（TDC）：活塞顶部离曲轴中心最远处。当活塞到达上止点位置时，活塞紧靠在气门侧，此时燃烧室容积最小。

② 行程：活塞在气缸内上、下止点间移动的距离。行程长短由曲轴确定，相当于曲轴半径的两倍。

③ 下止点（BDC）：活塞顶部离曲轴中心最近处。当活塞到达下止点位置时，活塞紧靠在曲轴侧，此时燃烧室容积最大。

④ 连杆长度：连杆两个杆头之间的距离。

⑤ 曲轴半径：主轴承轴颈轴线与曲柄轴颈轴线之间的距离。

⑥ 缸径：一个气缸的直径。

⑦ 燃烧室：边界由气缸盖、活塞和气缸壁构成。燃烧室的容积根据活塞位置不断变化。当活塞到达上止点位置时，燃烧室即压缩室；当活塞到达下止点位置时，燃烧室由压缩室和排量构成。

⑧ 排量：一个气缸的排量指活塞在一个行程中经过的空间，或是活塞上止点与下止点之间的气缸空间。在发动机的技术数据中，排量通常指发动机的总排量。总排量即所有气缸的单个排量之和。

3.1.2 发动机的工作原理

四冲程汽油发动机的工作过程依次为进气行程、压缩行程、做功行程和排气行程。

1. 进气行程

发动机工作的第一步是进气行程，即向气缸内提供足够的新鲜空气和燃料。如图3-5所示，进气行程开始时，曲轴旋转带动活塞从上止点向下止点运动，此时排气门关闭，进气门打开。随着活塞下移，气缸容积增大，压力减小，气缸内产生真空吸力，可燃混合气通过进气门进入气缸直至活塞运动到下止点位置。在进气终了时，气缸内的气体压力为75~90kPa。

2. 压缩行程

如图3-6所示，进气行程终了时，活塞从下止点开始向上止点运动，此时进、排气门都关闭。因此，气缸内空间被封闭，在活塞上行过程中气缸容积不断缩小，可燃混合气因受到压缩，其压力和温度不断升高，直至活塞到达上止点位置。此时，可燃混合气被压缩到活塞上方很小的空间，即燃烧室中。压缩行程终了时，气缸内可燃混合气的压力可达800~1500kPa，温度可达327℃以上。压缩终了时可燃混合气的压力和温度取决于压缩比，压缩比越大，燃烧速度越快，发动机输出的功率越大。但压缩比过大会出现爆燃现象。

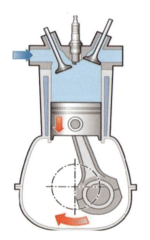
图3-5 进气行程

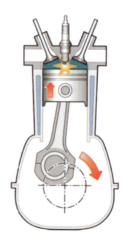
图3-6 压缩行程

3. 做功行程

如图3-7所示，在压缩行程接近终了时，即活塞即将到达上止点位置时，进气门和排气门保持关闭，火花塞产生电火花点燃气缸内的可燃混合气，可燃混合气燃烧后的热量使气缸内气体的温度和压力急剧升高，高温、高压气体推动活塞从上止点向下止点运动，进而通过连杆驱动曲轴转动做功，并对外输出动力，该过程称为做功行程。当活塞到达下止点位置时，做功行程结束。

4. 排气行程

如图3-8所示，做功行程结束后，当活塞下行到下止点位置时，排气门开启，进气门保持关闭，在飞轮的作用下曲轴继续转动，活塞在曲轴的带动下由下止点向上止点运动，废气在气缸内部压力和活塞的驱动作用下从排气门被强制排出,该过程称为排气行程。当活塞到达上止点位置时,排气门关闭,排气行程结束。因燃烧室占有一定容积,故排气行程终了时,不可能将废气排尽,留下的部分废气称为残余废气。

 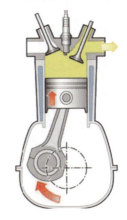

图3-7 做功行程　　　　　　　图3-8 排气行程

3.1.3 发动机的组成

虽然汽油发动机的种类及型号众多,但其基本结构大体相似,一般由两大机构和六大系统组成,分别指曲柄连杆机构、配气机构,以及进、排气系统和燃油供给系统、冷却系统、润滑系统、点火系统、起动系统。

1. 曲柄连杆机构

曲柄连杆机构(图3-9)是发动机实现工作循环、完成能量转换的主要运动部件,用于将活塞的直线运动转变为曲轴的旋转运动。它由机体组、活塞连杆组和曲轴飞轮组等组成。机体组作为发动机各机构、各系统的装配基体,其本身许多部分又是曲柄连杆机构、燃油供给系统、润滑系统和冷却系统的组成部分。

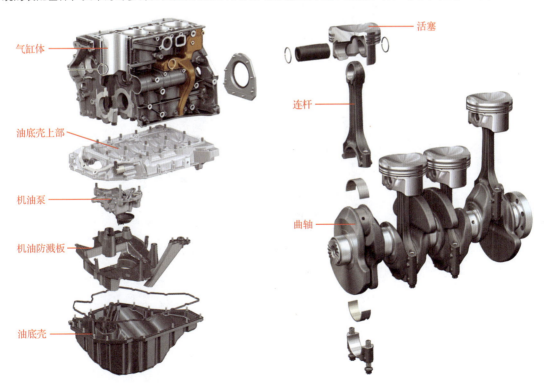

图3-9 曲柄连杆机构

在做功行程中，活塞承受燃气压力在气缸内做往复直线运动，通过连杆及曲柄转换成曲轴的旋转运动，并通过曲轴对外输出动力。而在进气、压缩和排气行程中，飞轮释放能量将曲轴的旋转运动转换为活塞的往复直线运动。

2. 配气机构

配气机构的作用是根据发动机的工作顺序定时开启或关闭进气门和排气门，使可燃混合气进入气缸，并使废气从气缸内排出，实现换气过程。这种按照发动机工作循环配置进、排气门开闭时刻的过程称为配气正时。汽车上大多采用顶置式气门配气机构，如图3-10所示，它主要包括气门组和气门传动组两部分。

3. 进、排气系统

发动机工作需要可燃混合气，可燃混合气是空气和燃料按照一定比例混合形成的能够燃烧的混合气。可燃混合气中的空气由进气系统提供。

普通发动机的进气系统（图3-11）一般由进气管、空气流量计、空气滤清器、节气门体和进气歧管等组成。空气从进气口被吸入空气滤清器进行过滤，得到的洁净空气通过进气管、节气门体和进气歧管进入气缸。为了提高发动机的性能和降低排放污染，有些发动机在进气系统上采用了先进的进气控制技术，如机械增压、涡轮增压和可变进气歧管等。

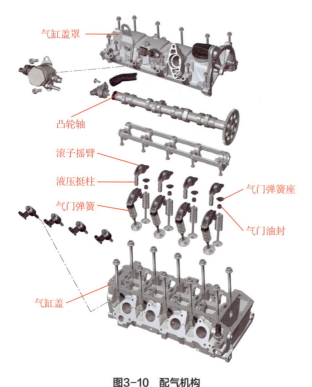

图3-10 配气机构

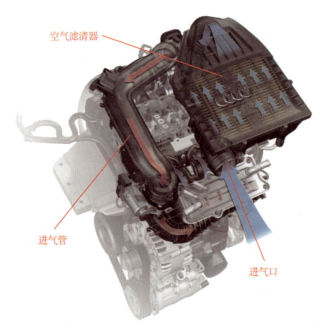

图3-11 进气系统

发动机排气系统的作用是将可燃混合气燃烧后产生的废气排出气缸，同时还具有净化和过滤排气的作用。其组成主要包括排气歧管、氧传感器、三元催化器、排气管及排气消声器等，如图3-12所示。

图3-12 排气系统

4.燃油供给系统

燃油供给系统（图3-13）的作用是向发动机燃油喷射系统提供具有一定压力的燃油。目前，汽油发动机普遍采用电子燃油喷射技术，其燃油供给系统一般由燃油箱、燃油泵、燃油滤清器、燃油导轨（油轨）、燃油压力调节器、喷油器及燃油管（进油管和回油管）等组成。

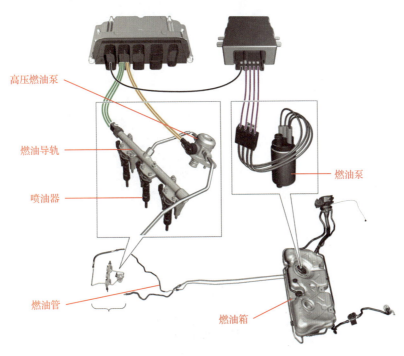

图3-13 燃油供给系统

5. 冷却系统

发动机工作过程中产生的热量会使发动机的温度升高,如果不及时疏散热量,将导致发动机无法工作。冷却系统主要利用液体循环将发动机多余的热量带走并散发掉,确保发动机的工作温度正常。

冷却系统主要由气缸体水套、冷却液泵、节温器、散热器、冷却风扇及水管等组成,如图3-14所示。

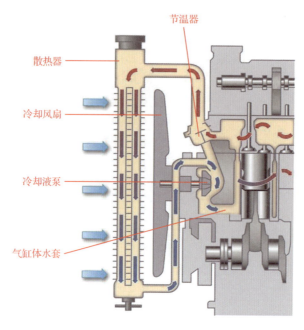

图3-14 冷却系统

6. 润滑系统

发动机曲柄连杆机构及配气机构中的摩擦部件由于运行速度较快,需要良好的润滑,否则将导致发动机相关部件迅速磨损甚至损坏。发动机的润滑系统有许多油道通向这些摩擦部件,并依靠机油泵向这些油道输送机油。

润滑系统主要包括机油泵、集滤器、油底壳、润滑油道和机油滤清器等,如图3-15所示。润滑系统的主要作用除了可以对摩擦部件进行润滑,还具有冷却、清洗、密封、防锈等功能。

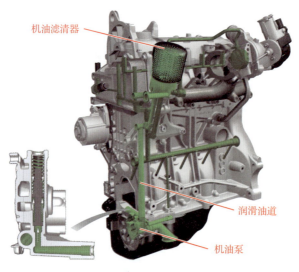

图3-15 润滑系统

7.点火系统

在汽油发动机中，气缸内的可燃混合气是由电火花点燃的，因此在汽油发动机的气缸盖上装有火花塞，其头部伸入燃烧室内，能够按时产生电火花。

电子控制点火系统一般由低压电源、发动机控制模块（或点火控制模块）、点火线圈、火花塞、高压线及各种传感器等组成，如图3-16所示。

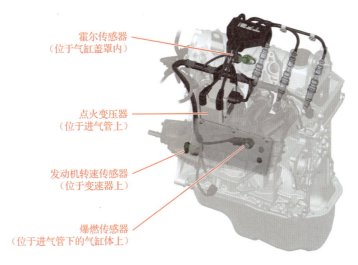

图3-16 点火系统

8.起动系统

起动系统包含起动机、电磁开关及其附属装置，用于使静止的发动机起动并转入自行运转，如图3-17所示。

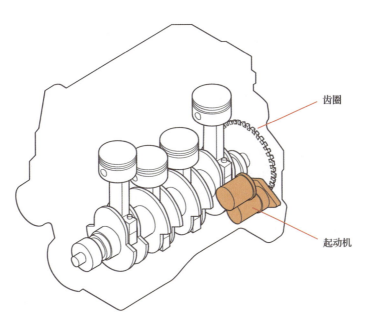

图3-17 起动系统

3.2 曲柄连杆机构维修与故障诊断

曲柄连杆机构主要由机体组、活塞连杆组和曲轴飞轮组3个部分组成,其具体构造如图3-18所示。

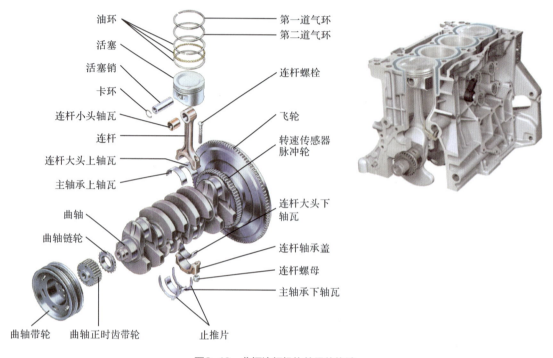

图3-18 曲柄连杆机构的具体构造

3.2.1 曲柄连杆机构的组成

1. 机体组

机体组主要由气缸体、气缸盖、曲轴箱(图中未标出)、油底壳和气缸垫组成,如图3-19所示。气缸体是发动机的主体,也是安装活塞、曲轴及其他零件和附件的支承骨架,其内部引导活塞做往复运动的圆柱形空腔称为气缸。气缸盖的主要功用是封闭气缸体上部,并与活塞顶部和气缸壁一起构成燃烧室,它是发动机中除气缸体以外最为复杂的零件。气缸垫位于气缸盖与气缸体之间,用来填补气缸体和气缸盖之间的微观孔隙,保证接合面处有良好的密封性,进而保证燃烧室的密封,防止气缸盖漏气、漏水。发动机气缸垫有金属石棉衬垫、金属复合材料衬垫和全金属衬垫等多种类型。气缸垫上一般标有朝向标记,安装气缸垫时应保证有标记的一面朝上。油底壳的主要功用是储存机油并封闭曲轴箱,一般采用薄钢板、铝合金及塑料等材料加工而成。

2. 活塞连杆组

活塞连杆组包括活塞组和连杆组两部分。在发动机做功行程中,活塞组把气缸内高压气体产生的作用力通过连杆组传递给曲轴,将活塞的往复直线运动转变为曲轴的旋转运动。活塞连杆组的结构如图3-20所示。

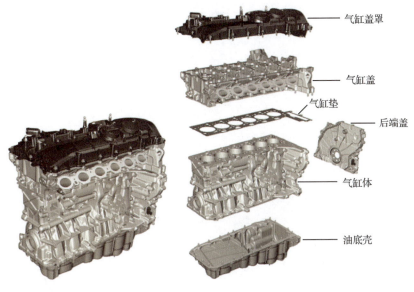

图3-19 机体组

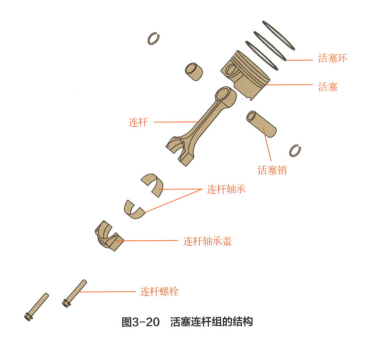

图3-20 活塞连杆组的结构

1) 活塞组

活塞的主要功用是在做功行程中承受气体的作用力,并将此力通过活塞销传给连杆,再由连杆传给曲轴,带动曲轴旋转。活塞由顶部、头部和群部组成,如图3-21所示。其中,活塞顶部与气缸盖、气缸壁共同组成燃烧室,顶部的形状与选用的燃烧室形状有关。

活塞环有气环和油环两类,如图3-22所示。其中,气环也称为压缩环,其功用是与活塞一起密封气缸,防止燃气向下窜入曲轴箱,并将活塞头部的热量通过气缸壁传给冷却液或者空气,同时辅助油环控制气缸壁上的机油;

图3-21 活塞组成

第3章 发动机维修基础

油环的主要功用是刮除气缸壁上多余的机油，使机油均匀分布，并辅助气环密封。

活塞销的功用是连接活塞和连杆小头，并将活塞承受的气体作用力传给连杆。

2）连杆组

连杆的功用是将活塞承受的力传给曲轴，推动曲轴转动，将活塞的往复运动转变为曲轴的旋转运动。连杆要承受活塞销传来的气体压力、往复运动的惯性力和旋转惯性力，这些作用力的大小和方向都是呈周期性变化的。因此，要求连杆具有足够的强度、刚度，质量应尽量小。

连杆一般采用40钢、45钢等中碳钢或中碳合金钢经模锻或辊锻制成，并经机械加工和热处理，也有少数连杆采用球墨铸铁制成。

连杆的结构包括连杆小头、连杆杆身和连杆大头3个部分，如图3-23所示。连杆小头用来安装活塞销以连接活塞。连杆杆身多采用"工"字形断面，部分发动机在连杆杆身内钻有纵向的压力油道。连杆大头与曲轴的连杆轴颈相连，通常将连杆大头制成剖分式，上半部与连杆杆身为一体，下半部为连杆盖，二者通过连杆螺栓组装。

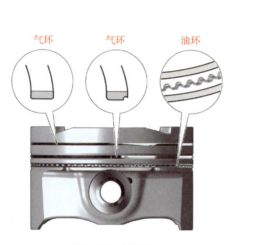

图3-22 活塞环

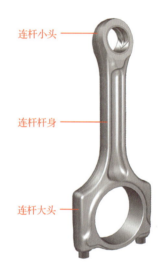

图3-23 连杆的结构

连杆轴承安装在连杆大头内，用以保护连杆轴颈及连杆大头孔。连杆轴承是由钢背和减摩合金组成的，分为两半的薄壁轴承，如图3-24所示。减摩合金具有保持油膜、减小摩擦阻力和易于磨合的作用。

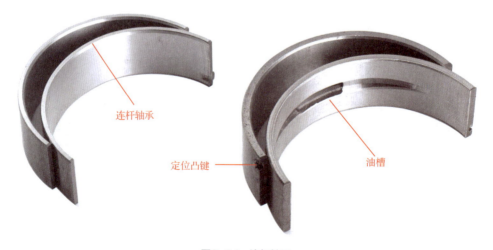

图3-24 连杆轴承

3.曲轴飞轮组

曲轴飞轮组主要由曲轴、飞轮及其他不同功用的零件和附件组成,如图3-25所示,其零件和附件的种类和数量取决于发动机的结构和性能要求。

曲轴(图3-26)的作用是把活塞连杆组的往复运动转变为自身的旋转运动,并对外输出动力,用以驱动汽车的传动系统、配气机构及其他附属装置。曲轴是曲柄连杆机构的重要组成部分,也是发动机内部主要的旋转部件。

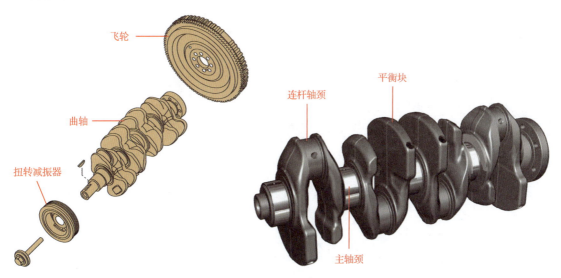

图3-25 曲轴飞轮组　　　　　图3-26 曲轴

曲轴的形状及各曲拐的相对位置取决于气缸数、气缸排列形式和发动机的工作顺序。为了使发动机工作平稳,应确保各缸的做功间隔均衡,即发动机每完成一个工作循环,各缸应发火做功一次。对于缸数为 i 的四冲程发动机,其发火间隔角为 $720°/i$;连续做功的两缸相距尽可能远,以减轻主轴承负荷及避免进气行程中发生"抢气"现象;V形发动机左右两列应交替发火。

四冲程直列4缸发动机的发火间隔角为 $720°/4=180°$。四冲程直列4缸发动机的4个曲拐都布置在同一平面内。发动机的工作顺序为 1-3-4-2 或 1-2-4-3,前者具体工作循环见表3-1。

表3-1 四冲程直列4缸发动机的工作循环(工作顺序:1-3-4-2)

曲轴转角	第1缸	第2缸	第3缸	第4缸
0~180°	做功	排气	压缩	进气
180°~360°	排气	进气	做功	压缩
360°~540°	进气	压缩	排气	做功
540°~720°	压缩	做功	进气	排气

四冲程直列6缸发动机的发火间隔角为 $720°/6=120°$。6个曲拐互为 $120°$。发动机的工作顺序为 1-5-3-6-2-4 或 1-4-2-6-3-5,前者比较普遍,具体工作循环见表3-2。

飞轮是转动惯量很大的盘形零件,主要功用包括:存储做功行程的能量,保证发动机运转平稳;通过飞轮上的上止点记号校准发动机的点火时刻或喷油时刻,并调整气门间隙;起动机通过飞轮上压装的齿圈起动发动机,并将发动机产生的动力向外传输等。

在发动机工作过程中,连杆作用于曲轴上的力呈周期性变化,从而使质量较小的曲拐的转动相对于质量较大的飞轮的转动忽快忽慢,造成曲轴扭转振动。为了消除曲轴的扭转振动,有些发动机在曲轴前端装有曲轴扭转减振器。

表3-2　四冲程直列6缸发动机工作循环(工作顺序:1-5-3-6-2-4)

曲轴转角		第1缸	第2缸	第3缸	第4缸	第5缸	第6缸
0~180°	0~60°	做功	排气	进气	做功	压缩	进气
	60°~120°	做功	排气	压缩	排气	压缩	进气
	120°~180°	做功	进气	压缩	排气	做功	进气
180°~360°	180°~240°	排气	进气	压缩	排气	做功	压缩
	240°~300°	排气	进气	做功	进气	做功	压缩
	300°~360°	排气	进气	做功	进气	排气	压缩
360°~540°	360°~420°	进气	压缩	做功	进气	排气	做功
	420°~480°	进气	压缩	排气	压缩	排气	做功
	480°~540°	进气	压缩	排气	压缩	进气	做功
540°~720°	540°~600°	压缩	做功	排气	压缩	进气	排气
	600°~660°	压缩	做功	进气	做功	进气	排气
	660°~720°	压缩	排气	进气	做功	压缩	排气

汽车发动机常用的曲轴扭转减振器为摩擦式扭转减振器,可分为橡胶扭转减振器(图3-27)、硅油扭转减振器和硅油橡胶扭转减振器等。

1—带轮;2—滑动轴承;3—带轮橡胶隔离件;4—带轮毂;5—压力轮毂;6—减振器轮毂;7—减振器橡胶层

图3-27　橡胶扭转减振器

3.2.2 曲柄连杆机构维修

1.曲柄连杆机构的拆装

（1）气缸盖和气缸垫的拆装与要点。拆卸气缸盖螺栓时，应按照图3-28所示的顺序从两侧向中间沿对角线拧松。先用橡胶锤轻敲气缸盖边缘，以便将其拆下，再将气缸盖放在干净的工作台面上。从气缸体上拆下气缸垫，如图3-29所示，再次安装时应更换新的气缸垫。

图3-28　气缸盖螺栓的拆卸顺序

图3-29　气缸垫的拆卸

安装时，先将气缸垫安装到气缸体上（带字样一面朝上），再将气缸盖对准气缸体定位销并放平。使用新的气缸盖螺栓预拧紧，再使用扭力扳手按照图3-30所示的顺序将气缸盖螺栓拧紧至规定力矩，规定力矩可查阅相关车型维修手册。

图3-30　气缸盖螺栓的拧紧顺序

（2）活塞连杆组的拆装与要点。连杆轴承瓦盖在拆卸前应做相应气缸的标记，复装时注意不能装反，如图3-31所示。曲轴的主轴承上标有相应气缸的标记，复装时不能互换。

使用木棒轻轻敲击连杆，从另一侧取出活塞，如图3-32所示。

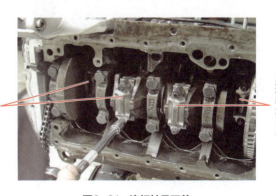

图3-31　连杆轴承瓦盖

图3-32 拆卸活塞

先使用干净机油润滑已拆下的活塞和活塞环,再将活塞环安装到活塞上,注意有标记的表面应朝上。为了减小气缸压力泄漏,应使活塞环开口错开一定角度,一般为90°或120°为宜,如图3-33所示。

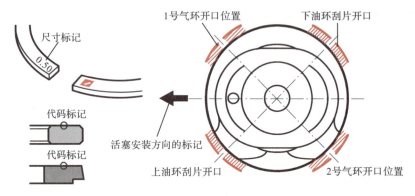

图3-33 活塞环的安装

使用活塞安装工具抱住活塞和活塞环,工具应刚好夹住第三道活塞环。使用橡胶锤轻轻敲击活塞顶部,将其装入气缸,如图3-34所示。活塞安装时应注意安装方向的标记,如图3-35所示,箭头应指向发动机前部即1缸方向。

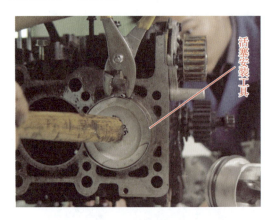

图3-34 活塞安装　　　　　　　图3-35 活塞安装方向标记

将连杆下轴瓦与对应的连杆轴承盖安装在一起,并在轴瓦表面涂抹机油以润滑。注意:应将轴瓦上的缺口和连杆轴承盖上的缺口对齐,如图3-36所示。

图3-36 连杆轴瓦的安装

（3）曲轴的拆装与要点。曲轴主轴承瓦盖拆卸时应注意其标记，复装时不得混装，如图3-37所示。另外，第三道主轴承瓦盖的两端有止推垫片，在安装时需要特别注意，如图3-38所示。

图3-37 曲轴主轴承瓦盖标记

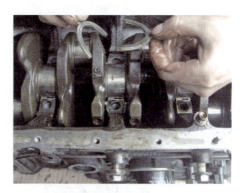

图3-38 止推垫片

2.活塞连杆组的检查

（1）活塞裙部直径的检测。常用的检测方法是用千分尺测量活塞裙部直径，如图3-39所示。

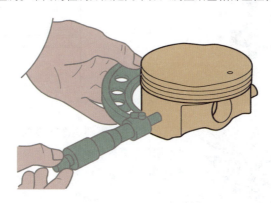

图3-39 活塞裙部直径测量

按与活塞销成90°方向，距活塞裙部底边10mm的位置测量活塞裙部直径，具体数据参考相应维修手册。

（2）活塞的选配。在同一系列发动机中，活塞的结构不一定相同。因此，在选配活塞时，必须根据发动机的类型选择对应的活塞，否则会引起发动机燃烧不良、工作粗暴，导致经济性和动力性下降。选配活塞时应注意以下事项：

① 活塞的选配应按气缸的修理尺寸确定，通常将加大尺寸的数值标注在活塞顶部，如图3-40所示。
② 同一发动机的同一组活塞的直径差不得大于0.020mm。
③ 同一发动机内各活塞的质量差不得超过活塞质量的3%。

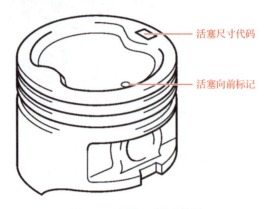

图3-40 活塞尺寸代码位置

（3）活塞环端隙的检查。先将活塞环平整地放在待配气缸内，用活塞头部将活塞环推平，并推入气缸内约10cm处，然后将塞尺插入活塞环开口处进行测量，如图3-41所示。吉利帝豪4G13TB发动机的第一道气环端隙为0.2～0.32mm，第二道气环端隙为0.30～0.50mm。

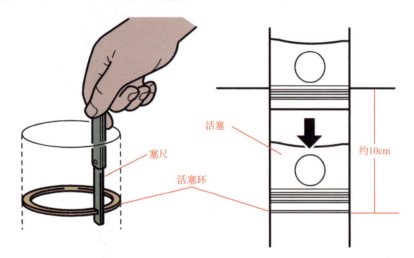

图3-41 活塞环端隙的检查

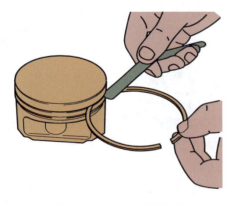

图3-42 活塞环侧隙的检查

（4）活塞环侧隙的检查。将活塞环置于环槽内，使其围绕环槽转动一周，应能做到自由转动，再用塞尺测量其侧隙，如图3-42所示，即可判断其是否符合要求。吉利帝豪4G13TB发动机的油环侧隙为0.04～0.15mm，第一道气环侧隙为0.04～0.08mm，第二道气环侧隙为0.03～0.07mm。

（5）活塞环背隙的检查。分别测量活塞环槽的深度和活塞环的宽度，通过计算两者之差可以得到活塞环背隙。活塞环背隙一般为0.5～1mm。

3.机体组的检修

（1）气缸体表面变形量的检查。如图3-43所示，在7个方向上使用直尺和塞尺测量气缸体上表面的变形量。吉利帝豪 4G13TB 发动机的气缸体表面变形量最大值为0.06mm。

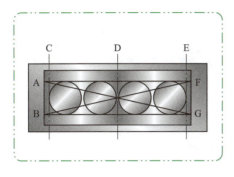
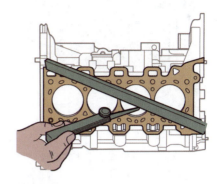

图3-43　气缸体表面变形量的检查

（2）气缸直径的测量。如图3-44所示，距顶端表面10mm处沿A、B两个方向测量气缸直径。

（3）气缸盖平面度的检查。使用塞尺和直尺测量气缸盖表面的平面度。吉利帝豪 4G13TB 发动机的气缸盖平面度须在 0.04mm 以内。

（4）气缸盖歧管接触面的平面度。如图3-45所示，分别使用直尺和塞尺测量气缸盖进气歧管和排气歧管接触面的平面度。以吉利帝豪 4G13TB 发动机为例，其进气歧管接触面平面度的最大值为0.05mm，排气歧管接触面平面度的最大值为 0.05mm。

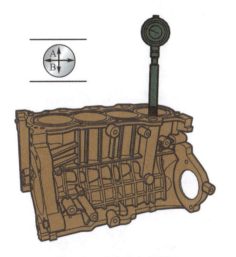
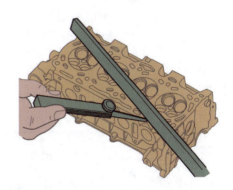

图3-44　气缸直径的测量　　　　　图3-45　气缸盖歧管接触面的平面度

（5）曲轴弯曲变形的检查。检查曲轴是否存在弯曲变形时，应先将曲轴的两端用 V 形块支承在检测平板上，再用百分表的触头抵在中间主轴颈表面，转动曲轴一圈，百分表指示的最大与最小读数之差即为中间主轴颈对两端主轴颈的径向圆跳动误差，如图3-46所示。

（6）曲轴磨损及轴向间隙的检查。首先检查曲轴轴颈划痕，划痕是轴颈常见的损伤，通常出现在曲轴轴颈的中央位置。然后检查曲轴轴向间隙，可以使用塞尺或百分表来检查。安装曲轴后，先前后撬动曲轴若干次，使上、下止推轴承处于同一平面，然后测量曲轴的轴向间隙，如图3-47所示。曲轴的轴向间隙一般在 0.02～0.30mm 之间。如果轴向间隙过大，则需要更换加厚的止推轴承或主轴瓦，加厚止推轴承需要维修技师自行加工。

 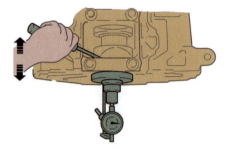

图3-46 曲轴弯曲变形的检查　　　　图3-47 曲轴磨损及轴向间隙的检查

3.2.3 曲柄连杆机构常见故障的诊断与排除

（1）气缸压力过高。气缸压力过高的故障诊断策略见表3-3。

表3-3 气缸压力过高的故障诊断策略

故障现象	① 发动机急加速或大负荷工作时出现爆燃响声； ② 发动机工作粗暴； ③ 活塞烧顶和火花塞烧蚀
故障原因	气缸压力增高的主要原因是燃烧室容积减少，具体包括以下几点： ① 燃烧室积炭过多； ② 气缸垫过薄； ③ 活塞不合格； ④ 气缸体或气缸盖接合平面磨削过度
诊断排除	① 在油箱中按比例加入发动机积炭清除剂，正常行驶汽车1~2天后，对气缸进行清洗或拆开气缸盖清除积炭； ② 测量气缸垫厚度，不合格者须更换； ③ 检测活塞顶部至活塞销的尺寸是否合格，不合格者应更换活塞； ④ 咨询车主是否光磨过气缸盖或测量气缸盖厚度，不合格者应更换或增加气缸垫厚度

（2）气缸压力过低。气缸压力过低的故障诊断策略见表3-4。

表3-4 气缸压力过低的故障诊断策略

故障现象	① 发动机动力不足； ② 怠速不稳； ③ 发动机起动困难； ④ 发动机油耗超标
故障原因	气缸压力降低是由气缸漏气引起的，发生漏气的主要原因如下： ① 气缸与活塞环和活塞磨损过多； ② 活塞环出现对口、卡死或折断； ③ 气缸壁拉伤； ④ 进、排气门与气门座密封不良； ⑤ 气缸垫发生烧蚀、松动或漏气

续表

诊断排除	① 各气缸压力均低： 各气缸压力基本一致，但普遍低于该地区原车规定标准的 80%，主要原因是活塞环与气缸壁磨损过多。 ② 个别气缸压力低： 个别气缸压力低于标准值，主要原因有气缸壁拉伤、气门密封不严及气缸垫损坏等。 ③ 相邻两缸压力低： 相邻两缸压力低于规定值，且两缸压力相等或相近，原因是两缸之间的气缸垫损坏或气缸盖螺栓没有按规定的力矩拧紧。 先用气缸压力表测量气缸压力并记录，再向该缸火花塞孔内注入 20～30mL 浓机油，旋转曲轴数圈后，重测气缸压力并记录。 如果重测的气缸压力比第一次高，且接近于标准压力，则表明是气缸、活塞环、活塞磨损过多或活塞环出现对口、卡死、断裂及气缸壁拉伤等原因造成气缸密封性变差。 如果重测的气缸压力与第一次基本相同，仍比标准压力低，则表明是进、排气门或气缸垫密封不良。 如果两次检测某相邻两缸压力都相近，说明是两缸相邻处的气缸垫烧损窜气。 采用测量气缸压力的方法可粗略地对气缸、活塞不密封部位的故障进行分析与推断，不能精确确定具体部位故障。要想精确确定漏气部位，还需要根据发动机的运行状况分析： 若进气管有回火或"冲、冲"的响声，通常是进气门漏气。若排气管有放炮或"叭、叭"的响声，通常是排气门漏气。若加机油口有强烈的窜气，通常是气缸和活塞环磨损。 若加机油口有脉冲状窜气，通常是活塞环折断或对口。 若水箱剧烈地沸腾冒泡，通常是气缸垫烧蚀

（3）气缸垫密封状态的判断。打开散热器盖，将散热器加满冷却液，使发动机保持中速运转，观察散热器内的情况，若有气泡不断上涌，则说明气缸垫密封不良。当气缸垫损坏严重时，可在气缸盖与气缸体接合处的周围涂抹润滑油，若观察接合处也有气泡冒出，则说明气缸垫密封失效，应换新件。

（4）气缸垫损坏的原因。

① 发动机经常超负荷工作，长时间产生爆燃，由于气缸内的局部压力和温度过高，容易损坏气缸垫。

② 紧固气缸盖螺栓时没有按规定要求进行操作，各螺栓的拧紧力矩不均匀，致使气缸垫没有平整地贴在气缸体与气缸盖的接合面上。

③ 长时间的点火过早（柴油发动机则为供油过早），导致发动机工作时经常产生爆燃。

④ 气缸垫质量差。

⑤ 气缸盖翘曲变形。

3.3 配气机构维修与故障诊断

配气机构的功用是按照发动机每一缸的工作顺序和工作循环的要求，定时开启和关闭各缸的进、排气门，使新鲜气体进入气缸，废气从气缸排出。所谓新鲜气体，对于汽油机而言就是汽油与空气的混合气，对于柴油机而言则为纯净的空气。配气机构应使发动机在各种工况下工作时都能获得最佳的进气量，以保证发动机在各种工况下工作时都具有最佳性能。

3.3.1 配气机构的类型

配气机构按不同的分类方法可分为多种不同的类型，具体包括按气门布置形式、按凸轮轴布置形式、按凸轮轴驱动方式，以及按气门数量和排列形式等分类方法。

（1）按气门布置形式分类。按气门布置形式，配气机构可分为气门顶置式和气门侧置式两种。现代汽车发动机普遍采用气门顶置式配气机构，即进、排气门置于气缸盖内，气门头朝下，倒挂在气缸盖上。该配气机构由凸轮驱动,通过传动机构控制进、排气门开闭。

(2)按凸轮轴布置形式分类。按凸轮轴布置形式,配气机构可分为3种:凸轮轴下置式(图3-48)、凸轮轴中置式和凸轮轴上置式(图3-49)。

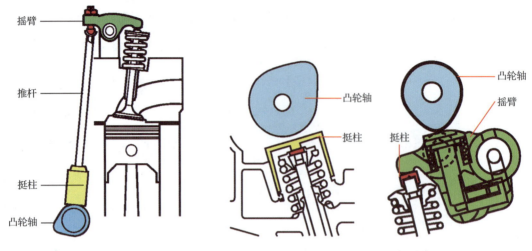

图3-48 凸轮轴下置式配气机构　　　　图3-49 凸轮轴上置式配气机构

(3)按凸轮轴驱动方式分类。按凸轮轴驱动方式,配气机构可分为齿轮传动、链传动和齿形带传动等类型。

(4)按照气门数量和排列形式分类。一般发动机较多采用每缸两气门的形式,即一个进气门、一个排气门,如图3-50所示。目前,很多新型发动机采用每缸多气门的形式,如每缸四气门(两个进气门、两个排气门,图3-51)、每缸五气门(三个进气门、两个排气门)等。

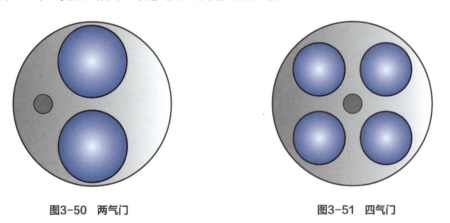

图3-50 两气门　　　　　　　　　　图3-51 四气门

3.3.2 配气机构的组成

配气机构由气门组和气门传动组两部分组成,如图3-52所示。

1.气门组

气门组件包括气门、气门座、气门弹簧、气门油封及气门锁片等,如图3-53所示。有的气门组还配有气门旋转机构来减轻气门头部的热变形,同时清除气门密封锥面上的沉积物。

(1)气门。气门(图3-54)头部有平顶、凹顶和凸顶等形状,目前应用最广泛的是平顶气门,其结构简单,制造方便,受热面积小,适用于进、排气门。气门杆是一个圆柱形的杆,一端与气门头部相连,另一端与弹簧座相连。气门杆应有较高的加工精度,并与气门导管保持合适的配合间隙,以减小磨损,并起到良好的导向和散热作用。气门一般通过两个气门锁片固定在上气门弹簧座上。

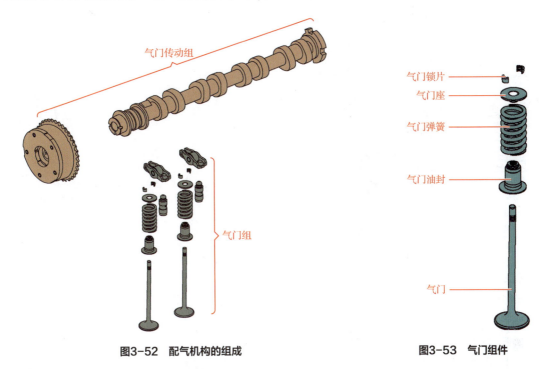

图3-52 配气机构的组成　　　　　　　图3-53 气门组件

（2）气门座。气缸盖上与气门锥面相贴合的部分称为气门座，如图3-55所示。气门座依靠其内锥面与气门锥面密封气缸，并吸收气门传来的热量。另外，气门座还有防止气门直接撞击气缸盖而引起气缸盖过度磨损的作用。

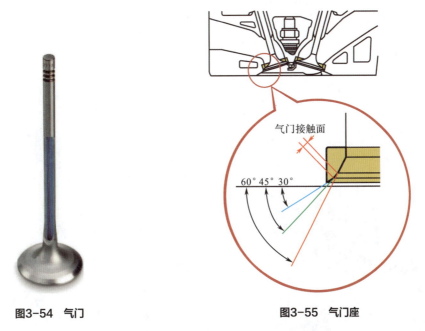

图3-54 气门　　　　　　　　　图3-55 气门座

（3）气门弹簧。气门弹簧的功用是保证气门关闭时能与气门座紧密贴合，并克服气门开启时配气机构产生的惯性力，使传动件始终受凸轮控制而不与其脱离，如图3-56（a）所示。

（4）气门导管。气门导管对气门的运动起导向作用，保证气门做直线往复运动，并将气门杆上的热量

第3章　发动机维修基础　47

传给气缸盖，如图3-56（b）所示。气门导管与气门杆之间一般留有微量间隙（为0.05～0.12mm），使气门杆能在其中自由运动。

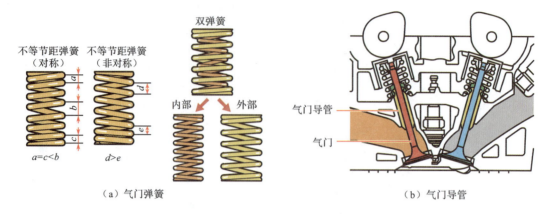

图3-56 气门弹簧和气门导管

2.气门传动组

气门传动组的作用是使气门按发动机配气相位规定的时刻开、闭，并保证有足够的开启高度。气门传动组主要包括凸轮轴、挺柱、推杆及摇臂等零件。因气门驱动形式和凸轮轴位置的不同，气门传动组的零件组成差别很大，如图3-48和图3-49所示。

（1）凸轮轴。凸轮轴（图3-57）用来驱动气门组件，通过轴承支承在气缸盖上，凸轮轴由发动机前部的正时齿轮、正时链或正时带驱动。

（2）挺柱。挺柱的功用是将来自凸轮的运动和作用力传给推杆或气门，同时承受凸轮所施加的侧向力，并将其传给机体或气缸盖。挺柱分为机械挺柱和液力挺柱两类。目前发动机多采用液力挺柱，其结构如图3-58所示。

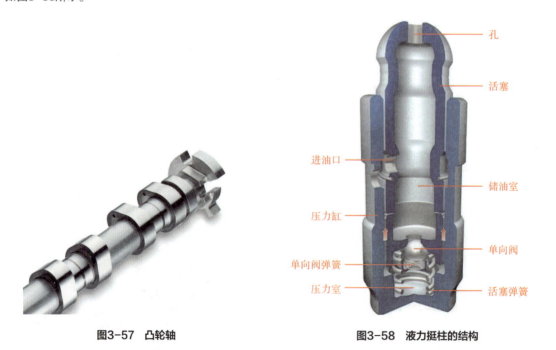

图3-57 凸轮轴　　　　图3-58 液力挺柱的结构

（3）推杆。推杆应用在凸轮轴下置式和中置式配气机构中，其作用是将挺柱传来的运动和作用力传给摇臂。推杆是一个细长杆件，位于挺柱和摇臂之间。

（4）摇臂。摇臂的作用是将推杆或凸轮的作用力传递给气门组件。摇臂是一个以摇臂轴为支点的双臂杠杆，两臂不等长。摇臂一端加工有螺纹孔，用来拧入气门间隙调整螺栓，另一端加工成圆弧面，以与推杆末端球面相配合。

目前，发动机多采用滚轮摇臂（图3-59），它由作为摇臂的一个钢板成形件和一个带有滚子轴承的滚轮组成。

图3-59　滚轮摇臂

3.3.3　配气机构维修

1.配气机构的拆装

（1）凸轮轴的拆装。凸轮轴轴承盖上一般带有标记，标明是哪一道轴承盖。单顶置凸轮轴轴承盖的拆卸顺序是先依次松开第5、1、3道轴承盖，再依次松开第2、4道轴承盖，如图3-60所示。

图3-60　单顶置凸轮轴轴承盖的拆卸

双顶置凸轮轴轴承盖拆卸相对复杂。其轴承盖上不仅标有进、排气侧相关标记，还有第几道轴承盖的标记。复装时严禁装错。

如图3-61所示，排气侧凸轮轴轴承盖上有标记"E3"，其中字母"E"为英文单词"Exhaust"（排气）的首字母，数字"3"表示排气凸轮轴的第3道轴承盖。进气侧凸轮轴轴承盖上有标记"I3"，其中字母"I"为英文单词"Inlet"（进气）的首字母，数字"3"表示进气凸轮轴的第3道轴承盖。

图3-61 双顶置凸轮轴轴承盖上的标记

双顶置凸轮轴轴承盖的拆卸顺序如图3-62所示。

图3-62 双顶置凸轮轴轴承盖的拆卸顺序

（2）气门组的拆装。将气门拆装工具安装在气缸盖上，压缩气门弹簧，使气门锁片从气门杆底部解锁，再用磁力棒吸出气门锁片，如图3-63所示。

取下气门拆装工具，用磁力棒取出气门弹簧座、气门弹簧和气门弹簧垫片，并从气缸盖另一侧拆下气门，使用气门油封工具拆下气门油封，如图3-64所示。

 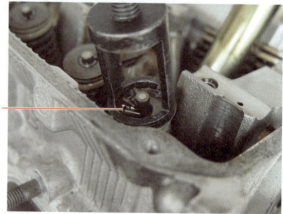

图3-63 安装气门拆装工具，压缩气门弹簧

图3-64 取下气门组件和油封

2.凸轮轴的检查与故障诊断

目视检查	检查凸轮轴前须在溶剂中清洗凸轮轴并用压缩空气吹干,然后目视检查以下内容: ① 凸轮轴供油孔是否有灰尘、碎屑或堵塞; ② 螺纹孔是否损坏; ③ 凸轮轴定位切口是否损坏或磨损; ④ 凸轮轴密封槽是否损坏; ⑤ 凸轮轴止推面是否损坏; ⑥ 凸轮和轴颈是否存在严重划伤、点蚀、热变色或变形
凸轮轴径向圆跳动的检查	如图3-65所示,将凸轮轴支承在检验平板的 V 形架上,将百分表放在平板中间,调整百分表测量杆使其抵靠在凸轮轴中间主轴颈表面上,预压1mm。使凸轮轴缓慢旋转一圈,指针所指示的最大值与最小值之差即为凸轮轴的径向圆跳动量 图3-65 凸轮轴径向圆跳动的检查
故障诊断	凸轮轴常见故障主要包括凸轮和轴颈磨损。如果凸轮轴磨损重,气门室会发出"滴答、滴答"的异响。 故障原因: ① 凸轮轴润滑不良; ② 凸轮轴轴颈紧固螺栓的紧固力矩不足; ③ 凸轮轴轴向定位螺栓或止推片松动; ④ 凸轮轴轴颈紧固螺栓松动; ⑤ 凸轮轴运动时发生轴向移动; ⑥ 凸轮轴轴承润滑不良或安装不当; ⑦ 凸轮或挺柱磨损严重

3.挺柱外径的检查

如图3-66所示,在 A 和 B 两点沿 X 和 Y 方向测量挺柱外径。吉利帝豪 4G18T 发动机的挺柱外径值为 30.96 ~ 30.97mm。

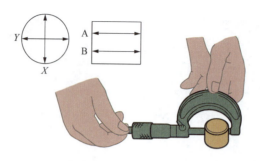

图3-66 挺柱外径的检查

4.气门的检查

（1）测量气门边缘厚度。图3-67所示为气门边缘厚度，若该值小于规定值，则应更换气门。气门边缘厚度的具体数值可参照各车型维修数据，下面给出其一般参考值。

进气门：0.27～0.23mm；

排气门：0.90～1.10mm。

（2）测量气门杆直径。如图3-68所示，在A、B、C三点分别沿X和Y方向测量各气门杆直径，若气门杆直径小于规定值，则应更换气门。气门杆直径的具体数值可参照各车型维修数据，下面给出其一般参考值。

① 标准外径。

进气门：5.470～5.485mm；

排气门：5.465～5.480mm。

② 最小外径。

进气门：5.470mm；

排气门：5.465mm。

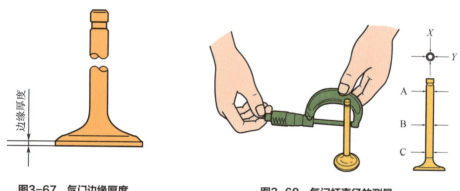

图3-67 气门边缘厚度　　　　图3-68 气门杆直径的测量

5.气门导管的检查

如图3-69所示，在A、B、C三点分别沿X和Y方向测量气门导管的内径。气门导管标准内径为5.51～5.53mm（参考值，具体数值可参照各车型维修手册）。

6.气门弹簧的检查

如图3-70所示，使用游标卡尺测量气门弹簧的长度。气门弹簧长度会因发动机不同而有所区别，具体数值可参照相关发动机的维修数据。一般发动机气门弹簧长度的标准值为44.7～45.7mm，若超出范围则应更换气门弹簧。

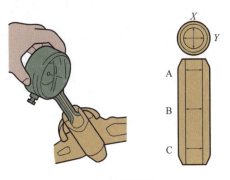

图3-69 气门导管的检查

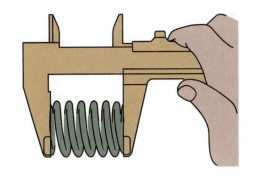

图3-70 气门弹簧的检查

7.气门间隙的检查

（1）旋转曲轴，使第1缸活塞处于上止点位置。

（2）如图3-71所示，使用塞尺测量图中箭头所示的气门间隙值。发动机的气门间隙标准值（冷车时）如下：

进气门为（0.23±0.03）mm（参考值，具体数值可参照各发动机维修手册）；

排气门为（0.32±0.03）mm（参考值，具体数值可参照各发动机维修手册）。

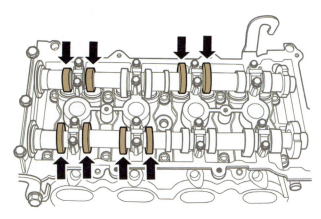

图3-71 气门间隙的检查（一）

（3）将曲轴旋转1圈（360°），使第4缸处于上止点位置，测量图3-72中箭头所示的气门间隙值。发动机气门间隙标准值（冷车时）如下：

进气门为（0.23±0.03）mm（参考值，具体数值可参照各发动机维修手册）；

排气门为（0.32±0.03）mm（参考值，具体数值可参照各发动机维修手册）。

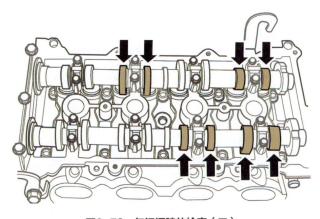

图3-72 气门间隙的检查（二）

若测量得到的气门间隙不符合标准,则应按照以下步骤调整:

① 拆卸凸轮轴轴承盖。按规定顺序拧松凸轮轴轴承盖的螺栓,每次松开半圈到一圈,拆下凸轮轴。
② 取出气门挺杆,如图3-73所示,使用千分尺测量其厚度,并根据下述公式计算新气门挺杆厚度。
进气为$A=B+C-0.23$mm(参考值,具体数值可参照各发动机维修手册);
排气为$A=B+C-0.32$mm(参考值,具体数值可参照各发动机维修手册)。
式中,A为新气门挺杆厚度;B为旧气门挺杆厚度;C为测量得到的气门间隙。
③ 选用的新气门挺杆的厚度应尽量接近公式计算结果。

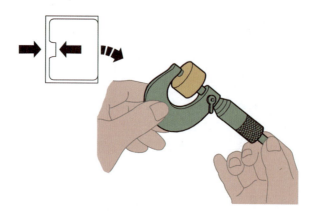

图3-73 测量气门挺杆厚度

3.3.4 配气机构常见故障的诊断与排除

(1)气门间隙过大。气门间隙过大的故障诊断策略见表3-5。

表3-5 气门间隙过大的故障诊断策略

故障现象	行驶无力,同时伴有"嘭、嘭"的声响,功率明显下降
故障诊断	① 发动机怠速时,在气门室盖附近可以听到杂乱的"哒、哒"声; ② 拆开空气滤清器能够听到"嘭、嘭"的响声(非金属敲击声),用手捂住空气滤清器进气口,响声明显减弱,但会出现"哒、哒"的响声; ③ 进行路试,车辆行驶无力; ④ 断缸检查,无上缸迹象
诊断排除	调整气门间隙。但对于有些发动机,根据行驶条件,可适当增大气门间隙,使其动力性和经济性更好,即允许有轻微的气门声响

(2)气门间隙过小。气门间隙过小的故障诊断策略见表3-6。

表3-6 气门间隙过小的故障诊断策略

故障现象	① 发动机怠速运行平稳、无杂声; ② 起动性能变差; ③ 汽车行驶无力; ④ 温度高时会出现不规则的进气回火、排气放炮现象; ⑤ 严重时会出现活塞撞击气门的响声
故障原因	间隙过小,会造成气缸密封不良,导致功率下降。可根据故障现象进行判断,必要时可在发动机温度高时测量气缸压力,此时的气缸压力明显低于正常值
诊断排除	调整气门间隙,一般发动机都不允许气门间隙过小

（3）排气门烧蚀。排气门烧蚀的故障诊断策略见表3-7。

表 3-7 排气门烧蚀的故障诊断策略

故障现象	① 汽车行驶无力； ② 发动机抖动严重； ③ 排气管有"突、突"的排气声； ④ 消声器处冒白色或灰色的烟雾
故障原因	① 气门间隙过小，导致气门受热膨胀后关闭不严； ② 气门杆与气门导管的间隙过大，导致产生摇晃； ③ 气门杆弯曲或气门头变形后出现倾斜； ④ 气门杆积炭过多，导致气门在气门导管内运动受阻。气门杆与气门导管的间隙过小，导致气门运动不灵活； ⑤ 发动机负荷重、温度高，气门传热不良； ⑥ 气门座附近的冷却水套因水垢等问题导致冷却效果不良； ⑦ 气门材料和制造质量欠佳
诊断排除	① 根据故障现象，对发动机进行逐缸断缸试验。当某缸断缸后，若转速无变化或变化不大，并且排气管"突、突"的响声消失，则判断该缸出现故障。为进一步诊断排气门是否烧蚀，可对该缸进行压力测试； ② 根据故障原因进行故障排除，并更换气门

（4）进气门积炭和结胶。进气门积炭和结胶的故障诊断策略见表3-8。

表 3-8 进气门积炭和结胶的故障诊断策略

故障现象	① 发动机运转不稳、抖动大； ② 起动性能变差； ③ 汽车行驶无力； ④ 在发动机达到一定温度后，进气管发出尖锐的"喋、喋"声响； ⑤ 排气声不均匀； ⑥ 进气歧管出现过热烫手现象； ⑦ 严重时进气管有回火现象
故障原因	① 气门油封失效，导致机油进入气缸内燃烧，产生大量的胶、炭； ② 活塞与气缸的配合间隙过大； ③ 活塞环对口弹性下降、开口间隙过大或装错方向，导致密封性降低，使机油窜入气缸内燃烧； ④ 气门杆与气门导管磨损过多、间隙过大，或气门关闭不严，导致机油被吸入气缸； ⑤ 发动机低温运转时间过长； ⑥ 机油质量欠佳、黏度过小，或油底壳内机油液面过高，导致机油窜入燃烧室； ⑦ 使用含有多胶质的柴油，或柴油喷射时雾化不良，导致燃烧不完全
诊断排除	① 根据故障现象，特别是进气歧管出现过热烫手的现象，对发动机进行逐缸断缸试验。当某缸断缸后，若转速无变化或变化不大，并且进气管"喋、喋"的声响消失，则判断为该缸故障。为进一步明确故障，也可对该缸进行压力测试； ② 拆卸气门进行检查，如果气门没有损坏，则可清除积炭，重复使用； 如果故障较轻可不解体气缸盖清除积炭，只需在油箱中按比例加入气缸清洗剂，使汽车正常行驶，若故障症状减轻，可再清洗一次；如果无效，则解体气缸盖，手工清除积炭； ③ 如果气门损坏或烧蚀，则应更换气门

（5）进气管漏气。进气管漏气的故障诊断策略见表3-9。

第 3 章 发动机维修基础

表3-9 进气管漏气的故障诊断策略

故障现象	① 发动机动力不足； ② 起动困难； ③ 发动机抖动； ④ 急加速时有回火或放炮现象； ⑤ 严重时在进气管附近可听到"嘘、嘘"的响声
诊断排除	① 在进气管附近进行听诊，判断是否有"嘘、嘘"的响声； ② 若漏气部位在空气流量计前方，发动机通常没有故障现象，只会增加发动机的磨损； ③ 若漏气部位在空气流量计后方、节气门前方，则发动机表现为动力不足、运行不平稳； ④ 若漏气部位在节气门后方，则发动机表现为起动困难、回火或放炮等现象。

（6）排气门漏气。排气门漏气的故障诊断策略见表3-10。

表3-10 排气门漏气的故障诊断策略

故障现象	① 排气噪声大； ② 有时会有放炮现象； ③ 检测排气，发现氧含量升高
诊断排除	① 目测法：排气管漏气部位通常有烟冒出，周围有黑色的炭烟痕迹； ② 手感法：用手在距排气管100mm处巡查，漏气部位会有窜气的感觉（注意别烫伤）； ③ 听诊法：漏气部位有"叭、叭"的响声

（7）进气管回火。进气管回火的故障诊断策略见表3-11。

表3-11 进气管回火的故障诊断策略

故障现象	① 发动机高温时进气管出现"嘭、嘭"的响声，拆除空气滤清器的同时可看见明显的回火； ② 起动性能变差； ③ 汽车行驶无力
故障原因	① 进气门间隙过小，导致发动机高温时由于气门杆膨胀伸长而使气门关闭不严； ② 进气门烧蚀或气门座烧蚀，导致进气门关闭不严； ③ 在气缸处于做功行程时，火焰漏入进气管，使进气管中的混合气产生燃烧而造成回火
诊断排除	① 检查和调整进气门间隙； ② 更换进气门或气门座

（8）排气管放炮。排气管放炮的故障诊断策略见表3-12。

表3-12 排气管放炮的故障诊断策略

故障现象	① 发动机高温时排气管出现"叭、叭"的声响； ② 起动性能变差； ③ 汽车行驶无力
故障原因	① 排气门间隙过小，导致发动机高温时由于气门杆膨胀伸长而使气门关闭不严； ② 排气门烧蚀或气门座烧蚀，导致排气门关闭不严； ③ 在气缸处于压缩行程时，可燃混合气漏入排气管，并在排气管中遇到其他缸排出的火焰混合气产生燃烧而出现放炮现象
诊断排除	① 检查和调整排气门间隙； ② 更换排气门或气门座

3.4 进、排气系统维修与故障诊断

发动机进、排气系统的作用是供给发动机新鲜空气,并将燃烧后的废气排出。发动机进、排气系统直接影响发动机的动力性、经济性及排放性能。

3.4.1 进气系统概述

进气系统的作用是尽可能均匀地向各缸提供充足的可燃混合气或新鲜空气,保证发动机连续运转。进气系统通常由空气滤清器、节气门体(图中未标出)和进气歧管等部件组成,如图3-74所示。

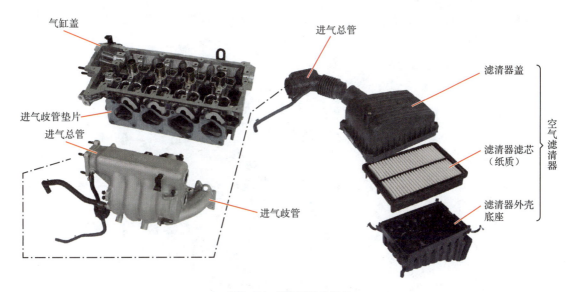

图3-74 进气系统的组成

空气滤清器的主要作用是滤除空气中的杂质等,保证使洁净的空气进入气缸。

发动机大多使用干式纸质滤芯空气滤清器,它由纸质滤芯和滤清器外壳组成,滤清器外壳包括滤清器盖和滤清器外壳底座。

节气门体的作用是控制进入发动机的进气量。当发动机工作时,空气中的部分杂质遇热会凝结在节气门体上,造成怠速抖动、熄火等现象,因而要对节气门体进行定期清洗。

进气歧管指节气门体之后到气缸盖进气道之前的进气管路。进气歧管需将空气尽可能均匀地分配给各气缸,因此进气歧管长度应尽可能相等。

3.4.2 进气系统维修

1.节气门体的拆卸与清洗

(1)节气门体的拆卸。具体操作步骤如下:

① 使用螺钉旋具将进气软管与空气滤清器外壳和节气门体连接的卡箍拧松,如图3-75和3-76所示。

图3-75 进气软管与空气滤清器外壳的连接卡箍　　图3-76 进气软管与节气门体的连接卡箍

② 取下进气软管,可以看到节气门体的4个内六角紧固螺栓,以及节气门体上的连接管路和电气插头,如图3-77所示。

(a) 取下进气软管

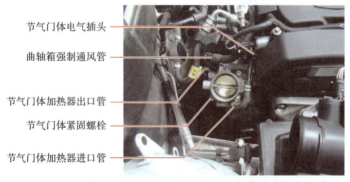

节气门体电气插头
曲轴箱强制通风管
节气门体加热器出口管
节气门体紧固螺栓
节气门体加热器进口管

(b) 节气门体上的连接管路及4个紧固螺栓

图3-77 取下进气软管与节气门体示意图

③ 拆卸节气门体上的连接管路(曲轴箱强制通风管、节气门体加热器出口管、节气门体加热器进口管)和电气插头,如图3-78所示。

(a)

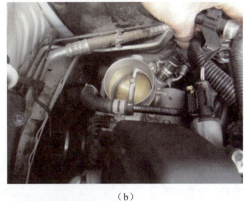
(b)

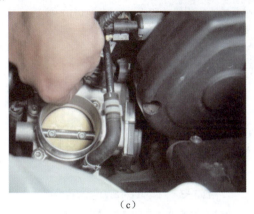
(c)

图3-78 拆卸节气门体上的连接管路和电气插头

④ 如图3-79所示，使用扳手拆卸节气门体的4个紧固螺栓。

（2）节气门体的清洗。首先使用化油器清洗器喷洒节气门体主通道、节气门体阀片两面等处，等待片刻，再用清洗剂将溶解后的积炭、杂质等冲洗掉，最后用干净的棉布浸湿清洗剂将节气门体主通道、节气门体阀片两面等擦拭干净，如图3-80所示。

图3-79 拆卸节气门体的紧固螺栓

图3-80 清洗节气门体

2.进气歧管的拆卸与更换

这里以吉利帝豪 GS 车型的4G18发动机为例，介绍进气歧管的拆卸及更换。

① 拆卸喷油器油轨的固定螺栓（2个），取下喷油器和油轨总成，如图3-81所示。

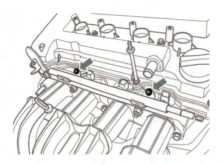 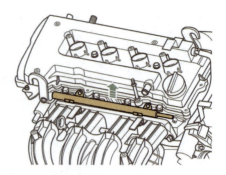

图3-81 拆卸喷油器和油轨总成

② 拆卸节气门体。

③ 拆卸进气压力/温度传感器的紧固螺栓并取下传感器,如图3-82所示。

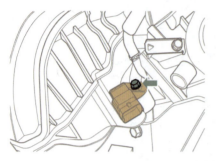 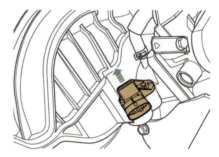

图3-82 拆卸进气压力/温度传感器

④ 分别拆下曲轴箱强制通风管卡箍(图3-83(a))、真空助力器软管卡箍(图3-83(b))和炭罐控制阀软管卡箍(图3-83(c)),并拔下上述软管的接头。

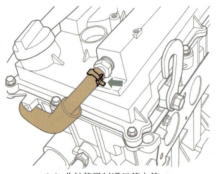 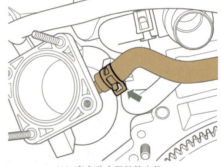

(a)曲轴箱强制通风管卡箍　　　　　　　　(b)真空助力器软管卡箍

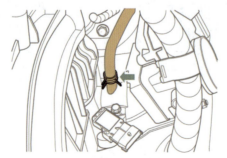

(c)炭罐控制阀软管卡箍

图3-83 拆卸卡箍并拔下接头

⑤ 按照图3-84所示的顺序拆卸进气歧管的固定螺母（2个）和固定螺栓（3个）。

⑥ 轻轻敲击进气歧管本体，使其松动，取下进气歧管，如图3-85所示。

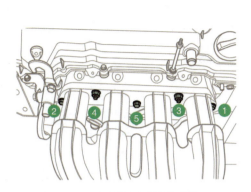

图3-84 进气歧管紧固件拆卸顺序

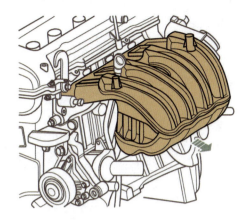

图3-85 取下进气歧管

在更换有故障的零部件后，按照拆卸的相反顺序安装进气歧管。

3.4.3 排气系统概述

排气系统是收集并排放废气的系统，它主要由排气歧管、三元催化转化器、谐振器、消声器及排气尾管等部件组成。汽车排气系统的主作用如下：

① 将废气引到车尾排放，防止有害气体进入驾驶室。

② 改善发动机的排放污染，减少对大气的危害。

③ 降低发动机排气的噪声。

1. 排气系统的类型

排气系统一般有单排气系统和双排气系统两种类型，其中单排气系统用于直列式发动机和部分V形发动机，双排气系统用于V/W形发动机。

（1）单排气系统。直列式发动机在排气行程期间，气缸中的废气经排气门进入排气歧管，再从排气歧管进入排气管、三元催化转化器和消声器，最后由排气尾管排入大气，如图3-86所示。V形发动机有两个排气歧管，在大多数装配V形发动机的车辆上仍采用单排气系统，即通过一个叉形管将两个排气歧管连接到一个排气管上。

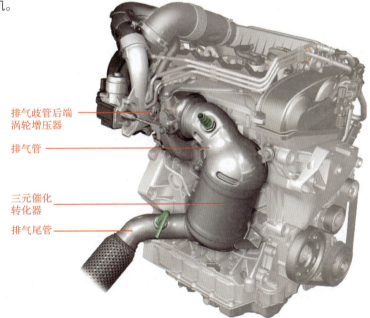

图3-86 单排气系统

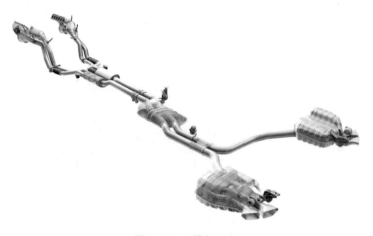

图3-87 双排气系统

（2）双排气系统。有些V/W形发动机采用两个单排气系统，即每个排气歧管各自连接一个排气管、三元催化转化器、谐振器、消声器和排气尾管，这种布置形式称为双排气系统，如图3-87所示。双排气系统可以降低排气系统内的压力，使发动机排气更顺畅。

2.排气系统的组成

（1）排气歧管。排气歧管的作用是将发动机排出的废气引向排气管，如图3-88所示。直列式发动机有一个排气歧管，V形发动机左、右两侧各有一个排气歧管。按照发动机气缸数不同，一个排气歧管可有3个、4个或6个通道，这些通道的另一端并接在一起与排气管相连。

图3-88 排气歧管

（2）三元催化转化器。如图3-89所示，三元催化转化器（以下简称三元催化器）是排气系统中最重要的净化装置，它可将废气中的各种有害气体转变为无害气体。当废气经过三元催化器时，催化器内部的活性物质使有害气体进行一定的化学反应，生成各类无害气体。三元催化器安装在发动机排气歧管的后方，一般由外壳、隔热垫和催化剂载体（表面附有催化剂）组成。

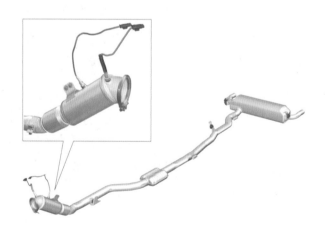

图3-89 三元催化转化器

（3）消声器。当排气门刚开启时，排气的压力和温度非常高，具有一定的能量，同时，由于排气的间歇性，排气管内会产生排气压力脉动。如果让废气直接排入大气，则会产生强烈的、频谱比较复杂的噪声，让排气通过消声器（图3-90），可以逐渐降低排气压力并衰减脉动，从而降低排气噪声。

图3-90　消声器

3.4.4　排气系统维修

（1）排气歧管（不带涡轮增压）的拆卸与更换。具体操作步骤如下：

① 举升车辆，在车底拆卸排气管和三元催化器的紧固螺母（图3-91），并将排气管和三元催化器分开，必要时可将排气管拴在底盘上。

图3-91　拆卸排气管和三元催化器的紧固螺母

② 降下车辆，在发动机舱内拆卸排气歧管隔热罩的紧固螺栓，取下隔热罩，如图3-92所示。

③ 分别拔下前、后氧传感器插头，如图3-93所示。

图3-92　拆卸排气歧管隔热罩　　　　图3-93　拔下氧传感器插头

④ 拆卸排气歧管的紧固螺栓，取下排气歧管总成，如图3-94所示。

图3-94 拆卸排气歧管的紧固螺栓并取下排气歧管总成

在更换有故障的零部件后，按照拆卸的相反顺序安装排气歧管。

（2）三元催化器的诊断。三元催化器出现故障后，需要及时进行诊断。常用的诊断方法一般包括敲击三元催化器检查、排气背压检查、三元催化器表面温度检查及对三元催化器进行效率测试等。

① 敲击检查。该方法是使用一个橡胶锤轻轻敲击三元催化器的外壳。如果催化器内部材料已经损坏，敲击时会出现"咯、咯"声。如果出现声音，则需要更换三元催化器。

② 排气背压检查。该方法可使用真空表或压力表进行。

a. 真空表检查排气背压。在发动机转速为 2000 ~ 2500r/min 时，可以使用真空表检查进气歧管的真空度来判断排气背压，并通过排气背压判断三元催化器是否堵塞。如果排气阻塞，则进气歧管真空度将在发动机保持恒定转速时逐渐下降。

真空度下降的原因是排气在发动机高速运转时不能顺利通过排气系统。在约 1 min 的时间内，积累在阻塞点前的排气压力可能会影响排气行程终了时的气缸压力。因此，在进气行程开始时，缸内残余废气的压力会使进气歧管真空度降低。如果排气阻塞严重，则会使发动机熄火。

b. 压力表检查排气背压。使用压力表也可以检查排气背压。先将一个旧的氧传感器去掉头部，再将其拧入氧传感器安装孔中，最后将一小段制动系统的金属管插入旧氧传感器内部制成适配器。当发动机怠速运转时，排气背压应低于10kPa；当发动机的转速达到2500r/min 时，排气背压低于15kPa。

③ 温度检查。只有在达到工作温度的条件下，三元催化器才能将NO_x转化为氮气和氧气，并且将 CO 和HC氧化为二氧化碳和水。在这个化学反应过程中，三元催化器的温度最少要提升10%。检查时，首先预热三元催化器，需要保持发动机转速在 2500r/min 至少 2 min，然后使用红外线测温仪对三元催化器的进口和出口温度进行测量，并记录以便后续工作使用。

3.4.5 排气系统常见故障的诊断与排除

排气系统的常见故障有排气系统堵塞、排气系统泄漏及排气系统噪声大等，其故障诊断策略见表3-13 ~ 表3-15。

表3-13 排气系统堵塞的故障诊断策略

故障现象	当发动机出现加速无力、油耗升高或加速性能不良时，需要检查是否存在排气系统堵塞的故障
故障原因	① 排气管是否损坏； ② 排气管内有无碎屑； ③ 排气管或谐振器内部故障； ④ 排气管内部锈蚀后堵塞排气口

诊断排除	① 更换或修理排气管； ② 拆卸排气管，清除排气管内部碎屑； ③ 更换或修理相关组件； ④ 清除内部锈蚀，锈蚀情况严重的应更换排气管

表3-14 排气系统泄漏的故障诊断策略

故障现象	如果发动机在运转时发出"嘶、嘶"的声音或者爆裂的声音，则需要检查是否存在排气系统泄漏的故障
故障原因	① 排气系统部件错位或安装错误； ② 排气歧管、涡轮增压器总成、三元催化器及排气管中间消声器、后消声器等部位存在排气泄漏； ③ 下列部件的密封件或衬垫泄漏： ● 排气歧管与气缸盖 ● 排气歧管与涡轮增压器 ● 涡轮增压器与三元催化器 ● 三元催化器与排气管 ● 中间消声器与后消声器 ④ 法兰连接处的接合面变形； ⑤ 排气歧管开裂或断开； ⑥ 排气系统部件焊接处存在泄漏
诊断排除	① 重新安装并按规定力矩紧固，确保排气管吊钩处于正确位置且无松动； ② 紧固或更换相关部件； ③ 更换泄漏的密封件或衬垫； ④ 维修或更换相关部件； ⑤ 更换排气歧管； ⑥ 更换发生泄漏的部件

表 3-15 排气噪声大的故障诊断策略

故障现象	① 排气系统发出爆裂声或"嘶、嘶"声； ② 排气噪声大
故障原因	① 排气泄漏； ② 消声器损坏； ③ 排气管松动； ④ 三元催化器损坏
诊断排除	① 排气泄漏，按排气系统泄漏故障的诊断排除方法操作； ② 检查消声器总成是否损坏或出现故障，必要时应更换消声器总成； ③ 检查排气管吊钩是否弯曲或松动、隔热罩或紧固件是否松动，以及排气管是否产生干扰； ④ 使用橡胶锤敲击上述部件，以确认噪声部位。检查有故障的三元催化器总成或消声器总成，必要时应更换

3.4.6 进气增压系统概述

发动机进气增压系统的优势主要体现在以下方面：

① 视发动机工作需求，当发动机需要大功率输出时，系统提供增压压力；当发动机不需要大功率输出时，系统减小或不提供增压压力。

② 在气门叠开时，增压的空气有利于更好地清除燃烧室内的废气。

③ 增压的空气可以降低气缸盖、活塞和气门的温度，延长其使用寿命。

④ 即使在高海拔地区，大气压力降低的情况下仍能保证足够的增压压力。

机械增压器由曲轴通过传动带驱动，利用内部的压气机将空气压缩后送到发动机进气歧管，而涡轮增压器依靠发动机的排气驱动,由涡轮带动泵轮运转,对发动机进气进行压缩。机械增压器输送的空气量取决于发动机的转速,一般可提升约 20%的发动机动力。

1. 机械增压

根据压气机工作原理的不同,机械增压器可分为离心式、罗茨式、螺旋式、滑片式和转子活塞式等类型。目前,汽车发动机上常用的增压器类型主要是离心式和罗茨式(图3-95),其中以罗茨式的应用更广泛。

罗茨式双螺杆结构机械增压器,主要由两个带有螺旋齿形叶片的螺杆式转子、主动齿轮、从动齿轮、进气旁通执行器及电磁阀等部件组成。两个螺杆的螺旋齿形叶片的渐开线为 60°,并相互啮合。两个螺杆的前端分别装配主动齿轮和从动齿轮,主动齿轮与增压器驱动轮同轴相连并与从动齿轮相互啮合。增压器驱动轮与曲轴驱动轮通过传动带相连。

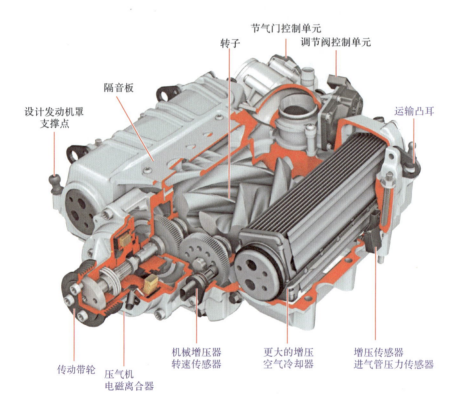

图3-95 机械增压

2. 废气涡轮增压

涡轮增压器利用排气的能量来推动涡轮,带动进气侧的泵轮实现增压,因其取消了类似机械增压器上的传动带,故而减小了发动机的动力损失,同时可将原来浪费的排气能量利用起来,有效提高了发动机的进气效率。废气涡轮增压系统如图3-96所示。

涡轮增压器的结构包含由中间壳体连接的两个腔室,两个腔室内分别装有涡轮和泵轮,它们之间通过贯穿于中间壳体的轴相连。涡轮的腔室连通排气歧管,泵轮的腔室连通来自空气滤清器的进气软管。为了得到最大的排气驱动力,涡轮增压器应尽量靠近发动机的排气歧管安装。当废气通过涡轮时,涡轮带动同轴的泵轮一起旋转,泵轮对来自空气滤清器的空气进行压缩,增压后的空气进入中冷器进行冷却,冷却后的空气通过节气门进入进气歧管。

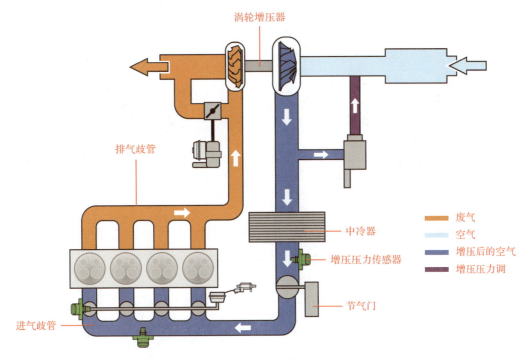

图3-96 废气涡轮增压系统

3.4.7 进气增压系统维修

进气增压系统的关键组成是涡轮增压器,若其发生故障,则应整体更换。下面以吉利帝豪 GS车型的4G13TB 发动机为例,介绍涡轮增压器的拆卸过程。

① 拆卸增压器进油管。使用扳手先拆卸进油管与涡轮增压器的紧固螺栓(图3-97(a)),再拆卸进油管与气缸体的紧固螺栓(图3-97(b)),取下增压器进油管。

注意:复装时应更换油管密封垫。

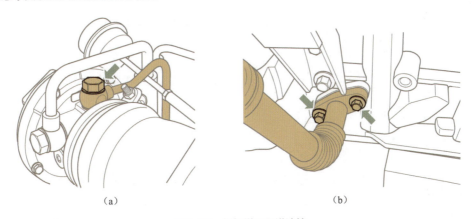

图3-97 拆卸增压器进油管

② 拆卸增压器回油管。使用扳手先拆卸回油管与涡轮增压器的紧固螺栓(图3-98(a)),再拆卸回油管与气缸体的紧固螺栓(图3-98(b)),取下增压器回油管。

注意:复装时应更换油管密封垫。

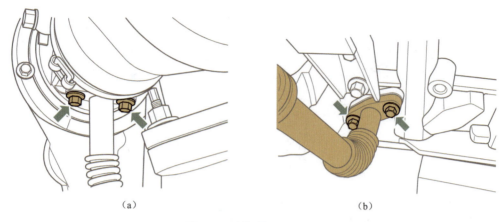

图3-98 拆卸增压器回油管

③ 拆卸增压器进水管。使用扳手先拆卸进水管与涡轮增压器的紧固螺栓（图3-99（a）），再拆卸进水管与气缸体的紧固螺栓（图3-99（b）），取下增压器进水管。

注意：复装时应更换进水管密封垫。

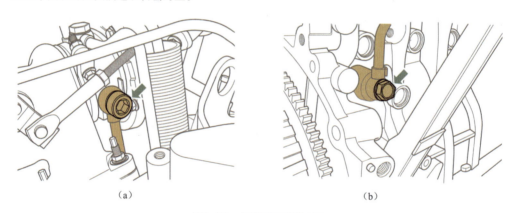

图3-99 拆卸增压器进水管

④ 拆卸增压器回水管。使用扳手先拆卸回水管与涡轮增压器的连接螺栓（图3-100（a）），再用卡箍钳松开回水管连接软管的固定卡箍（图3-100（b）），取出增压器回水管。

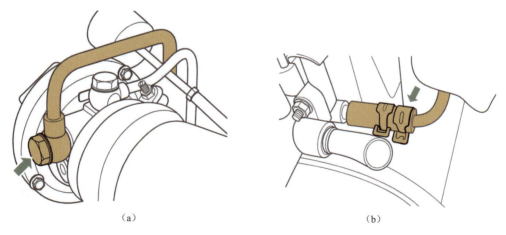

图3-100 拆卸增压器回水管

⑤ 拆卸增压器。首先，使用卡箍钳松开增压器连接软管、真空控制阀软管的固定卡箍，如图3-101所示；然后，拆卸增压器与排气歧管的固定螺栓（图3-102（a）），取出增压器、增压器垫片及增压器与排气歧管之间的垫片（图3-102（b））。

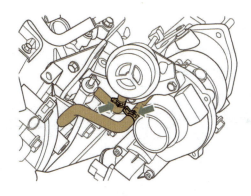

图3-101 松开连接软管的固定卡箍

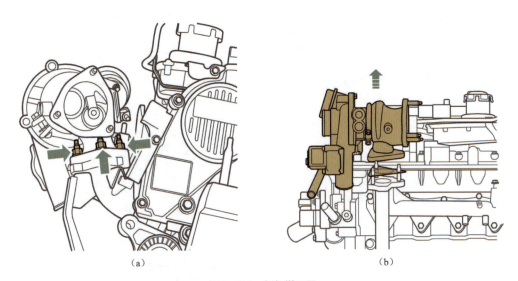

图3-102 拆卸增压器

■ 3.5 燃油供给和喷射系统维修与故障诊断

现代汽车发动机采用电子控制燃油喷射系统（以下简称电控燃油喷射系统）。电控燃油喷射系统将燃油直接喷射到进气歧管或气缸内，并且能够在不同工况下精确控制和调整喷油量，从而满足车辆动力需要和环保法规的要求。

3.5.1 燃油供给系统

1.燃油供给系统的功用

燃油供给系统的功用是不断输送滤清的燃油，并与进气系统配合，根据发动机不同工况的要求，配制一定数量和浓度的可燃混合气，送入气缸燃烧。此外，燃油供给系统还需要储存一定数量的燃油，以保证汽车有足够的行驶里程。

2.燃油供给系统的组成

电子燃油供给系统包括燃油箱、燃油泵、燃油滤清器、燃油管（进油管、回油管）、燃油导轨、喷油器和燃油压力调节器（图中未标出）等部件，如图3-103所示。这些部件一旦出现故障，将会直接影响燃油喷射系统的喷油控制精度。

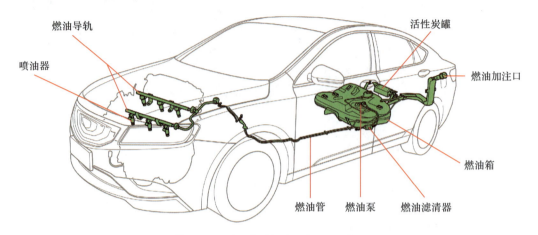

图3-103　电子燃油供给系统组成示意图

（1）燃油箱。燃油箱用于存储燃油，通常由防腐金属或聚乙烯制成，安装位置如图3-104所示。燃油箱一般安装在底盘后部靠近后桥的位置，以便在发生交通事故时，车架纵梁和车身能够有效保护燃油箱。

图3-104　燃油箱的安装位置

（2）燃油泵。当前汽油发动机大都采用电动燃油泵，它是由小型电动机驱动的，如图3-105所示。燃油泵负责将燃油泵入输油管，并建立燃油压力。电动燃油泵分为滚柱式（含叶片式）、涡轮式和变排量式。目前，大多数车辆使用滚柱式（含叶片式）或涡轮式燃油泵，少部分车辆选用变排量式燃油泵。涡轮式燃油泵相比滚柱式燃油泵，其工作转速更高、噪声更小。变排量式燃油泵可以根据发动机的工况改变泵油量，不仅节约了能源，还能延长燃油泵的使用寿命。

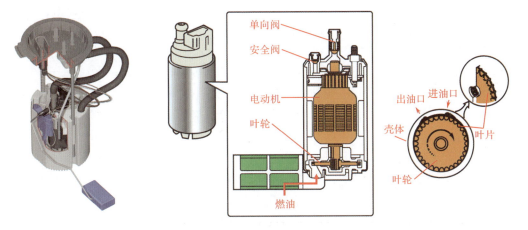

图3-105　电动燃油泵的结构（叶片式）

（3）燃油滤清器。燃油滤清器安装在燃油泵与燃油导轨之间的进油管中，如图3-106所示。它可以有效过滤燃油中的灰尘、碎屑、水分及其他杂质，防止它们进入燃油导轨堵塞喷油器。燃油滤清器由滤芯和壳体组成，壳体一般是用金属或塑料制成，滤芯一般为纸质滤芯。

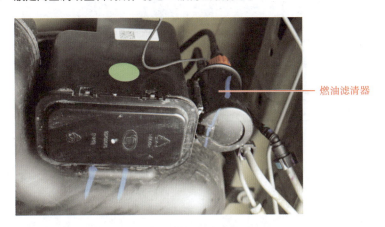

图3-106　燃油滤清器的安装位置

（4）燃油压力调节器。发动机燃油供给系统通过燃油压力调节器（图3-107）稳定喷油压力（燃油导轨内部油压与进气歧管真空度的压力差），使电控燃油喷射系统只需通过控制喷油器的喷油时间就可精确控制喷油量。燃油压力调节器分为真空式和恒压式两种类型。

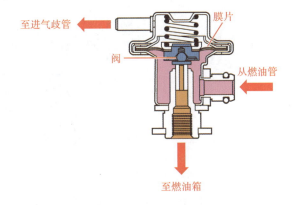

图3-107　燃油压力调节器

第3章　发动机维修基础　71

3.5.2 燃油喷射系统

1. 燃油喷射系统的组成

电控燃油喷射系统由发动机控制模块（ECM）、传感器（节气门位置传感器、进气歧管压力传感器、空气流量传感器、凸轮轴位置传感器、曲轴位置传感器、冷却液温度传感器、氧传感器等）和执行器（喷油器）3部分组成，如图3-108所示。ECM是发动机控制系统的核心部分，包含若干子控制系统，燃油喷射系统是其中之一。ECM通过采集和处理空气流量传感器或进气压力传感器及其他相关传感器传来的信息，计算当前工况下发动机所需的即时喷油量，并向执行器（喷油器）发出喷油指令。同时，ECM通过氧传感器提供的信息来及时修正喷油误差，实现最佳喷油控制。

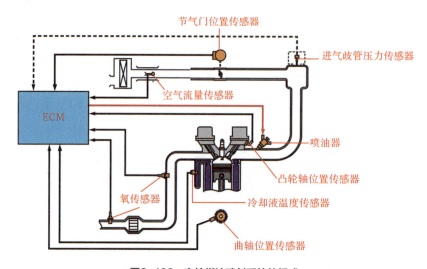

图3-108 电控燃油喷射系统的组成

（1）高压油泵。直喷式发动机的高压油泵集成有电磁式燃油压力调节阀。高压油泵为单腔柱塞泵，其中的柱塞由附加在凸轮轴上的凸轮驱动做往复运动，以将低压燃油压缩为高压燃油，加压后的燃油压力可达20 000kPa，如图3-109所示。

ECM根据凸轮轴位置传感器信号和曲轴位置传感器信号控制电磁式燃油压力调节阀的开闭周期，并使其与凸轮的3个凸角位置同步，以调整高压油泵在各个柱塞行程中向高压油轨泵油的时间，从而实现高压油轨中燃油压力的可变控制。

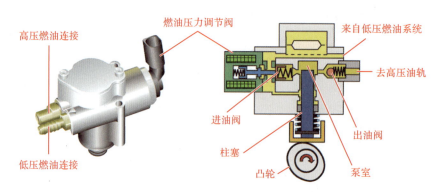

图3-109 高压油泵

（2）高压油轨总成。高压油轨总成安装在气缸盖上，其上装有喷油器和高压燃油压力传感器，高压油轨的作用是储存高压油泵输送的燃油，并将高压燃油分配给各个喷油器，保证每个喷油器的燃油压力均等。

2.燃油喷射系统的分类

ECM一般通过两种方式来检测发动机的进气量,即速度密度法和质量流量法。因此,燃油喷射系统分为速度密度型(图3-110)和质量流量型(图3-111)两种。

(1)速度密度型。不需要空气流量传感器,ECM通过进气压力、节气门开度和发动机温度等信号来计算进入发动机的空气量。速度密度型燃油喷射系统也称为压力型(D型)燃油喷射系统,它具有结构简单、性能可靠等优点,但是由于ECM通过进气歧管中空气的流速和密度来间接计算进气量,会受到空气温度和海拔高度等因素的影响,故而其喷油量的控制精度低于质量流量型燃油喷射系统。

(2)质量流量型。质量流量型燃油喷射系统又称为L型燃油喷射系统,它使用空气流量传感器直接测量发动机的进气量,并转化为电压信号或频率信号输送给ECM。因此,L型燃油喷射系统与D型燃油喷射系统相比,其进气量的计算更为准确,喷油量的控制精度也有所提高。

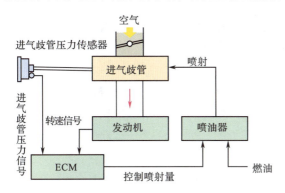

图3-110 速度密度型燃油喷射系统

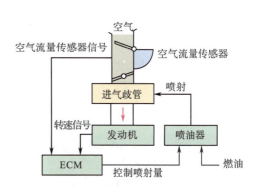

图3-111 质量流量型燃油喷射系统

3.喷射方式

电控燃油喷射系统具有多种喷射方式,经历了由单点喷射到多点喷射的发展过程。早期的单点喷射已被淘汰,目前绝大多数汽油发动机都采用多点喷射方式。但是随着汽油缸内直喷技术的实现,汽油发动机的燃油喷射技术提升至一个更高的水平。

(1)多点喷射。采用多点喷射(图3-112)的发动机,其每个气缸都有独立的喷油器,喷油器安装在进气歧管末端且靠近燃烧室,这样燃油可直接喷射在进气门附近。

多点喷射系统有多个喷油器,其喷射方式又分为分组喷射、同时喷射和顺序喷射等,应根据不同发动机选择不同方式。

(2)缸内直喷。缸内直喷指在火花塞点火前将汽油直接喷入燃烧室,喷入燃烧室的高压汽油与空气形成良好的混合气,如图3-113所示。与柴油发动机一样,汽油缸内直喷系统也需要非常高的喷射压力来克服燃烧室内高压空气的阻力。

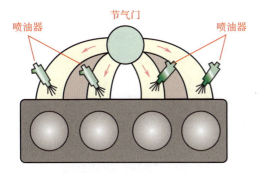

图3-112 多点喷射

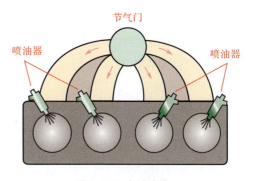

图3-113 缸内直喷

3.5.3 燃油系统维修

（1）燃油压力释放。燃油系统中存在压力，特别是缸内直喷发动机的燃油喷射系统，因此在进行燃油系统维修前，必须先释放燃油压力。燃油压力的释放步骤如下：

① 必要时打开燃油箱盖。

② 打开发动机舱或驾驶室内的熔丝继电器盒，找到燃油泵继电器或熔丝，将其拔出，断开燃油泵工作回路，使燃油泵停止工作。

③ 起动发动机直至发动机熄火，其目的是将系统管路中的燃油消耗干净。

④ 发动机熄火后再次起动发动机，使曲轴继续转动约10s。

在燃油压力释放完成后，如果要拆卸任何燃油系统的部件，应将管路接头包好，以防燃油泄露及异物进入。

（2）燃油泵测试。燃油泵测试包含不同的方法和步骤。即使燃油泵通过了一项测试，也不意味着燃油泵没有问题。例如，如果燃油泵转速变慢，则发动机在中小负荷时的油压可能正常，但当发动机处于大负荷时，供油量就无法满足需求。

① 静态压力测试。多数燃油系统的工作压力维持在300～400kPa，但燃油泵的泵油压力通常是系统正常工作压力的两倍。如此高的泵油压力是为了保证燃油持续供应，并防止燃油系统产生燃油蒸气。

图3-114 燃油压力测试

燃油泵的泵油压力可以使用燃油压力表进行测试。首先将燃油压力表正确连接至燃油分配管进油口，如图3-114所示。然后将点火开关转至"ON"位置，并且不起动发动机，使用诊断仪驱动燃油泵运转，观察燃油压力表的读数是否符合标准。

② 保压测试。燃油系统的保压测试可以检查系统是否存在泄漏。在燃油泵停止运转5min后观察燃油压力表，测得的压力应保持在规定范围内。如果不符合要求，则说明燃油压力调节器、燃油泵止回阀及喷油器等部件存在故障。若燃油导轨有回油管，则可以按照如下步骤确定压力下降的原因：

a. 激活燃油泵建立燃油压力。使用诊断仪驱动燃油泵继电器吸合或使用带有熔断器的导线跨接燃油泵继电器。

b. 堵住燃油导轨上的回油管，如果油压停止下降，则说明燃油压力调节器失效。

c. 如果油压仍然下降，则使燃油系统加压后堵住进油管。

d. 如果油压停止下降，则说明燃油泵止回阀失效。

e. 如果油压仍然下降明显，则说明喷油器存在泄漏。

③ 动态压力测试。当检查动态压力时，需要起动发动机。如果燃油导轨上有回油管（油压是参考真空的），则在节气门动作时压力应改变。如果不变，则应检查真空管路。燃油压力调节器的真空侧不允许出现燃油。

（3）燃油压力调节器的检查。燃油压力调节器的检查方法通常是真空泵测试和诊断仪测试。

① 真空泵测试。真空式燃油压力调节器上连接有真空管，在发动机怠速运行时，通过改变进气歧管真空度，可以判断燃油压力调节器的好坏。具体操作步骤如下：

a. 将燃油压力表与燃油导轨上的燃油压力测试口相连。

b. 拆下燃油压力调节器上的真空管。

c. 怠速运行发动机,观察燃油压力表的读数。

d. 将真空管重新安装,观察燃油压力表的读数。燃油压力应下降约69kPa。

e. 拔下真空管,将真空泵与燃油压力调节器的真空管接口相连。

f. 向燃油压力调节器施加69kPa左右的真空,观察燃油压力表的读数。

g. 如果燃油压力下降约69kPa,则说明燃油压力调节器正常,否则应更换燃油压力调节器。

② 诊断仪测试。利用诊断仪的测试功能对燃油压力调节器进行测试,可以诊断其性能好坏。测试步骤如下:

a. 关闭发动机点火开关,将诊断仪连接到车辆的诊断接口。

b. 打开点火开关,在诊断仪的诊断项目中选择发动机系统。

c. 在发动机系统诊断项目中选择测试功能。

d. 选择燃油压力调节器测试,在诊断仪上进行相关操作。

(4)燃油压力测试。燃油泵工作不良、燃油滤清器脏堵、进油管或回油管泄漏、燃油压力调节器失效及喷油器滴漏等故障都会引起燃油压力的变化,通过检测燃油压力可以诊断燃油系统是否正常。检测燃油压力前,应先泄掉燃油管路中的残余压力。起动发动机后,拔下燃油泵继电器,直至发动机熄火,就可以进行燃油压力测试。测试步骤如下:

① 在燃油导轨的油压测试口处连接燃油压力表。

② 打开点火开关或起动发动机,建立燃油压力。

③ 关闭点火开关后,保持20min,观察燃油压力表的读数。如果压力下降至140kPa左右后不再下降,则说明燃油系统部件及管路没有泄漏;如果压力下降至140kPa以下,则说明燃油系统部件及管路存在泄漏。泄漏点可能是:

a. 燃油泵单向阀;

b. 喷油器;

c. 进油管或回油管;

d. 燃油压力调节器。

为了确定泄漏点,应执行以下操作:

重新激活燃油泵,切断供油管路10min。如果压力下降不明显,则说明燃油泵单向阀泄漏,应更换燃油泵;如果压力仍然下降,继续下一步操作。

重新建立燃油压力,切断燃油压力调节器附近的进油管和回油管。如果在10min内,燃油压力下降明显,则说明燃油压力调节器或喷油器存在泄漏。

将喷油器连同燃油导轨从发动机上拆下,放在白纸上,保持压力10min,观察喷油器是否有渗漏。若无,则说明燃油压力调节器存在泄漏。

(5)喷油器的拆卸与更换。在拆卸喷油器前,需要先释放燃油压力。

① 打开发动机舱,断开蓄电池负极电缆。

② 拆下曲轴强制通风管,断开进气歧管绝对压力传感器线束,并松开发动机线束。

③ 断开喷油器线束插接器,如图3-115所示。

④ 断开燃油导轨上的进油管和回油管,如图3-116所示。

⑤ 拆卸燃油导轨的固定螺栓,如图3-117所示。取下燃油导轨和喷油器组件,如图3-118所示。

图3-115 断开喷油器线束插接器

图3-116 断开燃油导轨上的进油管和回油管

图3-117 拆卸燃油导轨的固定螺栓

图3-118 取下燃油导轨和喷油器组件

⑥拔下喷油器固定件，拆卸喷油器，如图3-119所示。

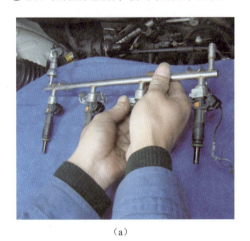

（a）　　　　　　　　　　　　　　　　　（b）

图3-119 拆卸喷油器

⑦使用化油器清洗器清洗喷油器（图3-120）。复装时需要更换新的密封垫。

图3-120　清洗喷油器

（6）燃油泵的拆卸与更换。在更换燃油泵前，需要先释放燃油压力。

①断开蓄电池负极电缆。拆卸后排坐垫，掀开地板上的地毯，漏出燃油箱检修盖。

②用螺钉旋具撬开燃油箱检修盖，如图3-121所示。

③如图3-122所示，断开燃油泵线束插接器和出油管、回油管。

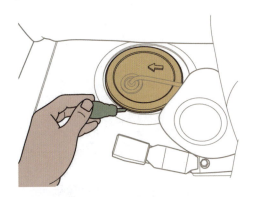
图3-121　撬开燃油箱检修盖

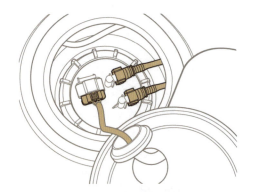
图3-122　断开线束插接器和出油管、回油管

④用手或专用工具沿逆时针方向旋转拆卸燃油泵总成锁环，如图3-123所示。

⑤如图3-124所示，向上取出燃油泵总成。

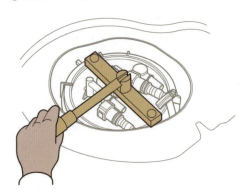
图3-123　拆卸燃油泵总成锁环

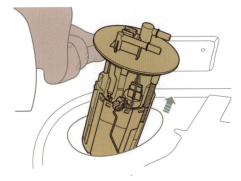
图3-124　取出燃油泵总成

燃油泵更换后，按照拆卸的相反顺序安装。

（7）燃油滤清器的拆卸与更换。在更换燃油滤清器前，需要先释放燃油压力。

①先释放燃油压力，再断开蓄电池负极电缆。

② 举升车辆,在车底断开图3-125中箭头指示的燃油滤清器总成搭铁线。

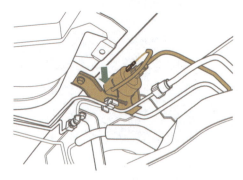

图3-125　断开燃油滤清器总成搭铁线

③ 分别断开图3-126中箭头指示的进油管和出油管,注意管路接头处的卡扣,拆卸后应根据情况更换新件。

④ 拆卸燃油滤清器固定支架的紧固螺栓,取下燃油滤清器和固定支架,如图3-127所示。

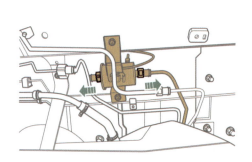

图3-126　断开进油管和出油管

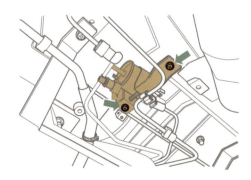

图3-127　拆卸燃油滤清器和固定支架

⑤ 拧松燃油滤清器总成的紧固螺栓并取下燃油滤清器总成。

3.6　冷却系统维修与故障诊断

发动机冷却系统的功用是使发动机得到适度冷却,从而保持其在最适宜的温度范围内工作。

发动机的冷却应适度。若冷却不足,会使发动机过热,充气效率下降,加大早燃和爆燃倾向,导致发动机功率下降;运动机件间正常的间隙受到破坏,零件不能正常运动,甚至卡死、损坏;零件因力学性能下降而出现变形和损坏;因润滑油黏度减小、润滑油膜易破裂而加剧零件的磨损。

若冷却过度,会使发动机过冷,导致进入气缸的可燃混合气雾化不良,进而燃烧不良,造成发动机功率下降及油耗上升;润滑油黏度增大,导致润滑不良,进而加剧零件的磨损;因温度低而未汽化的燃油会冲刷摩擦表面(气缸壁、活塞等)的油膜,同时因混合气与温度较低的气缸壁接触使其中已汽化的燃油又重新凝结流入曲轴箱内,不仅增加油耗,而且会使机油浓度下降并影响润滑效果,进而导致发动机功率下降、磨损增加。

3.6.1　冷却系统的组成与原理

目前,汽车发动机普遍采用强制循环式水冷系统。该系统利用冷却液泵提高冷却液的压力,强制冷却液在发动机冷却液管路中循环流动。发动机的冷却系统一般由散热器、冷却风扇、节温器、冷却液泵、膨胀水箱、冷却液管路、气缸体和气缸盖的冷却水套及其他附属装置等组成，部分部件如图3-128所示。

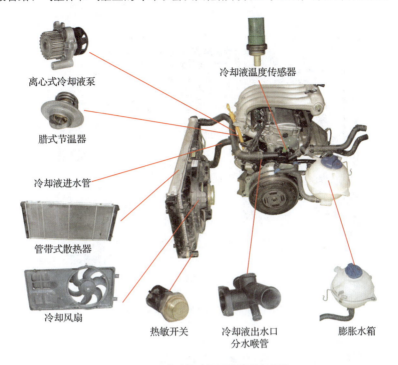

图3-128 发动机冷却系统的部分部件

冷却液在冷却液泵的作用下，流经气缸体及气缸盖的冷却水套而吸收热量，然后沿管路流入散热器。通过汽车行驶的速度及风扇的强力抽吸，使空气流由前向后高速通过散热器，不断带走流经散热器的高温冷却液的热量，从而降低冷却液的温度。冷却后的液体流至散热器底部，由冷却液泵再次吸入冷却水套中，如此循环将发动机工作时产生的大量热量不断带走，从而保证发动机正常工作。

通常冷却液在冷却系统内的循环流动有两种情况，一种是冷却液温度高时，气缸盖出水孔的冷却液流经散热器后，再经冷却液泵流回冷却水套，称为大循环；另一种是冷却液温度低时，气缸盖出水孔的冷却液不经过散热器而直接流回冷却水套，称为小循环。冷却液循环示意图如图3-129所示。

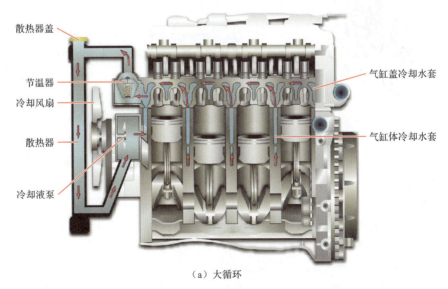

（a）大循环

图3-129 冷却液循环示意图

第3章 发动机维修基础

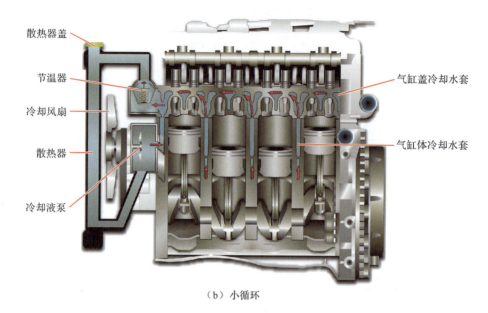

(b) 小循环

图3-129 冷却液循环示意图（续）

1.散热器与膨胀水箱

散热器一般安装在车辆前部，当车辆行驶时，迎面而来的低温空气不断流经散热器，带走冷却液的热量，确保散热效果良好。散热器多采用耐腐蚀、导热性能良好的铜、铝等材料制成。铝质散热器因其尺寸小、质量小、成本较低，成为广泛使用的一种散热器。

膨胀水箱一般由透明塑料制成，以便观察其内部冷却液液位。膨胀水箱的主要作用是为冷却液提供膨胀和收缩的空间，以及冷却系统集中的排气点，因此它的安装位置略高于其他冷却液通道。

2.冷却风扇

冷却风扇（图3-130）通常安装在散热器后方。它旋转时会吸入空气使其通过散热器，以增强散热器的散热能力，加快冷却液的冷却速度。

3.节温器

节温器是控制冷却液流动路径的阀门，它根据冷却液的温度打开或关闭冷却液流向散热器的通道，如图3-131所示。当发动机冷起动时，冷却液的温度较低，节温器将冷却液流向散热器的通道关闭，冷却液便经冷却液泵直接流回气缸体和气缸盖的冷却水套内，以使冷却液能够迅速升温。当冷却液温度上升到一定值时，节温器将冷却液流向散热器的通道打开，冷却液经散热器降温后流回冷却液泵。如果发动机不装节温器，则低温冷却液始终大循环状态，将导致发动机不能迅速升温，长时间在低温下运行。

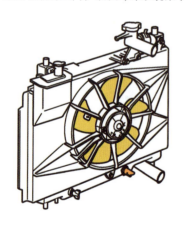

图3-130 冷却风扇

4.冷却液泵

汽车发动机一般采用离心式冷却液泵，其结构简单、尺寸小、排量大且工作可靠，如图3-132所示。离心式冷却液泵由带有冷却液进口和出口通道的壳体和叶轮等组成。冷却液泵的轴由一个或多个密封轴承支承，轴承不需要润滑。使用密封的轴承，可以防止润滑脂泄漏及污物和水的进入。冷却液泵的壳体安装在发动机的气缸体上，冷却液泵的叶轮固定在冷却液泵的轴上，冷却液泵的泵腔与气缸体冷却水套相连接。

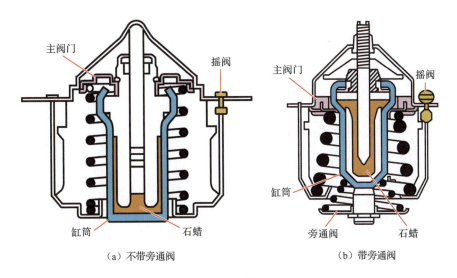

（a）不带旁通阀　　　　　　　　　（b）带旁通阀

图3-131　节温器

图3-132　冷却液泵

冷却液泵的作用是对冷却液加压，保证其在冷却系统中循环流动。

3.6.2　冷却系统维修

（1）冷却液泵的拆卸与更换。具体步骤如下：

① 排放冷却液。打开冷却液膨胀箱盖，拆卸发动机冷却液放水阀，使用容器回收冷却液。

② 拆卸传动带。如图3-133所示，使用扳手沿顺时针方向转动传动带张紧轮的紧固螺栓，取出传动带。

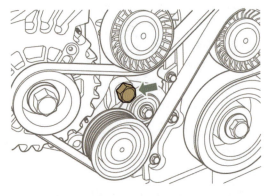

图3-133　拆卸传动带

③拆卸冷却液泵传动带轮。部分车型在拆卸冷却液泵时需先将冷却液泵传动带轮拆下，才能拆卸紧固螺栓。如图3-134所示，使用扳手拆卸冷却液泵传动带轮的紧固螺栓，卸下传动带轮。

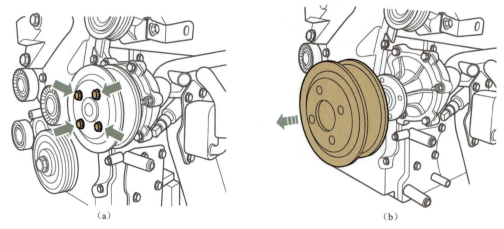

图3-134　拆卸冷却液泵传动带轮

④拆卸冷却液泵。如图3-135所示，使用扳手拆卸冷却液泵的紧固螺栓，卸下冷却液泵。

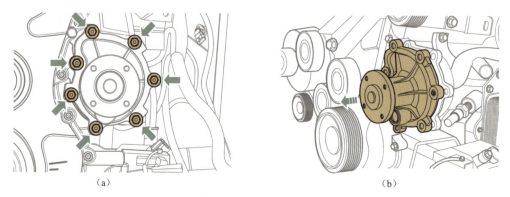

图3-135　拆卸冷却液泵

如图3-136所示，取下冷却液水泵垫片，注意复装时应更换新件。

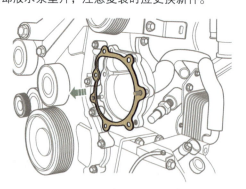

图3-136　取下冷却液泵垫片

（2）节温器的拆卸与更换。具体步骤如下：

①排放冷却液，拆卸发动机进气管。

②断开电子节温器插接器，如图3-137所示。

③使用钳子拆卸图3-138中箭头指示的发动机出水管卡箍，并将出水管与节温器壳体断开。

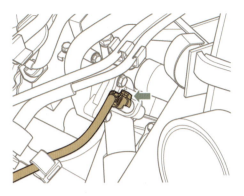

图3-137 断开电子节温器插接器

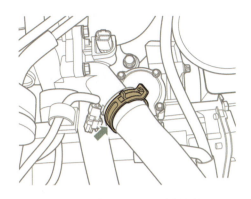

图3-138 拆卸发动机出水管卡箍

④拆卸图3-139（a）中箭头指示的电子节温器紧固螺栓，取下节温器（图3-129（b））。

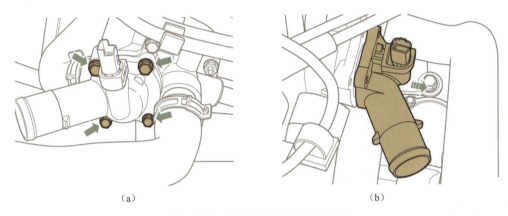

（a）　　　　　　　　　　　　（b）

图3-139 拆卸固定螺栓并取下节温器

（3）节温器的检查。如图3-140（a）所示，将节温器浸泡在水中，将水加热，并在水中放置温度计。当水温到达80～84℃时，检查节温器是否开启，正常情况下节温器应开启。将水继续加热，至温度达到95℃时检查图3-140（b）所示的节温器阀门升程A，正常状态下节温器的阀门升程应≥8mm。

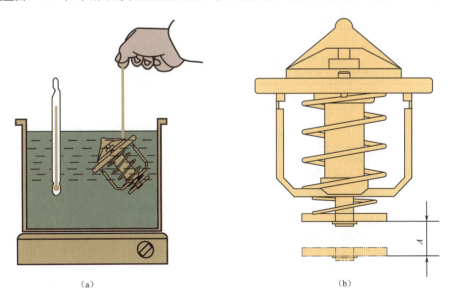

（a）　　　　　　　　　　　　（b）

图3-140 节温器的检查

3.6.3 冷却系统常见故障的诊断与排除

发动机冷却系统的常见故障有发动机温度过高或过低、冷却液泄漏及冷却风扇运转异常等。

（1）发动机温度过高或过低。发动机温度过高或过低的故障诊断策略分别见表3-16和表3-17。

表3-16　发动机温度过高的故障诊断策略

故障现象	①发动机大负荷、低速行驶时冷却器沸腾； ②发动机大负荷工作时出现爆燃异响； ③汽车行驶无力
故障原因	①节温器泄漏或装反，冷却液只进行小循环； ②冷却风扇转速低； ③冷却风扇作用时间过短； ④冷却风扇传动带过松； ⑤气缸体冷却水套内的水垢过多； ⑥冷却液循环量过少； ⑦冷却液不足； ⑧可燃混合气过稀或过浓。可燃混合气过稀，燃烧速度慢，做功行程释的热量增加，导致发动机过热；可燃混合气过浓，导致发动机不易起动、动力不足及排气管冒黑烟，并产生"噗、噗"的声音； ⑨点火时刻过迟、过早都会引起发动机过热，燃烧室积炭过多、严重超载等也会造成发动机过热； ⑩气缸垫破损或气缸盖破裂，大量的高温气体进入冷却系统，导致发动机过热
诊断排除	①检查冷却系统，判断冷却液是否充足、冷却风扇传动带是否过松、冷却风扇转速是否达标； ②检查节温器是否正常； ③检查冷却液循环量是否足够； ④如果冷却液温度不高而水箱已经沸腾，则说明气缸垫破损或气缸盖破裂； ⑤检查点火时刻是否正常、可燃混合气浓度是否正常

表3-17　发动机温度过低的故障诊断策略

故障现象	发动机升温缓慢或工作温度过低
故障原因	节温器损坏或温度显示系统故障
诊断排除	①发动机起动运转10min后，工作温度应达到85~90℃，否则应检查冷却液温度表或冷却液温度传感器、节温器是否有故障； ②检查冷却液温度传感器是否损坏，指示系统损坏对发动机的工作影响不大。可以在发动机工作10min后测量发动机的温度，也可凭经验判断发动机实际温度，以确定指示系统是否存在故障； ③节温器损坏。节温器损坏后，工作时间长，冷却液温度才能升高，工作时间短，冷却液温度升到45℃后不再有大的变化。检查节温器是否黏结卡滞在开启位置不能闭合，致使冷却液始终进行大循环； ④在盛夏季节，发动机工作温度较高，有的驾驶人拆除节温器以降温，这不是理想的办法。因为在城市短途运输中，这样做会延长发动机的加热时间，进而影响发动机的使用寿命并增加单位油耗； ⑤若节温器损坏，则更换节温器。若温度传感器损坏，则更换温度传感器

（2）冷却液泄漏。冷却液泄漏的故障诊断策略见表3-18。

表3-18　冷却液泄漏的故障诊断策略

故障现象	冷却液泄漏导致冷却液不足，引起发动机过热
诊断排除	①检查冷却软管是否破裂、卡箍是否松动； ②检查冷却液泵是否漏液，可用一根洁净木条伸到泄水孔处，木条上无水迹则说明冷却液泵不漏液； ③检查冷却系统内部是否漏液，拔出机油尺，若发现机油中有水，则气门室内壁或进气通道内壁可能存在破裂漏液的部位； ④打开散热器盖，如果冷却液沸腾，则说明气缸垫损坏或气缸盖变形； ⑤检查散热器盖的排气阀是否松动。密封圈失效会导致密封不良，若冷却液容易从加水口处飞溅出来，则说明散热器盖的排气阀失效； ⑥查看散热器是否有渗漏，如果有水渍则存在渗漏； ⑦查看膨胀水箱是否有裂纹、膨胀水箱盖是否松动或密封不良

（3）冷却风扇运转异常。冷却风扇运转异常包括风扇不转、转速慢及运转时机不准等，其故障诊断策略见表3-19。

表 3-19 冷却风扇运转异常的故障诊断策略

故障现象	① 冷却液温度表显示发动机过热，冷却风扇不转； ② 冷却液温度表显示发动机过热，冷却风扇转速低； ③ 冷却风扇运转时机不准，导致发动机过热或发动机升温过慢
故障原因	① 冷却风扇电动机存在故障，控制电路断路； ② 冷却风扇电动机的线圈发生匝间短路，控制电路产生附加电阻； ③ 冷却风扇控制电路故障
诊断排除	① 起动发动机至冷却液温度达 80℃左右，测量冷却风扇电动机插接器的接线端插头，电压应在 12V 左右，无电压则检查熔断器或线路是否断路。若电压小于10V，则说明电路连接松动、氧化等。若电压正常，则表明电动机损坏，应更换电动机、检修电路； ② 测量电动机端电压与主电路电压之差不大于 0.2V，否则需要检查电路各插接器是否松动或氧化、电线电阻是否过大等。在电路正常情况下，通常是电动机线圈的绝缘漆老化、受潮，使其绝缘性能下降造成匝间短路，应检测电路，更换电动机； ③ 根据控制电路结构检修冷却风扇控制电路，通常检查温控开关或冷却液温度传感器是否出现故障。若发现存在故障，则应更换温控开关或冷却液温度传感器

■ 3.7 润滑系统维修与故障诊断

润滑系统的功用是在发动机工作时连续不断地将数量足够、压力和温度适当的洁净机油输送到运动副的摩擦表面，并在摩擦表面之间形成油膜，实现液体摩擦，从而减小摩擦阻力，降低功率消耗，减轻机件磨损，以达到提高发动机工作可靠性和耐久性的目的。此外，流动的机油还具有清洁、吸热、密封、减振、降噪和防锈等功能。

3.7.1 润滑系统的组成

如图3-141所示，典型的发动机润滑系统主要包括以下部件：建立机油压力和保证机油循环的机油泵、储存机油的油底壳、测量机油油位的机油尺、由润滑管路及发动机机体上加工的润滑油道组成的循环油路、限制最高机油压力的限压阀（限压阀可能集成于机油泵内）、防止杂质进入主油道的机油滤清装置，以及提供机油压力信息的机油压力指示灯等。有些发动机上还装有机油冷却器、机油油位传感器和机油寿命系统等。

1. 油底壳

油底壳也称为机油盘，安装在发动机底部，主要用于储存机油，如图3-142所示。现代汽车发动机的油底壳一般采用铝合金铸造而成，以提高散热性能。油底壳底部装有磁性的

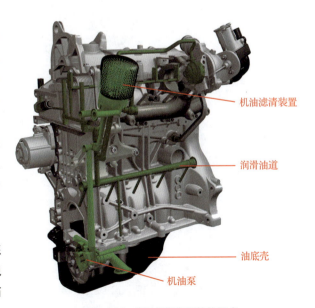

图3-141 发动机润滑系统的组成

放油螺塞，以吸附机油中的铁屑，防止其进入主油道。有些发动机的油底壳中还装有机油油位传感器。

图3-142 油底壳

2.机油滤清装置

为了保证滤清效果，汽车发动机一般采用两级滤清器，即集滤器和全流式机油滤清器两级过滤组合。机油滤清器串联于机油泵和主油道之间，全部机油都需要经过它滤清。

（1）集滤器。集滤器一般为滤网式，它装在机油泵之前的吸油口端，滤网位于油底壳中，吸油管与机油泵入口相连，如图3-143所示。集滤器的主要作用是防止大颗粒杂质进入机油泵。

图3-143 集滤器安装示意图

（2）机油滤清器。机油滤清器多采用纸质滤芯，它能够清除微小杂质（直径小于0.001mm）和水分。机油在高压作用下渗透纸质滤芯，实现过滤。机油滤清器的安装示意图如图3-144所示。

常见的机油滤清器有整体式和分体式两种形式。整体式机油滤清器不可分解，维修时只能整体更换；分体式机油滤清器只需更换内部滤芯。机油滤清器通常与机油一同更换。

注意：整体式机油滤清器一旦拆卸（或拧松），就必须更换，否则，机油滤清器处容易出现泄漏。

3.机油泵

机油泵的作用是给主油道提供数量足够、压力合适的机油，保证机油在润滑系统内循环流动。根据机油泵的不同结构形式，可分为转子式（图3-145（a））和齿轮式（3-145（b））两类，齿轮式机油泵又分为内接齿轮式和外接齿轮式两种，通常将后者称为齿轮式机油泵。

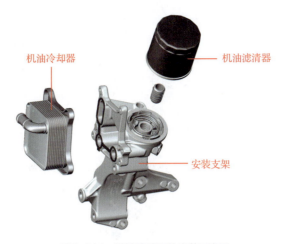

图3-144 机油滤清器的安装示意图

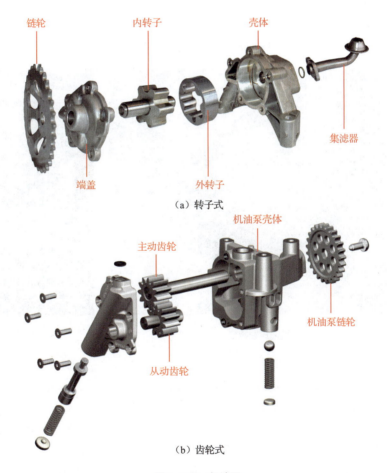

图3-145 机油泵

转子式机油泵由内、外转子及端盖、壳体和集滤器等组成。内转子和外转子的中心有偏心距，内转子带动外转子一起沿一个方向转动，内转子有 5 个凸齿，外转子有 6 个凹齿，这样内、外转子可同向不同步

第 3 章 发动机维修基础　87

地转动。当机油泵工作时，主动轴带动内转子转动，内转子则带动外转子沿同一方向转动。内、外转子工作面的轮廓是一对共轭曲线，可以保证二者相互啮合时既不干涉也不脱离。内、外转子将外转子的内腔分成4个工作腔。当某一工作腔转过进油口时，其容积增大、油压减小，机油经进油口被吸入工作腔。当该工作腔转过出油口时，其容积减小、油压升高，机油经出油口被压出。

3.7.2　润滑系统维修

1.机油滤清器的更换

更换发动机机油时，需要将汽车举升到适合操作的高度，在举升前需要打开机油加注口盖。为了防止异物通过机油加注口进入发动机，需要用干净的布将其遮住。具体操作步骤如下：

① 准备工作。将汽车停驻平整的地面上，起动发动机，进行发动机暖机。之后，关闭发动机，拉紧驻车制动器，打开汽车发动机盖和机油加注口盖。将汽车停靠到位，放置举升托臂，操纵举升机举升汽车。当车轮离开地面时停止举升，再以一定的力量按动汽车前、后部，检查车身是否稳固。在车身稳固的情况下，继续操纵举升机，将汽车举升到适合操作的最高位置。

② 拆卸机油放油螺塞（图3-146），并将机油排入一个容器中（图3-147）。此时，需要特别注意防止热车后的机油烫伤操作者，同时需要找准容器位置，防止漏油发生。

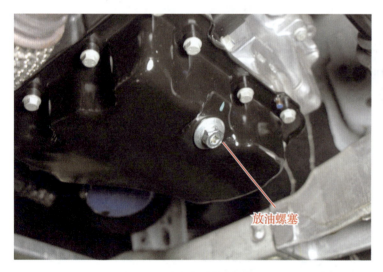

图3-146　拆卸机油放油螺塞

图3-147　收集废弃机油

③ 用机油滤清器扳手拆卸机油滤清器，如图3-148所示。

④ 将发动机机油涂抹在新机油滤清器的O形环上，如图3-149所示。

⑤ 将新的机油滤清器装在机油滤清器支座上，保证O形环与安装表面接触，再用机油滤清器扳手将机油滤清器拧紧3/4圈。注意识别O形环与安装表面初始接触的精确位置。

⑥ 从发动机机油加注口注入规定黏度的机油，直至油位达到机油尺上的满油位标记。

⑦ 盖上机油加注口盖，使发动机怠速空转5min后停止运转，等待3min后拔出机油尺，检查油位是否处于正常位置。

图3-148 拆卸机油滤清器

图3-149 在O形环上涂抹机油

2.机油泵的拆卸与检查

(1) 机油泵的拆卸。下面以吉利帝豪 GS 车型的 4G13TB 发动机为例,介绍机油泵就车拆卸过程。

① 准备工作。举升车辆,排放发动机机油,拆卸油底壳。拆卸机油集滤器固定螺栓,取下机油集滤器总成及螺栓。拆卸发动机油底壳调节板的固定螺栓,取出发动机油底壳调节板,并放下车辆。使用卧式千斤顶支撑变速器总成,拆卸发动机左侧悬置支架。

② 拆卸驱动带。用扳手沿顺时针方向转动驱动带张紧轮的固定螺栓,取出驱动带,如图3-150所示。

③ 拆卸发动机前支架上的固定螺栓,如图3-151所示,取下发动机前支架。

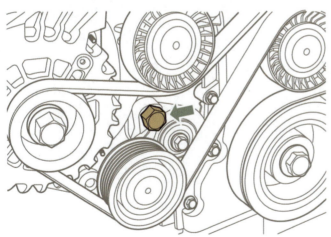
图3-150 拆卸驱动带

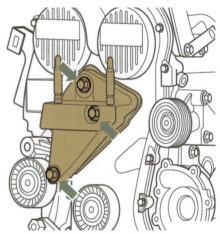
图3-151 拆卸发动机前支架上的固定螺栓

④ 拆卸水泵带轮的固定螺栓,取下水泵带轮。

⑤ 如图3-152所示,拆卸中间惰轮防尘盖板和惰轮的固定螺栓,取下惰轮。

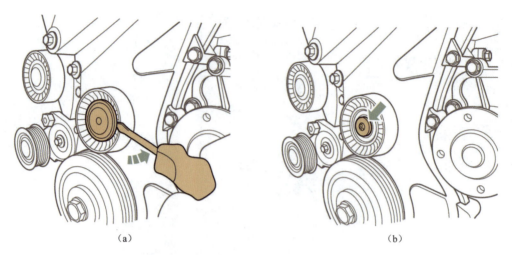

(a)   (b)

图3-152 拆卸中间惰轮防尘盖和惰轮的紧固螺栓

⑥ 拆卸曲轴减振带轮的锁紧螺栓,取下曲轴减振带轮。

⑦ 拆卸油底壳上壳体与正时链罩的固定螺栓和螺母,以及正时链罩与气缸体的固定螺栓和螺母,如图3-153所示。最后使用螺钉旋具轻轻撬动正时链罩并将其取下,如图3-154所示。

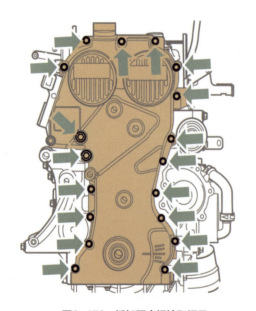
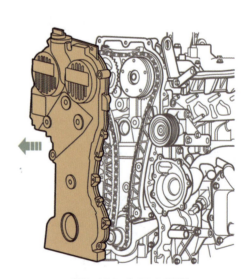

图3-153 拆卸固定螺栓和螺母   图3-154 取下正时链罩

⑧ 拆卸正时链条张紧轨组件上的固定螺栓(图3-155(a)),取下正时链条张紧轨组件;拆卸另一侧正时链条导轨上的两个固定螺栓(图3-155(b)),取下正时链条导轨。

⑨ 如图3-156所示,拆卸两个凸轮轴正时链轮中间的正时链条导轨组件的固定螺栓,取下正时链条中间位置的导轨,并取下已松弛的正时链条。

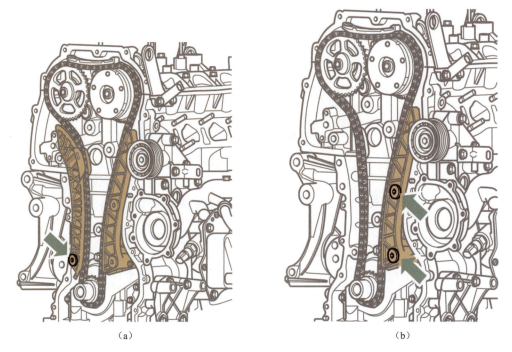

图3-155 拆卸正时链条张紧轨组件和导轨上的固定螺栓

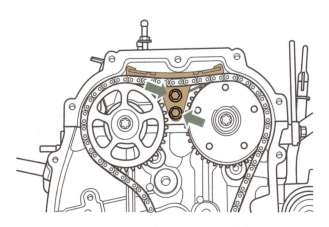

图3-156 拆卸正时链条中间位置的导轨

⑩ 拆卸机油泵。如图3-157所示,拆卸4个机油泵固定螺栓,取下机油泵和机油泵垫片。

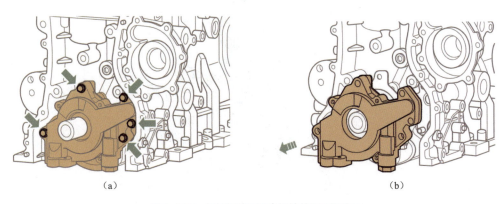

图3-157 拆卸机油泵固定螺栓并取下机油泵

第3章 发动机维修基础

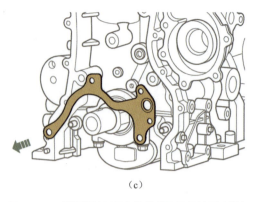

(c)

图3-157 拆卸机油泵固定螺栓并取下机油泵（续）

（2）机油泵的检查。

① 内、外转子径向间隙的检查。如图3-158所示，使用塞尺测量机油泵内转子和外转子之间的径向间隙。

标准值：0.05～0.15mm；维修极限：0.25mm。（具体参数参见各车型维修数据。）

如果内、外转子的径向间隙超出维修极限，则应更换机油泵总成。

② 泵壳体安装面与转子之间的轴向间隙检查。如图3-159所示，使用精密直尺和塞尺测量泵壳体安装面与转子之间的轴向间隙。

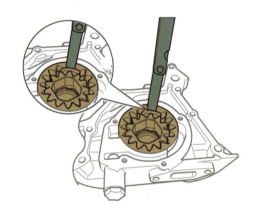

图3-158 测量内、外转子径向间隙

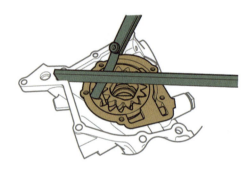

图3-159 测量泵壳体安装面与转子之间的轴向间隙

标准值：0.03～0.10mm；维修极限：0.20mm。（具体参数参见各车型维修数据。）

③ 外转子与泵壳体之间的径向间隙检查。如图3-160所示，使用塞尺测量外转子与泵壳体之间的径向间隙。

图3-160 测量外转子与泵壳体之间的径向间隙

标准值：0.23～0.322mm；维修极限：0.45mm。（具体参数参见各车型维修数据。）

3. 机油压力测试

机油压力是保障发动机正常运转的基础，它不但影响各运动部件的润滑，还关系到可变正时气门系统（液压式）液压挺柱等的正常工作，因此机油压力测试是发动机检查的重要项目。进行机油压力测试时，通常在机油压力开关处安装机油压力表。机油压力测试步骤如下：

① 将车辆停驻在水平地面上，等待足够长的时间（2～3min），以使机油回流，并查看机油油位是否过低。

② 起动发动机预热，并确认车辆压力表或指示灯没有显示压力低或无机油压力。

③ 将点火开关置于"OFF"位置。

④ 拆下机油压力开关或一个发动机气缸体机油感应塞。

⑤ 安装适配器和机油压力表，测量发动机机油压力。

⑥ 起动发动机，将读数与规定值进行比较。

4. 机油泄漏检查

发动机的许多部位都可能出现机油泄漏，机油泄漏通常分为内部泄漏和外部泄漏两种。

① 内部泄漏。主要产生原因是内部间隙过大，包括曲轴与轴承的间隙、凸轮轴与轴承的间隙和机油泵的内部间隙等，可通过机油压力测试来判断是否存在泄漏。

② 外部泄漏。主要产生原因是外部密封损坏，如油封泄漏、机油油道连接处松动等，可采用目视法检查外部泄漏。

3.7.3 润滑系统常见故障的诊断与排除

润滑系统的常见故障有机油压力过高或过低、机油消耗超标和机油变质等。

（1）机油压力过高或过低。机油压力过高或过低的故障诊断策略见表3-20。

表3-20 机油压力过高或过低的故障诊断策略

故障现象	故障原因	诊断排除
机油压力过高	机油压力超过0.4MPa；机油压力警告灯闪烁并伴有蜂鸣声	① 机油黏度过大； ② 限压阀调整不当； ③ 气缸体或气缸盖油道堵塞； ④ 机油压力传感器失准； ⑤ 机油滤清器堵塞，旁通阀无法打开	① 检查机油等级是否符合使用要求，若不符合则更换合适机油； ② 检查高压开关是否失效，若失效则应更换开关； ③ 检查机油限压阀是否失效，若失效则应更换限压阀； ④ 检查机油滤清器是否堵塞、旁通阀是否失效，若有异常，则应更换机油滤清器、疏通旁通阀； ⑤ 拆检发动机，检查气缸体或气缸盖油道是否堵塞，检查曲轴和连杆轴承间隙是否过小
机油压力过低	机油压力警告灯闪烁并伴有蜂鸣声	① 机油液面过低； ② 机油压力传感故障； ③ 机油泵损坏或内部零件磨损； ④ 机油黏度低或被稀释； ⑤ 机油泵限压阀失效或弹簧过软； ⑥ 发动机曲轴、连杆、凸轮轴等轴承配合间隙过大； ⑦ 机油集滤器网被胶状物堵住；机油泵内形成空气间隙，失去泵油功能等	① 检查机油液面高度，若液面过低，则需添加机油； ② 检查机油压力开关，若损坏则应更换； ③ 拆检机油泵，若发现机油泵损坏，则应更换磨损零件； ④ 检查曲轴轴承等处的配合间隙，若间隙正常，则查找发动机壳体泄漏部位；若间隙不正常，则修理间隙过大的轴承

（2）机油消耗超标。机油消耗超标的故障诊断策略见表3-21。

表 3-21　机油消耗超标的故障诊断策略

故障现象	① 发动机功率下降，排气管冒蓝烟； ② 机油严重超耗，大车超耗量大于 0.3 L/100km；小车超耗量大于 0.05 L/100km
故障原因	① 活塞、活塞环与气缸壁严重磨损而使配合间隙过大； ② 活塞或气缸拉伤； ③ 活塞环（特别是油环）弹性差； ④ 活塞环与环槽的边隙、侧隙过大； ⑤ 活塞环因积炭被卡住或对口； ⑥ 扭曲环装反； ⑦ 气门杆与导管配合间隙过大或油封失效； ⑧ 密封垫发生破损、变形、腐烂、老化，造成密封不良而引起漏油
诊断排除	起动发动机预热至正常工作温度，使发动机暖机 ① 急速运转 5min，拆检各缸火花塞。若某缸火花塞的中心电极沾有油污（机油），则表明该气缸窜油； ② 无负荷高速运转发动机，若排气管冒蓝烟，而机油加注口不冒蓝烟，则表明气门导管存在渗油可能； ③ 发动机高速运转，若排气管冒蓝烟，机油加注口也脉动冒烟，则表明活塞环配合间隙过大； ④ 用气缸压力表检测气缸压力以确定气缸是否密封良好； ⑤ 检查发动机外部是否漏油，若漏油，则应排除漏油故障； ⑥ 检查气门油封是否损坏，如果油封损坏，则应更换油封； ⑦ 检查气门杆与导管的配合间隙，如果间隙过大，则应更换气门或导管； ⑧ 拆检发动机，检查活塞与气缸的配合间隙，以及活塞环是否失效或气缸是否拉伤

（3）机油变质。

机油变质的故障诊断策略见表 3-22。

表3-22　机油变质的故障诊断策略

故障现象	机油取样，颜色变黑；含水分的机油呈乳浊状且有泡沫
故障原因	① 机油使用时间过长，在高温和氧化作用下，使机油氧化和机油碳化加速，机油逐渐变质； ② 活塞和气缸间隙变大，活塞环漏气，导致燃油下泄量增大，稀释机油； ③ 气缸垫密封不严或气缸体有裂纹、砂眼等造成冷却液渗入曲轴箱，使机油和冷却液混合后乳化； ④ 曲轴箱通风不良，机油中混有废气中的燃油，导致机油变质； ⑤ 机油滤清器堵塞，机油未经过滤而直接通过旁通阀，发生润滑短路，造成机油内杂质过多；机油泵磨损，供油能力下降
诊断排除	① 检查机油中是否含有水分，进而检查冷却系统； ② 取机油样品数滴，滴在滤纸上，若其扩散的油迹为中心黑色杂质多，则说明机油内杂质多，机油已变质； ③ 用手捻取样机油，若失去黏性感，则说明机油内混有燃油，应检查曲轴箱通风是否良好、活塞的漏气量是否超标、机油滤清器是否失效及油道是否堵塞

3.8　点火系统维修与故障诊断

发动机压缩终了时，由于汽油的燃点较高，气缸内的可燃混合气无法自燃，需要依靠电火花才能点燃，因此，汽油发动机设计有专门的点火系统，按照发动机的做功次序给各缸火花塞提供高压电动势，使其产生的电火花直接点燃压缩后的可燃混合气。

3.8.1 点火系统的组成及原理

1.点火系统概述

随着对汽车发动机动力性、经济性及排放控制要求的日益提高，当前发动机大多采用无分电器点火方式。无分电器点火方式按照高压配电方式的不同可分为同时点火和独立点火两种形式。

（1）同时点火。同时点火一般采用一个点火线圈同时对两个气缸进行点火，即双缸同时点火。这种点火方式利用一个点火线圈对活塞接近压缩行程上止点和排气行程上止点的两个气缸同时进行点火，如图3-161所示。它可以减少点火线圈的数目，但是，如果一个气缸的火花塞或高压线出现故障，则会同时影响两个气缸的工作。

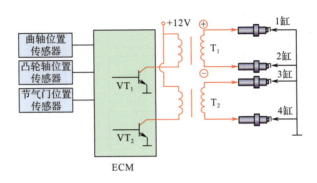

图3-161 双缸同时点火

（2）独立点火。独立点火是每个火花塞安装一个点火线圈，单独由其提供高压电动势，以实现各缸直接点火，如图3-162所示。独立点火取消了易导致电磁干扰的高压线，ECM可以单独对每个气缸的点火正时进行调整，从而提高了发动机的性能。例如，如果爆燃传感器检测到3缸点火后产生爆燃，ECM将单独减小3缸的点火提前角。

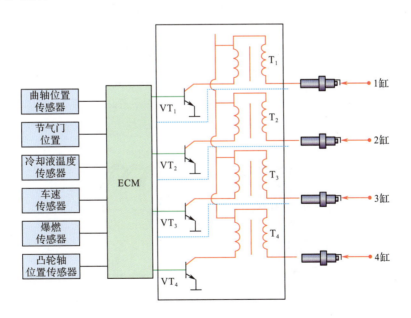

图3-162 独立点火

2. 点火系统的组成

目前,大部分汽车采用无分电器电控点火系统,该系统一般由蓄电池、点火开关、点火线圈、火花塞、ECM 及相关传感器(曲轴位置传感器、凸轮轴位置传感器、爆燃传感器等)组成,如图3-163所示。点火线圈内部包含一次线圈和二次线圈,它们共用铁心,通过感应产生高压,并由火花塞产生电火花点燃混合气。ECM负责根据传感器信号判断活塞是否处于压缩上止点位置,以确定最佳点火时刻。

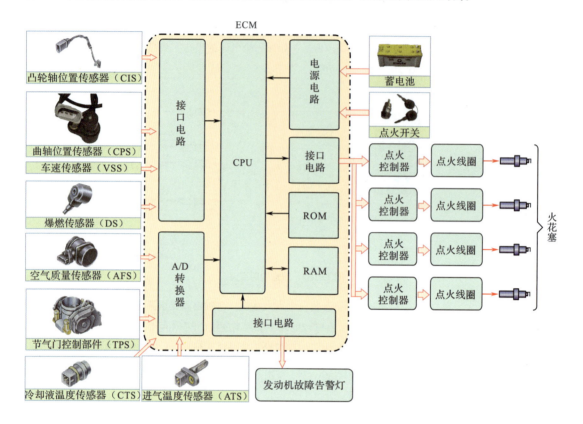

图3-163 无分电器电控点火系统的组成

(1)点火线圈。点火线圈实际是一个升压变压器,其作用是将蓄电池提供的 12V 低压电转换成点火所需的高压电,使火花塞跳火。点火线圈主要由一次线圈、二次线圈及铁心等组成,如图3-164所示。点火线圈中的一次线圈和二次线圈可以是由线路相连的,也可以是分开的。

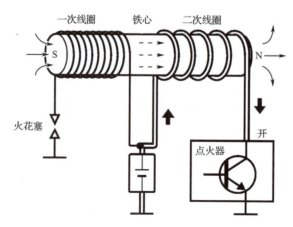

图3-164 点火线圈的结构

（2）火花塞。火花塞的作用是将点火线圈产生的高压电动势引入燃烧室，并在其两个电极之间产生电火花，以点燃可燃混合气。火花塞主要由绝缘体、壳体、接线柱（图中未标出）、中心电极和侧电极等组成，如图3-165所示。虽然火花塞结构多样，但是常用火花塞的结构是绝缘体裙部略缩入壳体端面，侧电极全遮盖中心电极。

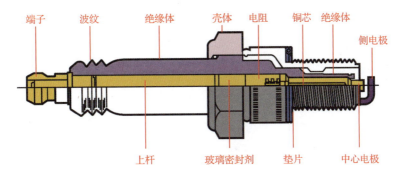

图3-165　火花塞的结构

（3）传感器。现代汽油发动机由ECM控制点火系统的所有功能，并持续调整点火正时。ECM采集曲轴位置传感器、凸轮轴位置传感器及爆燃传感器的信号作为点火正时的主要信号，同时参考冷却液温度传感器、节气门位置传感器、进气压力传感器及空气流量传感器等的信号进行修正。

① 曲轴位置传感器。曲轴位置传感器（图3-166）也作为发动机的转速传感器，其作用是采集曲轴转动角度或发动机转速信号，并输入ECM，作为点火控制和喷油控制的主要参数。曲轴位置传感器一般安装于曲轴前端、中部或变速器壳体靠近飞轮的位置，它可分为磁电式、霍尔式、磁阻式和光电式4种类型。

图3-166　曲轴位置传感器

② 凸轮轴位置传感器。凸轮轴位置传感器（图3-167）的作用主要是检测凸轮轴的位置和转角，以确定第1缸活塞的压缩上止点位置。双可变气门正时系统的进、排气凸轮轴各有一个凸轮轴位置传感器。凸轮轴位置传感器通常采用霍尔式，它一般安装在气门室盖后部，传感器头部对应凸轮轴尾部的信号转子。

③ 爆燃传感器。爆燃传感器（图3-168）可使发动机ECM控制点火正时以尽可能获得最佳性能，同时保护发动机免受具备潜在危害的爆燃损害。爆燃传感器采用压电晶体技术，可将发动机的振动或噪声转化为振幅和频率不断变化的交流电压信号，振幅和频率取决于爆燃传感器检测到的爆燃水平。

图3-167　凸轮轴位置传感器

图3-168　爆燃传感器

3.8.2 点火系统维修

点火系统一旦出现故障,将直接影响发动机的正常工作。由于点火系统控制过程相对比较复杂,掌握正确的维修方法和诊断策略是非常重要的。在对点火系统进行检查时,一般需要关注以下两方面:

① 一次回路和二次回路中各部件及线路连接是否正常。

② 与点火触发信号相关的传感器及线路连接是否正常。

(1) 外观检查。检查点火系统的第一步是对整个点火系统进行目视检查,其中包括:

① 检查点火系统所有线束插接器是否连接正常;

② 检查所有部件安装是否正确;

③ 检查高压线、火花塞是否破损或漏电;

④ 检查所有高压线是否与火花塞、点火线圈连接牢固;

⑤ 检查点火线圈的绝缘层有无脏污、破裂等。

(2) 点火线圈和火花塞的拆卸与更换。具体操作步骤如下:

① 打开发动机舱盖,断开蓄电池负极电缆;

② 拆卸位于发动机顶部的点火线圈盖板,如图3-169所示;

③ 断开点火线圈连接器插接件,如图3-170所示;

图3-169 拆卸位于发动机顶部的点火线圈盖板

图3-170 断开点火线圈连接器插接件

④ 使用棘轮扳手拆卸点火线圈的固定螺栓,如图3-171所示;

⑤ 取出点火线圈总成,如图3-172所示;

图3-171 拆卸点火线圈的固定螺栓

图3-172 取出点火线圈总成

⑥ 使用火花塞拆卸专用工具配合棘轮扳手拆卸4个火花塞，如图3-173所示。

更换点火线圈和火花塞后，按照拆卸的相反顺序安装。

（3）点火线圈的检查。点火线圈是点火系统的核心部件，其常见的故障主要有以下两种：

a. 一次线圈或二次线圈断路、短路或搭铁不良，造成二次电压下降或不产生二次电压。

b. 点火线圈绝缘层破裂漏电，导致二次电压下降或不产生二次电压。

① 电阻检查。使用万用表的欧姆挡分别测量一次线圈和二次线圈的电阻，并与标准值做比较，以此来判断点火线圈是否短路或断路。为了使测量更加准确，在测量前先断开点火线圈线束插接器，具体操作步骤如下：

图3-173 拆卸火花塞（4个）

a. 测量一次线圈电阻。将万用表设置为Ω挡，测量一次线圈端子的电阻，如图3-174所示。大多数一次线圈的阻值为1～3Ω，但是有些一次线圈可能会低于1Ω。标准阻值可参考维修手册。

b. 测量二次线圈电阻。将万用表设置为kΩ挡，测量点火线圈两个高压输出端子或一次线圈正极与二次线圈输出端子之间的电阻，多数二次线圈的阻值为6～30Ω，如图3-175所示。标准阻值可参考维修手册。

② 绝缘检查。使用万用表的欧姆挡测量点火线圈任一接柱与外壳之间的电阻，其阻值应不小于50MΩ，否则说明点火线圈绝缘不良，应更换点火线圈。

图3-174 测量一次线圈电阻

图3-175 测量二次线圈电阻

（4）火花塞的检查。具体包括目视检查、间隙检查及火花塞跳火检查等。

① 目视检查。火花塞是在高温、高压下工作的，且要受燃油中化学添加剂的腐蚀，工作环境非常恶劣，故障率较高。正常工作的火花塞绝缘体裙部呈浅棕色或灰白色，轻微的积炭和电极烧蚀仍属正常现象。目视检查火花塞的电极和绝缘体外观是否出现以下现象：

a. 火花塞烧损，如火花塞绝缘体起皱、破裂及电极烧蚀、熔化等；

b. 火花塞有沉积物，如积炭、积油和积灰等；

c. 火花塞间隙过大或过小，使点火性能下降。

② 间隙检查。如图3-176所示，使用塞尺检查火花塞的电极间隙，其值应符合规定。火花塞的电极间隙一般为0.6～12mm，具体参数可参见维修手册。测量时，用规定厚度的塞尺插入火花塞电极之间直至稍有阻力为止，否则需要用专用工具通过弯曲火花塞侧电极来调整间隙。

③ 火花塞跳火检查。断开全部喷油器接头，使其不能喷油。拆卸带点火器的点火线圈和火花塞。重新将火花塞安装到点火线圈内，连接点火器插接器。将火花塞接地，然后起动起动机带动曲轴和凸轮轴转动，检查火花塞的跳火情况，如图3-177所示。

图3-176　火花塞的电极间隙检查

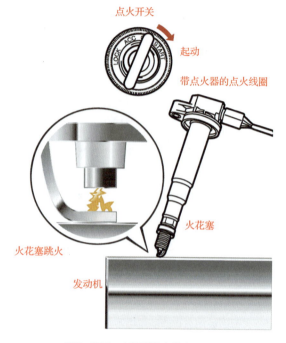

图3-177　火花塞跳火检查

3.8.3　点火系统常见故障的诊断与排除

点火系统的常见故障有点火时间过早或过迟、火花塞故障等。

（1）点火时间过早或过迟。点火时间过早或过迟的故障诊断策略见表3-23。

表3-23　点火时间过早或过迟的故障诊断策略

故障现象		故障原因	诊断与排除
点火时间过早	怠速运转不平稳，起动时起动机有阻滞感；急加速时发动机有爆燃声	点火正时调整失准或点火角度装配失准	连接点火测试仪，调整点火提前角至规定值
点火时间过迟	消声器声音沉重，急加速时进气管回火且加速不灵敏、易熄火；发动机冷却液温度较高，汽车行驶无力	点火角度不正确	调整点火角度至规定值

（2）火花塞故障。火花塞的故障诊断策略见表3-24。

表 3-24 火花塞的故障诊断策略

故障现象		故障原因	诊断与排除
火花塞故障	① 发动机无力； ② 单缸或少数缸不工作； ③ 发动机温度高； ④ 排气管有明显的"突、突"声； ⑤ 多个火花塞故障，导致起动困难甚至无法起动	① 火花塞电极间隙过大； ② 火花塞电极间隙过小； ③ 火花塞撕裂短路； ④ 火花塞积炭短路； ⑤ 火花塞油污短路； ⑥ 外部绝缘体破裂	① 根据火花塞故障现象，分析故障原因，对症排除故障后，更换火花塞； ② 如果火花塞油污可排除发动机故障，则可烘干火花塞继续使用； ③ 如果电极熔化，则应更换更冷型火花塞； ④ 如果火花塞积垢，则应更换更热型火花塞
火花塞电极间隙不正常	① 火花塞电极间隙过大，会引起发动机缺火、高速不良、排气管放炮和高压电器击穿等故障； ② 火花塞电极间隙过小，会引起发动机怠速不稳、加速不良、排放超标并导致电极过早地被烧蚀等故障	—	① 拆卸火花塞，通过目视或用间隙规测量电极间隙； ② 调整或更换火花塞（白金火花塞的电极间隙不能调整）； ③ 如果火花塞电极间隙不符合规定，则应更换火花塞
若火花塞呈下列症状，则表明发动机或火花塞工作不正常： ① 火花塞电极熔化，绝缘体呈白色。这说明气缸内温度过高使火花塞烧蚀，其原因可能是气缸内积炭过多、气门间隙过小、点火时间过迟、火花塞密封垫过薄或损坏，以及火花塞未能按规定力矩拧紧导致火花塞散热不良、发动机散热不良等。 ② 火花塞电极变圆且绝缘体结疤。这说明发动机早燃，其原因是点火时间过早、汽油辛烷值过低，以及火花塞热值过高等。 ③ 火花塞绝缘体顶部碎裂。这说明发动机产生爆燃，瞬时过高的压力冲击波将绝缘体击裂。其原因是点火时间过早、汽油辛烷值过低、燃烧室内严重积炭及温度过高等。 ④ 火花塞绝缘体顶部有灰黑色条纹。这说明火花塞已裂损漏气，原因同上。 ⑤ 火花塞绝缘体顶端和电极间有油性沉积物。这说明机油已进入气缸参与燃烧。若仅个别火花塞有沉积物，其原因为气门杆挡油圈失效；若所有火花塞都有沉积物，则为空气滤清器、曲轴箱通风装置堵塞等			

（3）高压线故障。高压线的故障诊断策略见表 3-25。

表 3-25 高压线的故障诊断策略

故障现象	发动机出现怠速不稳、加速不良或排放超标等问题
故障原因	高压线的端子被腐蚀、导线损坏或绝缘性能下降导致点火电压下降
诊断排除	根据故障现象，进行断火试验，检查火花塞无故障后，检视高压线的端子是否被腐蚀，用万用表测量高压线的电阻诊断高压线故障，必要时应更换高压线

（4）点火线圈故障。点火线圈的故障诊断策略见表 3-26。

表 3-26 点火线圈的故障诊断策略

故障现象	发动机失火、不能起动、加速不良及排气管放炮等
故障原因	点火线圈出现：一级绕组、二级绕组断路，以及匝间短路或绕组搭铁；绝缘老化漏电；内部导线连接点接触不良等现象，导致下列情况：无二级电压产生，或二级电压过低而不能点火；虽能跳火，但由于二级电压降低造成点火能量不足

诊断排除	① 用手触摸点火线圈外壳，若感到热则为正常，如果烫手则表明点火线圈有匝间短路故障。 ② 用万用表测量一次线圈和二次线圈的电阻，判断是否有线路短路或断路的故障。若测得的阻值为无穷大，则表明线圈有断路故障；若阻值过大或过小，则说明线圈存在接触不良或有匝间短路。线圈是否搭铁，可用万能表测量点火线圈接线柱与点火线圈外壳之间的电阻来鉴别。阻值为零，说明线圈搭铁；阻值小于50MΩ，说明绝缘性能差。 ③ 有些点火线圈的故障仅通过万能表测量电阻的方法不一定能反映出来。例如，点火线圈内部绝缘老化或有小的裂纹，这些只在高压下产生漏电而造成二次电压下降、点火能量不足，进而使发动机工作不正常或不工作。对于这些故障，需要通过专用仪器才能准确判别。 ④ 用对比跳火的方法进行检验。该方法在试验台上或车上均可进行，将被检验的点火线圈与好的点火线圈分别连接并进行对比，观察其火花强度是否相同。 ⑤ 点火线圈经过检验，若发现其内部有短路、断路或搭铁等故障，或发火强度不符合要求，一般应更换新件

（5）发动机爆燃。发动机爆燃的故障诊断策略见表3-27。

表3-27 发动机爆燃的故障诊断策略

故障现象	发动机处于大负荷、中等转速时出现爆燃响声，发动机温度迅速上升
故障原因	发动机爆燃是由于燃烧速度过快或有多个着火点造成的： ① 使用燃油牌号不正确； ② 点火提前角过大； ③ 缸内积炭过多； ④ 发动机温度过高
诊断排除	① 延迟点火正时； ② 除去燃烧室中的积炭，以降低压缩比和除去热点； ③ 使用优质高辛烷值汽油，增加燃油的燃点； ④ 改变火花塞的热值范围（改用冷型）

第4章
新能源汽车动力电池系统

■ 4.1 动力电池基础知识

4.1.1 动力电池概述

1. 动力电池的作用

将化学能转换成电能的装置称为化学电池,通常简称为电池。电池放电后,可以通过充电的方式使其内部的活性物质再生将电能储存为化学能;当需要放电时,可再次将化学能转换为电能,能够实现上述过程的电池称为蓄电池,也称为二次电池。

动力电池①的作用是接收和储存由车载充电机、发电机、制动能量回收装置或外置充电装置提供的高压直流电,并提供给汽车使用。

2. 动力电池组合方式

① 串联。当有 n 个单体电池通过串联构成电池模块时,理论上电池模块的电压为单体电池电压的 n 倍,而电池模块的容量为单体电池的容量。若电池模块中单体电池的容量不一致,则电池模块的容量取决于容量最低的单体电池。电池模块的内阻理论上是单体电池内阻的 n 倍,由于单体电池的不一致性,通常稍大于这一数值。

② 并联。电池并联方式通常用于满足大电流的工作需要。当有 m 个单体电池通过并联构成电池模块时,理论上电池模块的容量为单体电池容量的 m 倍,而电池模块的电压为单体电池的电压。若电池模块中单体电池的电压不一致,则电池模块的电压取决于电压最低的单体电池。电池模块的内阻理论上为单体电池内阻的 $1/m$,但通常会大于这一数值。

③ 串并联。串并联能够满足电池模块既提供高电压又有大电流放电的工作条件。"先串后并"还是"先并后串"取决于电池的实际需求。

典型的的动力电池组成示意图如图4-1所示。动力电池的电能储存最小单元是电芯(单体电池),根据电动汽车的电能管理要求,多个电芯通过并联组成电池电芯组,多个电池电芯组通过串联组成电池模块,多个电池模块通过串联组成电池包。

---

① 一般指新能源汽车使用的动力蓄电池,在本书中简称为动力电池。

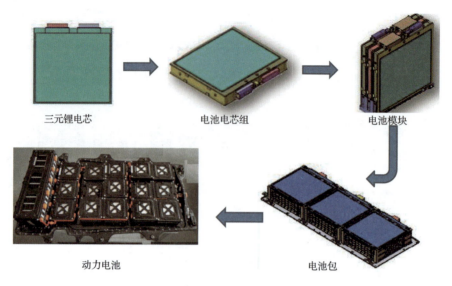

图4-1 典型的动力电池组成示意图

3.动力电池关键性能指标

① 电压。电压可分为端电压、开路电压、充电截止(终止)电压和放电截止(终止)电压等。

② 容量。容量指电池在一定放电条件下所能释放出的电量,用符号C表示,单位为A·h。

a. 额定容量。额定容量指在规定条件下测得的并由制造商标明的电池容量值,它是验收电池质量的重要技术指标。

b. 实际容量。实际容量指充满电的电池在一定条件下所能输出的电量,它等于放电电流和放电时间的乘积。

③ 能量与能量密度。能量指电池在一定放电制度下所能释放出的电能,单位为W·h或kW·h。能量密度指单位质量或单位体积的电池所能输出的能量,相应地称为质量能量密度(W·h/kg)或体积能量密度(W·h/L),也称为质量比能量或体积比能量。在电动汽车应用方面,电池的质量比能量影响电动汽车的整车质量和续驶里程,而体积比能量则影响电池的布置空间。

④ 功率与功率密度。功率指在一定的放电制度下,单位时间内电池输出的能量,单位为W或kW。功率密度又称为比功率,是单位质量或单位体积电池输出的功率,单位为W/kg或W/L。比功率是评价动力电池是否满足电动汽车加速和爬坡能力的重要指标。

⑤ 荷电状态(State of Charge,SOC)。荷电状态用于描述电池的剩余电量,其值为电池在一定放电倍率下,剩余电量与相同条件下额定容量的比值。荷电状态是个相对参量,一般用百分比的方式表示,SOC的取值范围为0~100%。

⑥ 电池的不一致性。由于电芯的容量、内阻存在差异,导致容量小的电芯在充电过程中过早地进入过充电状态,而在放电过程中过早地进入过放电状态。随着连续的充放电循环,对于电芯而言,每次过充电、过放电的程度更甚于电芯的独立使用,而电芯特性的恶化会导致动力电池内部其他电芯发生连锁反应,从而使部分电芯过早失效,这是影响动力电池寿命的重要因素。

引起电芯间一致性变差的原因有很多,具体包括电芯的生产制造工艺、电芯的存放时间、动力电池内部充放电期间的温度差异和充放电电流等。

4.1.2 动力电池的类型及其原理

新能源汽车使用的动力电池种类繁多,外形差别较大,按其工作性质和使用特征的不同,可分为一次电池、二次电池和燃料电池等。

① 一次电池（原电池）。一次电池是放电后不能用充电的方法使其复原的电池，如锌锰干电池、锌汞电池及银锌电池。

② 二次电池（蓄电池）。二次电池是放电后可用充电的方法使其活性物质复原而能再次放电，并且可循环使用的电池，如铅酸蓄电池、镍镉电池、镍氢电池、锂离子蓄电池及锌空气电池等。

③ 燃料电池（连续电池）。燃料电池是在活性物质连续注入的情况下，可以长期不断地进行放电的一类电池。其特点是电池本身只作为载体，也可以将燃料电池看成是一种需要电能时将反应物从外部送入的电池，如氢燃料电池。

目前，电动汽车常用的动力电池主要有镍氢电池、锂离子蓄电池等，如图4-2所示。

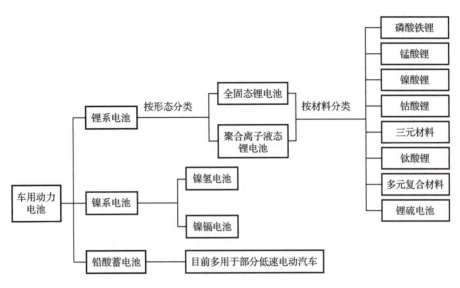

图4-2　电动汽车常用动力电池

1. 镍氢电池

搭载在混合动力电动汽车上的镍氢电池是由84～240个容量为（6～6.5）A·h的单体电池通过串联组成的。目前已开发出了圆柱形和方形两种镍氢电池，分别如图4-3和图4-4所示。

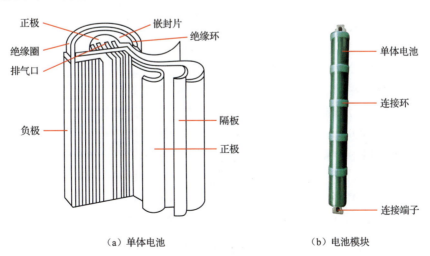

（a）单体电池　　　　（b）电池模块

图4-3　圆柱形镍氢电池

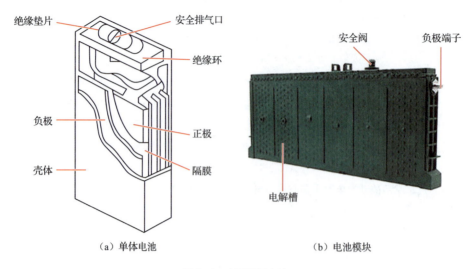

(a) 单体电池　　　　　　　　　　(b) 电池模块

图4-4　方形镍氢电池

镍氢电池的正极活性物质为氢氧化镍（电极称为氧化镍电极），负极活性物质为金属氢化物，又称为储氢合金（电极称为储氢电极），电解液以氢氧化钾为主，并加入少量的氢氧化钠、氢氧化锂。在金属Pt的催化作用下，镍氢电池完成充电和放电可逆反应，如图4-5所示。

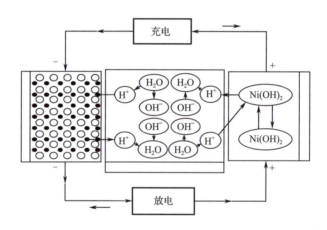

图4-5　镍氢电池的工作原理

2. 锂离子蓄电池

锂离子蓄电池一般有圆柱形和方形两种结构，如图4-6所示。圆柱形锂离子蓄电池电极的活性物质是利用一种树脂胶粘剂固定在金属Pt上，并在其中间夹入隔板收卷而成的。

① 正极。正极材料作为锂离子蓄电池中 Li^+ 的唯一供给者，对电池能量密度的提高及成本的降低具有决定性作用。目前广泛使用的正极材料主要有磷酸铁锂、锰酸锂及钴酸锂等。

② 负极。负极材料影响锂离子蓄电池的安全性。目前广泛应用的碳基负极材料，是将锂在负极表面的沉积/溶解转变为在碳材中的嵌入/脱出，大幅减少了锂枝晶的形成，因而可以提高锂离子蓄电池的安全性。

③ 隔膜。隔膜的主要作用是隔绝正、负极以防止两电极短路和自放电，同时为两电极间提供良好的离子通道。目前，应用比较广泛的隔膜主要有PP-PE-PP多层隔膜、聚合物陶瓷涂覆隔膜及无纺布隔膜等。

④ 电解液。锂离子蓄电池采用非水有机溶剂体系的电解液。

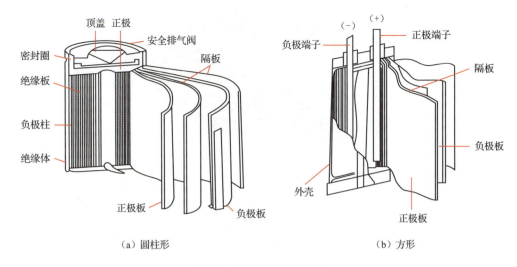

(a) 圆柱形　　　　　　　　　　　(b) 方形

图4-6　锂离子蓄电池的结构

锂离子蓄电池的工作原理如图4-7所示。电池充电时，正极上的锂原子电离成锂离子和电子（脱嵌），锂离子经过电解液到达负极，在得到电子后被还原成锂原子嵌入碳层的微孔中（嵌入）。电池放电时，嵌在负极碳层中的锂原子因失去电子（脱嵌）而成为锂离子，并通过电解液回到正极（嵌入）。锂离子蓄电池的充放电过程，就是锂离子在正负极间不断嵌入和脱嵌的过程，同时伴随等当量电子的嵌入和脱嵌。锂离子数量越多，充放电容量越高。综上，锂离子蓄电池是通过锂离子在正极和负极之间的运动来实现充放电的。

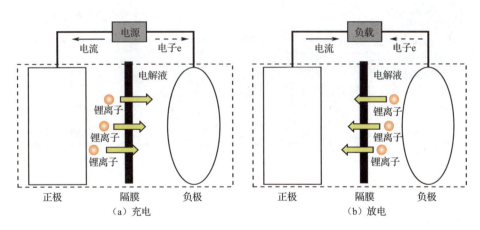

图4-7　锂离子蓄电池的工作原理

4.2　动力电池系统维修与故障诊断

4.2.1　动力电池的检查保养

（1）动力电池外观检查。动力电池的外观如图4-8所示。检查动力电池箱体是否变形、损坏，必要时应进行更换。箱体损坏不仅会导致酸液流出，还会造成动力电池密封问题，致使动力电池进水，严重影响整车安全。因此需要重点检查动力电池是否进水、紧固螺栓有无锈蚀，以及紧固力矩是否足够。

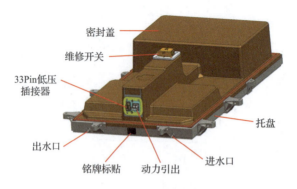

图4-8 动力电池的外观

（2）动力电池高压线缆及高、低压接插器的检查。关闭所有用电装置，关闭起动开关，断开蓄电池负极接线柱，拆卸手动维护开关，等待5min后检查高压线束。

重点检查：动力电池连接高压线束插头是否松动，动力电池连接高压线束外表绝缘胶有无与车身或其他零部件发生摩擦，以及动力电池连接高压线束外表绝缘胶有无老化，确保动力电池线缆不存在破损、挤压及漏电。

高压插接器是动力电池的总正、总负端子，低压插接器是动力电池的电池管理系统（BMS）与车身控制系统（VMS）连接的控制电路端子，如图4-9所示。

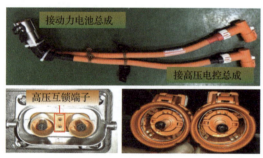

（a）高压线缆（动力电池侧）　　　　（b）高、低压插接器

图4-9 动力电池高压线缆及高、低压接插器

拔下插接器，检查两端针脚有无锈蚀、退针、弯曲或烧蚀等异常现象，确保高、低压插接器连接可靠。检查插接器内侧的橡胶密封胶垫是否完好，并检查插件中间位置是否有水迹。若无异常，则在插接器内表面喷涂WD40，以保护插接器顺利装复，保证其接触良好，防止水气进入插接器内部。

（3）动力电池单体电池电压检查。这里以比亚迪e2为例介绍动力电池单体电池电压均衡的检查方法。连接比亚迪故障诊断仪（VDS），读取动力电池管理器数据流，如图4-10所示，即可获得单体电池最高、最低电压及相应电池编号。

（4）动力电池工作温度检查。连接VDS读取动力电池管理器数据流，如图4-11所示，即可获得动力电池的工作温度。

另外，还可以用温度测量设备（图4-12）测量动力电池的工作温度。

数据项	当前	范围	单位		
高压互锁1	未锁止	—			
高压系统状态	正常	—			
最低电压电池编号	39	1/152			
最低单节电池电压	3.618	0/5	V		
最高电压电池编号	29	1/152			
最高单节电池电压	3.623	0/5	V		
最低温度号	18	1/152			
最低温度	35	−40/160	℃		

图4-10 动力电池管理器数据流

数据项	当前	范围	单位		
最高温度号	3	1/152			
最高温度	36	−40/160	℃		
电池组平均温度	35	−40/160	℃		
向上均衡出发次数	0	—			
向下均衡出发次数	0	—			
均衡状态	无效数据/预留	—			
直流充电正极接触器状态	无效数据/预留	—			
直流充电负极接触器状态	无效数据/预留	—			

图4-11 动力电池工作温度检查

（a）非接触式测温仪　　　　　　（b）热成像仪

图4-12 温度测量设备

4.2.2 动力电池总成更换

这里以比亚迪 e5 为例介绍动力电池总成的更换步骤，具体如下：

① 将点火开关置于"OFF"挡，断开 12V 蓄电池负极电缆，等待 5min。

② 用举升机将整车升至合适的高度，使用专用的举升设备托住动力电池。

③ 拆开副仪表台盖板，佩戴绝缘手套，先拔掉动力电池的信息采样通信线插接器，再拔出直流母线插接器（图4-13），最后拔掉冷却液管路接头（图4-14）。

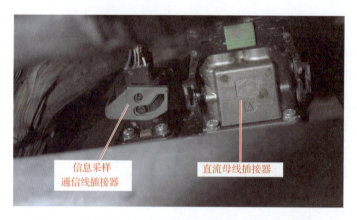

图4-13　动力电池的信息采样通信线插接器与直流母线插接器

图4-14　冷却液管路接头

④ 使用18mm套筒拆卸托盘周边的紧固件，卸下动力电池。

⑤ 佩戴绝缘手套，用万用表测试更新的动力电池母线是否有电压输出，若无电压输出则应更换。

安装新的动力电池总成时大体按照与拆卸相反的顺序进行，检查并加注动力电池冷却液。

4.2.3　动力电池的开箱与密封

（1）开箱。吉利帝豪EV350/450/500的动力电池开箱步骤如下：

① 打开前机舱罩，断开蓄电池负极电缆，断开直流母线（充电机侧），排放动力电池冷却液，拆卸动力电池总成。

② 拆卸前部密封压板的7个固定螺栓（图4-15），取下前部密封压板。

③ 拆卸动力电池箱盖。先拆卸上盖压条的全部M6×25内六角花形T30圆柱形螺钉（图4-16），再取下动力电池箱盖上的上盖压条（图4-17），最后取

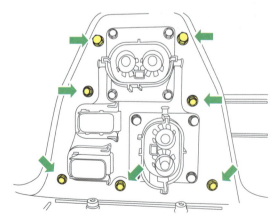

图4-15　拆卸前部密封压板的7个固定螺栓

下动力电池箱盖（图4-18）。

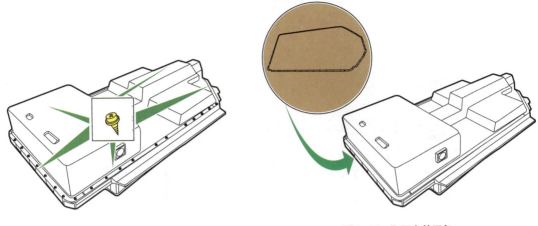

图4-16　拆卸上盖压条的全部螺钉　　　　　图4-17　取下上盖压条

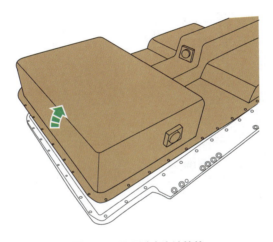

图4-18　取下动力电池箱盖

（2）密封。安装顺序可按开箱的相反顺序进行。密封时选胶枪与密封胶配合使用。用密封胶涂抹箱体一圈，避免留有间断部位。

安装完成后需要进行气密性检测。做气密性检测时，要求使用专业工具（接插件保护罩）堵塞高压/低压线束接口。具体步骤如下：

① 使用防爆阀工装堵塞防爆阀孔位，使用专业工具安装前部接插件保护罩。

② 使用 3.5kPa 气压给动力电池箱充气，充气时间为450s，气压为 2.5 ~ 3.0kPa。

③ 稳压持续 60s，检测动力电池箱内的气压为 2.5 ~ 3.0kPa。

④ 测动力电池箱内的泄漏率 60s，当流量<20cc/min时，压力<100Pa/min。

4.2.4　动力电池高压继电器（接触器）更换

（1）主负继电器的更换。具体步骤如下：

① 打开前机舱罩，断开蓄电池负极电缆，断开直流母线（充电机侧），排放动力电池冷却液。

② 拆卸动力电池总成。

③ 拆卸动力电池箱盖，参见前文中的动力电池开箱步骤。

④ 拆卸熔断器。

⑤ 拆卸继电器上端盖固定螺钉（图4-19）、继电器两侧软铜巴的固定螺栓（图4-20），用绝缘胶布包扎线束插头，防止相互触碰。

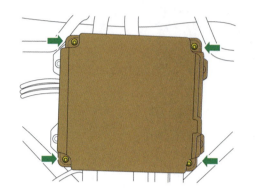 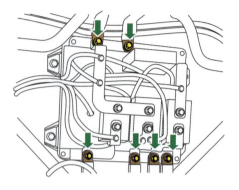

图4-19　拆卸继电器上端盖固定螺钉　　　　图4-20　拆卸继电器两侧软铜巴的固定螺栓

⑥ 先拆卸电池模块侧硬铜巴的固定螺栓并取下硬铜巴，如图4-21所示；再拆卸另一侧硬铜巴的固定螺栓并取下硬铜巴，如图4-22所示。

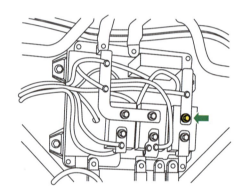 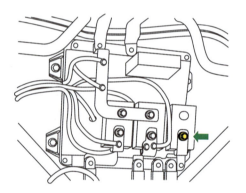

图4-21　拆卸电池模块侧硬铜巴的固定螺栓　　　　图4-22　拆卸另一侧硬铜巴的固定螺栓

⑦ 如图4-23所示，拆卸主负继电器底部的2个固定螺栓，取下主负继电器。

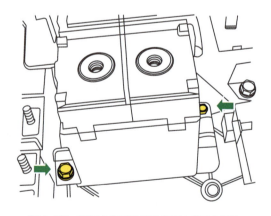

图4-23　拆卸主负继电器底部的2个固定螺栓

（2）主正继电器的更换。主正继电器更换的前5个步骤与主负继电器更换的前5个步骤相同，剩余步骤如下：

① 如图4-24所示，拆卸主正继电器硬铜巴的3个固定螺栓，取下硬铜巴。
② 如图4-25所示，拆卸主正继电器底部的2个固定螺栓，取下主正继电器。

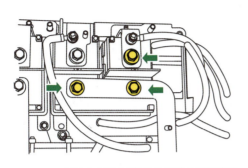 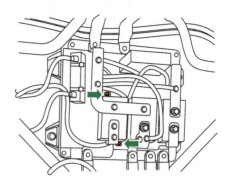

图4-24　拆卸主正继电器硬铜巴的3个固定螺栓　　图4-25　拆卸主正继电器底部的2个固定螺栓

4.2.5　动力电池管理器更换

动力电池管理器（BMS）需要更换时，应先将其拆下。具体拆卸步骤如下：

① 打开前机舱罩，断开蓄电池负极电缆，断开直流母线（充电机侧），排放动力电池冷却液。
② 拆卸动力电池总成，参见前文中的动力电池总成更换步骤。
③ 拆卸动力电池箱盖，参见前文中的动力电池开箱步骤。
④ 拆卸熔断器。
⑤ 拆卸BMS。断开BMS上的12个线束插接器（图4-26），拆卸BMS底部的固定螺栓（图4-27），取出BMS。

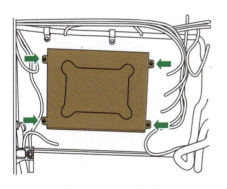 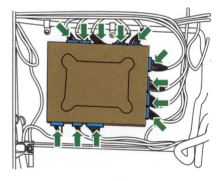

图4-26　线束插接器　　图4-27　BMS底部的固定螺栓

安装新的BMS时可按拆卸的相反顺序进行。

4.3　动力电池冷却系统维修与故障诊断

4.3.1　动力电池冷却系统的结构与原理

动力电池冷却系统的作用是：通过对动力电池冷却，保持动力电池较佳的工作温度，以改善其运行效率并提高电池的寿命。

动力电池冷却系统有液冷式和风冷式两种形式。

① 液冷式：动力电池内部有与空调系统连通的制冷剂循环回路或使用特殊的冷却液在动力电池内部的冷却液管路中流动，将动力电池产生的热量传递给冷却液，从而降低动力电池的温度。

② 风冷式：利用冷却风扇将来自车厢内部的空气吸入动力电池箱，以冷却动力电池及其控制单元等部件。

吉利帝豪EV450的动力电池冷却系统（液冷式）主要包括散热器、膨胀罐、电动水泵、整车控制器（VCU）、冷却液控制阀、热管理控制模块和冷却管路等，系统主要部件的安装位置如图4-28所示，具体功能见表4-1。

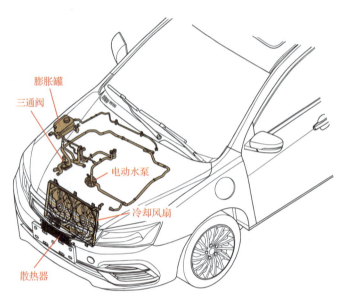

图4-28　吉利帝豪EV450动力电池冷却系统主要部件的安装位置

表4-1　冷却系统主要部件的功能

部件	功能
电动水泵	冷却系统含有两个电动水泵，分别为动力电池水泵和驱动电机水泵，由低压电路驱动，为冷却液的循环提供压力
膨胀罐	膨胀罐总成通过水管与散热器连接。随着冷却液温度逐渐升高并膨胀，部分冷却液因膨胀而从散热器和各器件中流入膨胀罐总成。散热器和液道中滞留的空气也被排入膨胀罐总成。车辆停止后，冷却液自动冷却并收缩，先前排出的冷却液则被吸回散热器，从而使散热器中的冷却液一直保持在合适的液面，并提高冷却效率。当冷却系统处于冷态时，冷却液液面应保持在膨胀罐总成上的MAX（最高）和MIN（最低）标记之间
冷却风扇	冷却风扇总成安装在机舱内散热器的后部，它可增加散热器和空调冷凝器的通风量，从而有助于加快车辆低速行驶时的冷却速度。风扇采用双风扇高、低速的控制模式，通过两个不同的电机驱动扇叶。冷却风扇由整车控制器（VCU）利用冷却风扇低速继电器和冷却风扇高速　继电器直接控制，在低速电路中，采用串联调速电阻的方式来改变风扇的转速

液冷式动力电池冷却系统的优点是：冷却效果优异；可集成电池加热组件，解决了低温环境下电池加热的问题。其缺点是：系统复杂，增加了许多部件（如水泵、阀、低温水箱等），导致成本增加。

4.3.2 动力电池冷却系统维护

（1）动力电池冷却液液位的检查。在车辆处于常态时检查膨胀箱中的动力电池冷却液液位，如图4-29所示。冷却液液位应位于MAX（最高）与MIN（最低）标记之间。冷却液液位过低时，应添加冷却液，注意不可混用不同品牌的冷却液。

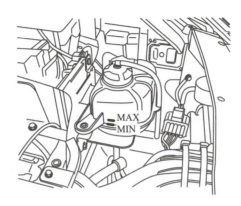

图4-29　动力电池冷却液液位的检查

（2）动力电池冷却液的排放、加注和排气。具体操作步骤如下：

① 打开冷却液膨胀罐总成盖（图4-30）。

② 断开散热器出水管（图4-31），用回收容器盛放排出的冷却液。

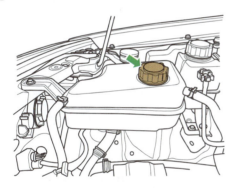

图4-30　冷却液膨胀罐总成盖

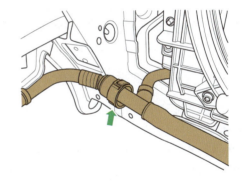

图4-31　散热器出水管

③ 冷却液排放完毕后，连接散热器出水管并检查冷却管路是否连接完整。

④ 将起动开关置于"ON"挡且为非充电状态，连接诊断仪，选择相应车型→手工选择系统→空调控制器（AC）→特殊功能，选择加注初始化，使车辆处于加注初始化状态。

⑤ 拧开膨胀罐盖，缓慢加注冷却液（图4-32），直至膨胀罐内的冷却液量达到80%左右，且液位不再下降。

⑥ 控制诊断仪，使车辆处于排气状态，如果液位下降则及时补充冷却液，排气过程时长不小于10min。

⑦ 观察膨胀罐内冷却液的下降情况，及时补充冷却液，保持其液位处于MAX和MIN标记之间。

⑧ 加注完成后，拧紧膨胀罐盖，控制诊断仪，使车辆恢

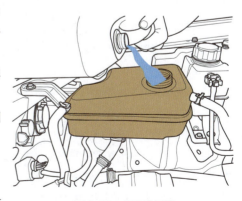

图4-32　加注冷却液

复默认模式。

（3）动力电池冷却系统电动水泵的更换。以吉利帝豪EV450为例，其电动水泵的更换步骤如下：

①打开前机舱盖，断开蓄电池负极电缆，拆装前机舱底部护板总成，排放冷却液。

②断开电动水泵线束插接器，拆卸电动水泵与进、出水管的连接卡箍，脱开进、出水管，如图4-33所示。

③拆卸电动水泵支架的固定螺栓，如图4-34所示，取下电动水泵总成。

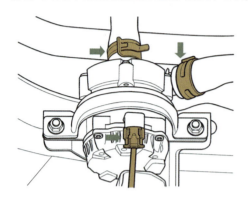

图4-33 拆卸电动水泵线束插接器及进、出水管　　　图4-34 拆卸电动水泵支架的固定螺栓

安装新的电动水泵可按照与拆卸相反的顺序进行，连接插接器时应遵循"一插、二响、三确认"的原则。

4.4 动力电池充电系统维修与故障诊断

4.4.1 充电系统的组成及原理

车载充电系统利用安装在电动汽车上的充电机根据BMS提供的数据动态调节充电电流或电压，并执行相应的动作，完成动力电池的安全充电过程。

充电系统的充电方式有定流充电和定压充电两种。

定流充电是在充电全过程中，充电电流保持基本不变的充电方式。在充电过程中，因为充电电流随着动力电池电动势的升高而下降，所以需要随时根据充电程度调整电压并分级调整定流电流。

定压充电是在充电过程中，电源电压始终保持不变的充电方式。采用定压充电时，动力电池必须并联在充电电源之间。

目前多采用定流充电和定压充电相结合的充电过程，充电前期采用定流充电，可保证电池深度充电；后期采用定压充电，可自动减小电流结束充电，避免造成过度充电。

1. 车载充电机的组成

车载充电机的外观如图4-35所示。其外部带有散热片、散热风扇，以及电线连接接口：交流输入端、直流输出端和低压通信端。

车载充电机的内部可分为主电路、控制电路和线束与标准件3部分。

（1）主电路。主电路前端将交流电转换为恒定电压的直流电，主要是全桥电路整流，后端为DC/DC变换器，用于将前端输出的直流高压电转换为合适的电压及电流供给动力电池。

（2）控制电路。控制电路主要负责控制场效应（MOS）管的开关、与BMS通信、与充电桩握手及监测充电机状态等。

图4-35 车载充电机的外观

（3）线束及标准件。线束及标准件用于主电路及控制电路的连接，固定元器件及电路板。

充电机工作电压属于高电压，为了防止高压电路产生触电危险，机壳上设计有高压互锁控制电路，并与车身有可靠的绝缘性能，如果高压互锁电路没有连接或高压绝缘电阻偏低，BMS将阻断动力电池总正、总负继电器的吸合，停止输出动力电池的电能。

2.车载充电机的电路原理

车载充电机工作电流的变换就是将市电（交流电）转换成动力电池充电所需的直流电，如图4-36所示。

图4-36 车载充电机工作电流的变换

3.车辆充电接口

新能源汽车上安装的充电接口，需满足GB/T 20234.2—2015《电动汽车传导充电连接装置 第2部分：交流充电接口》和GB/T 20234.3—2015《电动汽车传导充电连接装置 第3部分：直流充电接口》的要求。

（1）交流充电接口。交流充电接口总成如图4-37所示。通过家用220V插座和交流充电盒接入交流充电接口，利用车载充电设备将高压交流电转为高压直流电给动力电池充电。

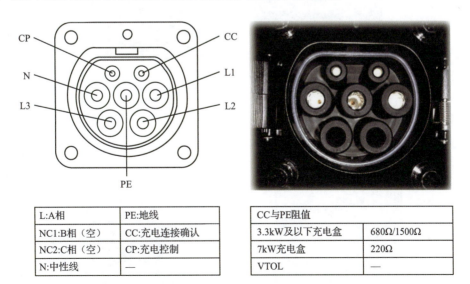

图4-37 交流充电接口总成

（2）直流充电接口。直流充电接口总成如图4-38所示。利用直流充电柜将高压直流电通过直流充电接口给动力电池充电。其中，CC1用于充电柜确认充电枪是否插好（充电口端有1kΩ电阻）；CC2用于车辆确认充电枪是否插好（充电枪端有1kΩ电阻）。

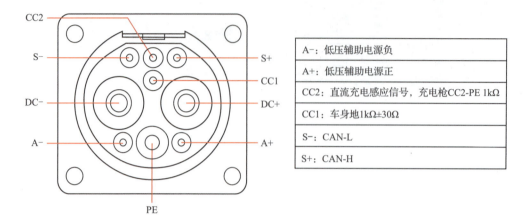

图4-38　直流充电接口总成

4.4.2　充电系统一般维护

（1）充电接口外观检查（有无异物、烧蚀等）。

① 车辆熄火（退电至"OFF"挡），整车解锁，打开充电口舱盖及充电口盖。

② 目视检查充电接口塑料绝缘壳体有无热熔变形，严重的热熔变形将影响正常使用，需要及时更换。正常状态的充电接口塑料绝缘壳体外观如图4-39所示。

正常状态1

正常状态2

图4-39　正常状态的充电接口塑料绝缘壳体外观

③ 目视检查充电接口内部及端子内部有无异物（图4-40），有异物的需要使用高压气枪将其排出，无法排出且影响正常使用的需要及时更换。

④ 目视检查充电接口端子有无变黑，若变黑则需及时更换，如图4-41所示。

图4-40　检查端子内部是否有异物

图4-41　检查充电接口端子有无变黑

⑤ 检查充电接口端子簧片及底部有无变黑，变黑的需要及时更换。若充电接口端子簧片及底部变黄，则应打开后背门，再打开左后侧围检修口进行排查，需要辅助照明仔细观察充电接口尾部电缆是否烧黑及变形。若充电接口端子簧片及底部变黄且存在尾部电缆外层变黑，则需要及时更换，如图4-42所示。

图4-42　端子簧片及底部变黄与尾部电缆外层变黑

⑥ 目视检查端子簧片有无断裂，断裂的需要及时更换。端子簧片前端断裂如图4-43所示。

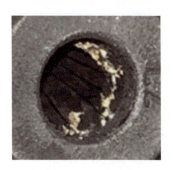 

图4-43　端子簧片前端断裂

（2）充电接口绝缘电阻的检查。以吉利帝豪EV450为例测量充电插座绝缘电阻，具体操作步骤如下：

① 断开高压连接。

② 测量交流充电插座（A）L、N分别对PE的绝缘阻值，要求绝缘阻值大于20MΩ。

③ 测量直流充电插座（B）DC-、DC+分别对PE的绝缘阻值，要求绝缘阻值大于20MΩ。

注意：绝缘阻值的测量，应选用500V及以上量程兆欧表。

（3）车载充电机外观检查。具体操作步骤如下：

① 检查冷却风扇有无异物。

② 散热翅上应尽可能减少杂物，以保证散热时风道畅通。

③ 检查低压插接器有无松动，保证插接器可靠插接。

④ 检查高压插接器是否可靠插接。

⑤ 检查外壳是否有明显碰撞痕迹、对车载充电机内部模块是否造成损坏。

（4）充电电缆检查。检查车载充电机各连接线束有无破损、开裂，以及高、低压连接是否牢固、有无松动。车载充电机连接线束如图4-44所示。

图4-44　车载充电机连接线束

（5）车载充电机绝缘电值的检查。用兆欧表测量车载充电机正极线束与车载充电机壳体之间的电阻，标准阻值应大于或等于20MΩ；用兆欧表测量车载充电机负极线束与车载充电机壳体之间的电阻，标准阻值应大于或等于20MΩ。

第5章
新能源汽车驱动电机系统

5.1 新能源汽车驱动电机基础知识

5.1.1 驱动电机的分类及结构

驱动电机及其控制系统是新能源汽车的主要执行机构，驱动电机的性能决定了新能源汽车的主要性能。驱动电机取代了传统汽车中的发动机，将电能转化为机械能以驱动汽车。

目前，应用于新能源汽车的驱动电机主要包括直流电机、交流电机和开关磁阻电机三类，其中在乘用车、商用车领域应用较多的电机是直流（无刷）电机、交流感应（异步）电机、永磁同步电机及开关磁阻电机等。其他特殊类型的驱动电机包括轮毂/轮边电机、混合励磁电机和多相电机等，目前市场化应用较少，是否能够大规模推广仍需要长时间的验证。电动汽车用电机性能的对比见表5-1。

表 5-1 电动汽车用电机性能的对比

项　　目	直流电机	交流感应电机	永磁同步电机	开关磁阻电机
功率密度	低	中	高	较高
过载能力（%）	200	300~500	300	300~500
峰值效率（%）	85~89	94~95	95~97	90
额定效率（%）	80~87	90~92	90~93	78~86
功率因素（%）	—	82~85	90~93	60~65
恒功率区	—	1:5	1:2.25	1:3
转速范围/（r/min）	4000~6000	12 000~20 000	4000~100 000	>15 000
可靠性	一般	好	较好	好
结构的坚固性	差	好	一般	较好
电机外形	大	中	小	小
电机重量	重	中	轻	轻
控制操作性能	最好	好	好	好
控制器成本	低	高	高	一般

1.三相交流异步电机

交流异步电机的种类有很多,但其基本结构都是相同的,即由定子和转子两大基本部分组成,如图5-1所示。定子和转子之间存在一定的气隙。

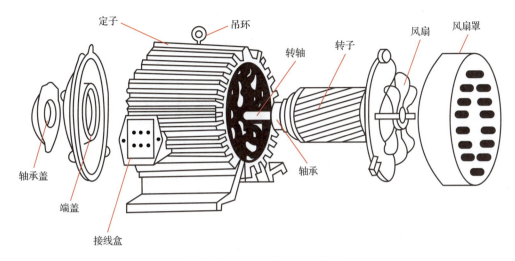

图5-1 常见的交流异步电机结构

(1)定子。定子的作用是产生旋转磁场,它一般由外壳、定子铁心和定子绕组等组成。

① 外壳。外壳包括机座、端盖、轴承盖、接线盒及吊环等部件。其中,机座由铸铁或铸钢浇铸成形,用于保护和固定三相交流异步电机的定子绕组。车用交流异步电机的机座还有两个端盖支承转子,它是三相电机机械结构的重要组成部分。由于机座的外表要求散热性能好,一般都铸有散热片。端盖用铸铁或铸钢浇铸成形,其作用是将转子固定在定子内腔中心,使转子能够在定子中均匀地旋转。轴承盖也是由铸铁或铸钢浇铸成形的,其作用是固定转子,使转子不能轴向移动,同时起存放润滑油和保护轴承的作用。接线盒一般是用铸铁浇铸的,其作用是保护和固定绕组的引出线端子。

② 定子铁心。定子铁心是电机磁路的一部分,由厚度为0.35～0.5mm、表面涂有绝缘漆的薄硅钢片叠压而成,如图5-2所示。由于硅钢片较薄且片与片之间是绝缘的,故而可以减少因交变磁通通过而引起的铁心涡流损耗。铁心内圆有均匀分布的槽口,用于嵌放定子绕组。

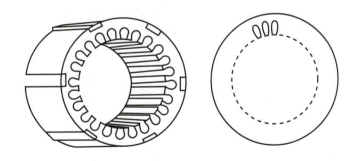

图5-2 交流异步电机的定子铁心

③ 定子绕组。定子绕组是三相电机的电路部分。三相电机有三相绕组,当通入三相对称电流时,会产生旋转磁场。三相绕组由3个彼此独立的绕组组成,每个绕组又由若干线圈连接而成。每个绕组即为一相,绕组之间在空间中相差120°。

线圈大多由绝缘铜导线或绝缘铝导线绕制而成,中、小型三相电机多采用圆漆包线,大、中型三相电机则用较大截面的绝缘扁铜线或扁铝线绕制后,按一定规律嵌入定子铁心槽内。定子三相绕组的6个出线端都引至接线盒上,首端分别标为U_1、V_1、W_1,末端分别标为U_2、V_2、W_2,排列方式如图5-3所示。

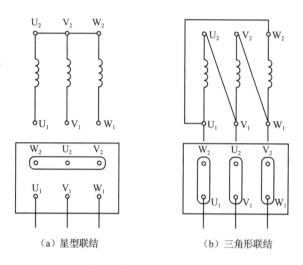

(a) 星型联结　　　　　(b) 三角形联结

图5-3　定子绕组的排列方式

(2) 转子。转子是驱动电机的旋转部件,它由转子铁心、转子绕组、转轴、轴承和风扇等组成。

① 转子铁心。转子铁心是用 0.5mm 厚的硅钢片叠压而成的,并套在转轴上。其作用和定子铁心相同,既作为电机磁路的一部分,又用来安放转子绕组。

② 转子绕组。转子绕组分为绕线式与笼型两种。笼型绕组在转子铁心的每个槽中插入一根铜条,在铜条两端各用一个铜环(称为端环)将铜条连接起来,称为铜排转子,如图5-4(a)所示。此外,也可用铸铝的方法,将转子导条和端环及风扇叶片用铝液一次浇铸而成,称为铸铝转子,如图5-4(b)所示。100kW 以下的异步电机通常采用铸铝转子。

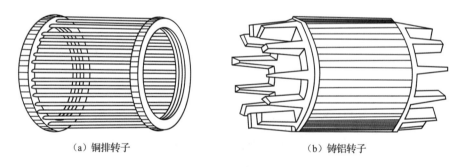

(a) 铜排转子　　　　　(b) 铸铝转子

图5-4　笼型绕组

转子的其他部分包括轴承、风扇等。其中,风扇用于通风冷却电机。三相异步电机的定子与转子之间的气隙一般为0.2～1.5mm,气隙不能过大,因为气隙大时产生的转矩小,会使电机运行时的功率因数降低;但也不能过小,气隙过小会导致装配困难,当内有异物或转轴有挠度时容易卡堵(扫膛),造成运行不可靠,高次谐波磁场增强,引起附加损耗并使起动性能变差。

2.永磁同步电机

如图5-5所示,永磁同步电机的基本结构与交流异步电机类似,也包括定子和转子两部分。永磁同步电机的转子结构有瓦片式、嵌入式和内埋式等,定子是由铁心和三相绕组构成的,与交流异步电机相似,但转子为永久磁铁。

(a)转子　　　　　　　　　　　　(b)定子

图5-5　永磁同步电机的组成

5.1.2　驱动电机的工作原理

1. 交流异步电机的工作原理

在三相异步电机的定子接三相电源后，电机内便形成圆形旋转磁动势，设圆形旋转磁密的方向为逆时针，若转子不转，则转子导条与旋转磁密之间有相对运动，导条中会产生感应电动势，感应电动势方向由右手定则（图5-6）确定。由于转子导条彼此在端部短路，导条中有电流产生，不考虑电动势与电流的相位差，电流方向同电动势方向。这样，导条在磁场中的受力为F，可用左手定则确定受力方向。

转子受到力的作用产生转矩T，即电磁转矩，其方向与旋转磁动势相同，于是转子在该方向上开始旋转。转子旋转后，转速为n，只要$n < n_1$（n_1为旋转磁动势同步转速），转子导条与磁场之间仍有相对运动，就会产生与转子不转时方向相同的电动势、电流及受力，电磁转矩T仍为逆时针方向，转子继续旋转，稳定运行在$T=T_L$情况下。

2. 永磁同步电机的工作原理

永磁同步电机的工作原理与交流异步电机相同，即当定子绕组输入三相正弦交流电时，会产生一个旋转磁场。该旋转磁场与转子的永磁体磁场相互作用，使转子产生电磁转矩，并随着定子的旋转磁场转动，由于转子的转动与旋转磁场同步，因而得名永磁同步电机。

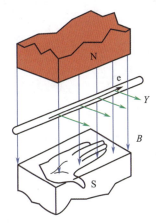

图5-6　右手定则

5.2　新能源汽车驱动电机维护

1. 驱动电机工作状态检查

（1）驱动电机的清洁与外观检查。具体操作步骤如下：

① 使用压缩空气或干布对驱动电机外壳进行清洁，可以适当使用清洁剂。

② 检查驱动电机表面是否有油渍、驱动电机与减速机构接缝处是否漏油，如图5-7所示。

③ 使用扭力扳手检查驱动电机的紧固螺栓是否拧紧。

④ 分别检查驱动电机的上水管（图5-8）、下水管（图5-9）及其接口处，判断是否存在异常。

⑤ 观察车身底部保护层，判断驱动电机是否发生磕碰、损坏。

图5-7　检查驱动电机表面及其与减速机构接缝处

图5-8　驱动电机的上水管　　　　　　　　图5-9　驱动电机的下水管

（2）驱动电机工作温度、工作电压及工作电流的检查。以比亚迪为例，具体操作步骤如下：

① 按要求连接故障诊断仪，如图5-10所示。

② 打开车门，在驾驶室仪表板的下方找到OBD诊断接口，使故障诊断仪与其连接，如图5-11所示。

图5-10　连接故障诊断仪　　　　　　　图5-11　连接故障诊断仪与OBD诊断接口

③ 打开点火开关，打开故障诊断仪，依次进入"诊断→选择品牌→选择车型诊断→选择车型→控制单元诊断→动力模块→VTOG→读数据流"选项，待故障诊断仪与车辆完成通信后，从显示屏中查看驱动电机的工作温度、工作电压和工作电流数据，如图5-12所示。

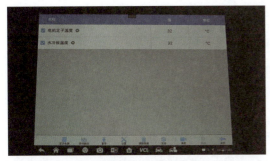
（a）驱动电机转子和定子的温度

（b）驱动电机交流A相、B相、C相的电压

（c）驱动电机控制器IGBT的温度、电压

（d）驱动电机当前工作电压

图5-12　故障诊断仪显示驱动电机的工作温度、工作电压和工作电流数据

（3）驱动电机温度传感器、旋转变压器阻值的检查。具体操作步骤如下：

①断开蓄电池负极电缆，安全举升车辆，拔下驱动电机低压插接器，如图5-13所示。

②查阅维修手册，找到驱动电机低压插接器的端子示意图及注解。

③万用表量程选择20kΩ挡，分别测量BV13端子1~2、端子3~4，以检查两个电机温度传感器的阻值，如图5-14所示。吉利帝豪EV450驱动电机温度传感器的检查标准见表5-2。

④万用表量程选择20kΩ挡，测量驱动电机旋转变压器的阻值。吉利帝豪EV450的数据参照表5-3，比亚迪e5的数据参照表5-4。

图5-13　拔下驱动电机低压插接器

图5-14　万用表测量电机温度传感器的阻值

第5章　新能源汽车驱动电机系统

表 5-2　吉利帝豪 EV450 驱动电机温度传感器的检查标准

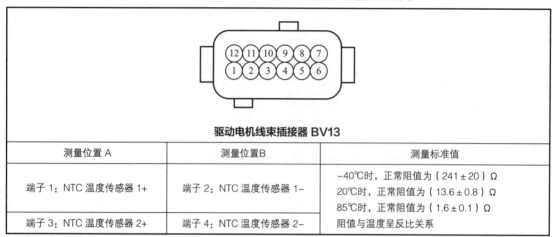

驱动电机线束插接器 BV13

测量位置 A	测量位置 B	测量标准值
端子 1：NTC 温度传感器 1+	端子 2：NTC 温度传感器 1-	-40℃时，正常阻值为（241±20）Ω 20℃时，正常阻值为（13.6±0.8）Ω 85℃时，正常阻值为（1.6±0.1）Ω
端子 3：NTC 温度传感器 2+	端子 4：NTC 温度传感器 2-	阻值与温度呈反比关系

注：NTC为负温度系数热敏电阻。

表 5-3　吉利帝豪 EV450 驱动电机旋转变压器的阻值

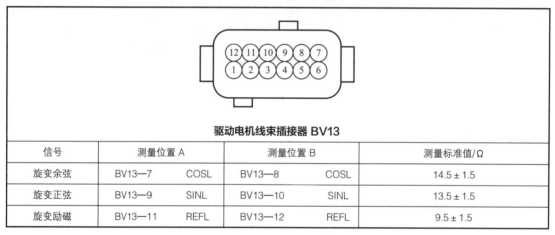

驱动电机线束插接器 BV13

信号	测量位置 A		测量位置 B		测量标准值/Ω
旋变余弦	BV13—7	COSL	BV13—8	COSL	14.5±1.5
旋变正弦	BV13—9	SINL	BV13—10	SINL	13.5±1.5
旋变励磁	BV13—11	REFL	BV13—12	REFL	9.5±1.5

表 5-4　比亚迪 e5 驱动电机旋转变压器的阻值

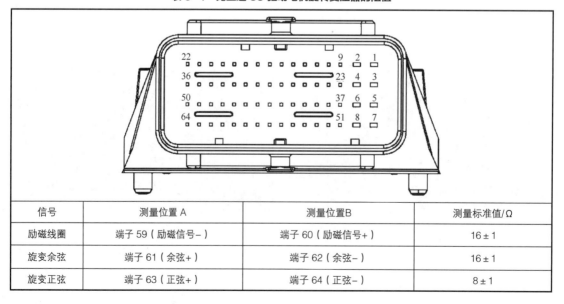

信号	测量位置 A	测量位置 B	测量标准值/Ω
励磁线圈	端子 59（励磁信号-）	端子 60（励磁信号+）	16±1
旋变余弦	端子 61（余弦+）	端子 62（余弦-）	16±1
旋变正弦	端子 63（正弦+）	端子 64（正弦-）	8±1

2.驱动电机性能检查

(1)驱动电机三相线束绝缘电阻的检查。具体操作步骤如下:

① 进行高压断电操作。

② 断开接驱动电机端三相线束插接器 BV19(图5-15)。

③ 断开连接电机控制器(PEU)端的三相线束插接器 BV18。

④ 用万用表按表 5-5 所示的端子顺序进行测量。

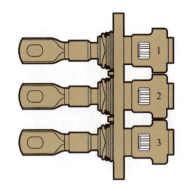

图5-15 接驱动电机端三相线束插接器 BV19

表 5-5 三相线束绝缘阻值的测量

测量位置 A	测量位置B	测量标准值
BV19—1	BV19—2	标准电阻:20kΩ或更高
BV19—1	BV19—3	
BV19—2	BV19—3	

(2)驱动电机绝缘电阻的检查。下面分别以吉利帝豪EV450和比亚迪为例,介绍驱动电机绝缘电阻的检查方法。

吉利帝豪 EV450 的驱动电机绝缘电阻检查步骤如下:

① 在进行操作前,先铺设翼子板垫、室内防护套装,准备绝缘工具、绝缘手套及与车型对应的维修手册等,并检查绝缘测试仪;再进行高压断电操作。

② 拆卸电机控制器侧三相线束插接器的紧固螺栓(3个),如图5-16所示。

③ 拆卸电机控制器盖板的紧固螺栓(8个),如图5-17所示。

④ 取下电机控制器盖板,如图5-18所示。

⑤ 拆卸电机控制器内部三相线束插接器端子的紧固螺栓(3个),如图5-19所示。

⑥ 从电机控制器上取下三相线束插接器端子,如图5-20所示。

⑦ 打开绝缘测试仪电源开关,调节测试电压至 1000V 挡位,如图5-21所示。

⑧ 如图5-22、图5-23所示,将绝缘测试仪的黑色表笔夹子夹在驱动电机外壳上,并将红色表笔与三相线束插接器端子可靠接触。

图5-16 拆卸电机控制器侧三相线束插接器的紧固螺栓

图5-17 拆卸电机控制器盖板的紧固螺栓

图5-18 取下电机控制器盖板

图5-19 拆卸电机控制器内部三相线束插接器端子的紧固螺栓

图5-20 取下三相线束插接器端子

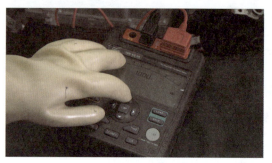
图5-21 调节绝缘测试仪测试电压

图5-22 绝缘测试仪黑色表笔夹子夹在驱动电机外壳上

图5-23 绝缘测试仪红色表笔接三相线束插接器端子

⑨ 如图5-24所示，按压绝缘测试仪上的 TEST（测试）按钮，测量当前相线的绝缘阻值。待绝缘测试仪显示的数值稳定后即可得到测量结果，如图5-25所示。驱动电机绝缘阻值一般≥50MΩ。绝缘电阻测试时间一般不超过 15s，以免损坏绝缘测试仪。

图5-24 按压TEST按钮

图5-25 测量结果

⑩ 依次测量其他两相的绝缘电阻。测量结束后，先关闭绝缘测试仪的电源开关，再从驱动电机外壳上取下黑色表笔夹子。

比亚迪的驱动电机绝缘电阻检查步骤如下：

① 在进行操作前，先铺设翼子板垫、室内防护套装，准备绝缘工具、绝缘手套及与车型对应的维修手册等，并检查绝缘测试仪；再进行高压断电操作。

② 拆卸位于四合一电控箱前方的驱动电机三相线束插接器的紧固螺栓（4个），如图5-26所示。

③ 从四合一电控箱上取下驱动电机三相线束插接器，如图5-27所示。

图5-26 拆卸驱动电机三相线束插接器的紧固螺栓　　图5-27 取下驱动电机三相线束插接器

④ 打开绝缘测试仪电源开关，调节测试电压至1000V挡位，如图5-28所示。

⑤ 如图5-29、图5-30所示，将绝缘测试仪的黑色表笔夹子夹在驱动电机外壳上，并将红色表笔与三相线束插接器端子可靠接触，并按压TEST（测试）按钮，开始测试。

⑥ 待绝缘测试仪显示的数值稳定后即可得到测量结果，如图5-31所示。驱动电机绝缘阻值一般≥50MΩ。绝缘电阻测试时间一般不超过15s，以免损坏绝缘测试仪。

⑦ 依次测量其他两相的绝缘电阻。测量结束后，先关闭绝缘测试仪的电源开关，再从驱动电机外壳上取下黑色表笔夹子。

图5-28 调节绝缘测试仪测试电压　　图5-29 绝缘测试仪黑色表笔夹子夹在驱动电机外壳上

图5-30 绝缘测试仪红色表笔接三相线束插接器端子　　图5-31 测量结果

第 3 部分

汽车底盘

第6章
传动系统维修与故障诊断

■ 6.1 传动系统概述

　　传动系统的组成部件因驱动形式和发动机安装位置而异,典型的传动系统主要由离合器、变速器、万向传动装置(万向节和传动轴)和驱动桥(主减速器、差速器和半轴)等组成。对于发动机前置后轮驱动的汽车,其动力依次经过离合器、变速器、万向传动装置、主减速器、差速器、半轴传至驱动轮;对于发动机前置前轮驱动的汽车,其动力依次经过离合器、变速器、主减速器、差速器、万向传动装置传至驱动轮。现代汽车越来越多地采用自动变速器,其传动系统包括自动变速器、万向传动装置及驱动桥等,实现了由自动变速器代替离合器和手动变速器。图6-1所示为采用自动变速器的传动系统结构示意图。

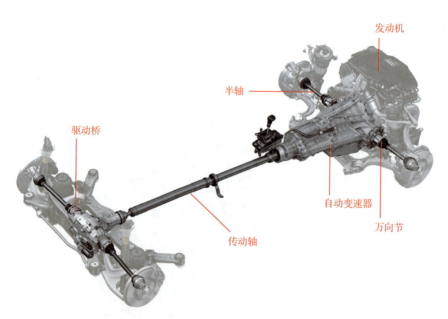

图6-1　采用自动变速器的传动系统构结构示意图

1.驱动形式

发动机的安装位置和布置方向对车辆的驱动形式有很大影响。目前，汽车大致包括发动机前置前轮驱动、发动机前置后轮驱动和四轮驱动3种形式。

（1）发动机前置前轮驱动。发动机前置前轮驱动是传动系统将发动机的动力传给前轮以驱动汽车行驶的驱动形式，如图6-2所示。该种形式的发动机一般安装在汽车前部，并且多为横置。但是也有少数汽车采用发动机纵置，通过前驱动桥直接将变速器输出的动力传给驱动轮。

（2）发动机前置后轮驱动。发动机前置后轮驱动是传动系统将发动机的动力传给后轮以驱动汽车行驶的驱动形式。该种形式的发动机通常安装在车辆前部，一般为纵置，如图6-3所示。它通过传动轴将变速器输出的动力传给后驱动桥，然后由后驱动桥驱动后轮。有些汽车也采用发动机中置或后置的形式。

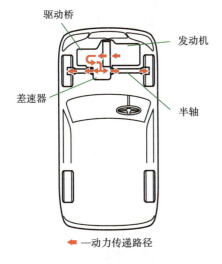

图6-2　发动机前置前轮驱动

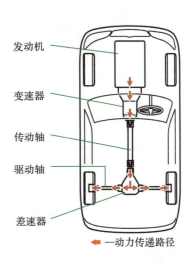

图6-3　发动机前置后轮驱动

（3）四轮驱动。四轮驱动是传动系统将发动机的动力传给4个车轮以驱动汽车行驶的驱动形式，如图6-4所示。四轮驱动汽车的所有车轮都是驱动轮，前桥和后桥都是驱动桥。根据路面状态不同，四轮驱动汽车可将发动机输出的转矩按不同比例分配给前、后轮，从而获得更大的驱动力，提高汽车在较差路面上的通过性。

2.传动系统的组成

（1）离合器。离合器安装在发动机和变速器之间，用于切断或传递发动机与变速器之间的动力。如图6-5所示，离合器主要由飞轮、离合器从动盘、压盘总成及离合器踏板（图中未标出）等部件组成。

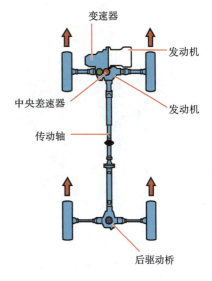

图6-4　四轮驱动

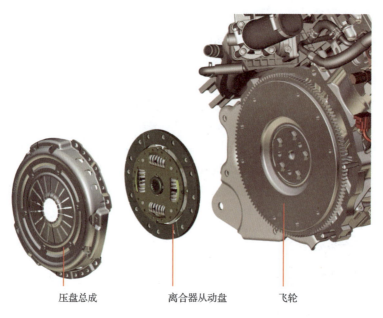

压盘总成　　　离合器从动盘　　　飞轮

图6-5　离合器组成示意图

（2）变速器。变速器安装在离合器与万向传动装置之间，用于实现变速、变矩和改变旋转方向等功能，如图6-6所示。变速器通常有4～6个前进挡供驾驶人选择，其中低挡位可以提供足够的动力来使汽车起步；高挡位可以提供足够的巡航速度来提高经济性；中间挡位可以保证动力输出更加平顺。另外，变速器可以提供空挡和倒挡功能，用于汽车驻停。根据操纵方式不同，变速器分为手动变速器和自动变速器两类。

（3）分动器。分动器通常安装在变速器后方，它可将发动机输出的动力分配给前、后驱动桥，实现四轮驱动。分动器主要由输入轴、主动齿轮、从动齿轮和输出轴组成，其结构如图6-7所示。

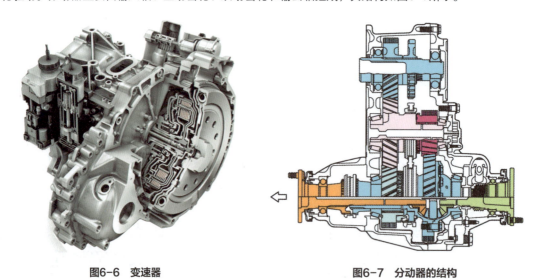

图6-6　变速器　　　　　　　　　　　图6-7　分动器的结构

（4）万向传动装置。万向传动装置用于轴线相交或相对位置经常变化的转轴之间的动力传递，它主要由万向节和传动轴组成，如图6-8所示。万向节是转轴之间实现变角度动力传递的基本部件，一般装在汽车的传动轴或转向驱动桥上。在发动机前置后轮驱动的汽车上，传动轴通常用于变速器与驱动桥之间的动力传递。在发动机前置前轮驱动的汽车上，变速器、主减速器及差速器直接组合在一起，传动轴安装在差速器和驱动轮之间，又称为半轴（驱动轴），它具有长度较短、转速低及传递转矩大等特点。

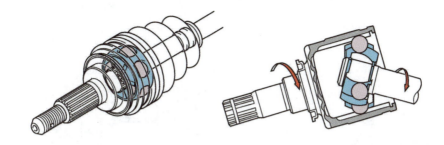

图6-8　万向传动装置

（5）驱动桥。驱动桥位于汽车传动系统的末端，主要由主减速器、差速器和驱动桥壳等组成，如图6-9所示。其作用是将发动机输出的转矩通过主减速器、差速器、半轴等传到驱动轮，实现降速增矩、两侧车轮差速等功能。

图6-9　驱动桥

6.2　离合器维修与故障诊断

1.离合器的基本组成

离合器是汽车传动系统的重要组成之一。如图6-10所示，离合器安装在发动机与手动变速器之间，它是汽车传动系统中直接与发动机相连的部件，也是实现动力传递和切断的关键部件。

离合器由主动部件、从动部件、压紧机构和操纵机构4个部分组成，如图6-11所示。其中，主动部件包括飞轮、压盘总成（含离合器盖）等；

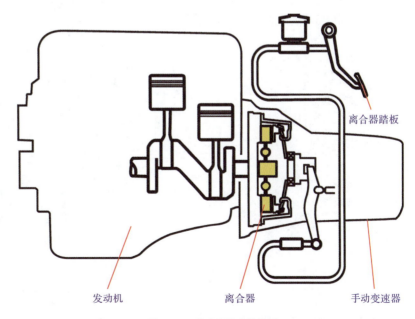

图6-10　离合器的安装位置

从动部件包括从动盘和离合器摩擦片等；压紧机构包括压板和支承装置等；操纵机构包括离合器踏板、总泵、分泵和分离轴承等。主、从动部件和压紧机构是保证离合器处于接合状态并传递动力的基本装置，而操纵机构则是使离合器分离的装置。

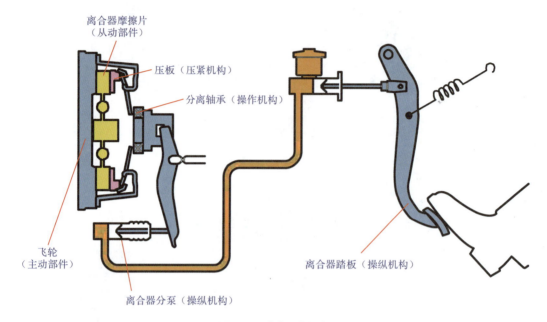

图6-11 离合器的组成

2.离合器的维修

（1）离合器踏板高度和自由行程的检测。

踏板回位弹簧将离合器踏板保持在最高位置，在自由状态（离合器踏板不被踩下）下，用直尺测量地板到离合器踏板上表面的距离即为离合器踏板高度，如图6-12所示。

在多数离合器操纵机构中，离合器踏板都存在自由行程，即保证离合器踏板在刚被踩下时，离合器没有被立刻分离。可以用手轻按离合器踏板，当感到阻力增大时，测量地板到离合器踏板上表面的距离，该距离与离合器踏板高度之差即为离合器踏板的自由行程，如图6-13所示。

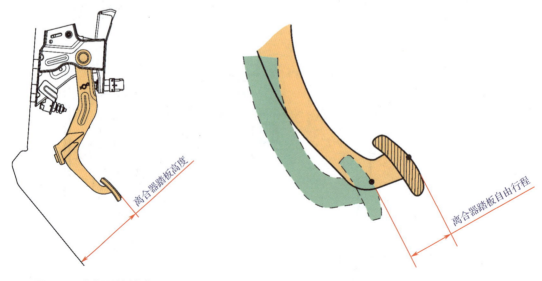

图6-12 离合器踏板高度　　　　图6-13 离合器踏板的自由行程

（2）离合器液压系统排气。首先将离合器总泵储液罐中的离合器液补充至规定高度，如图6-14所示；然后在分泵的放气阀上安装一个软管，并接入一个盛有离合器液的容器内，如图6-15所示；最后将放气阀打开2~3圈，排出离合器液直到流出的液体中不再含有气泡，拧紧放气阀。

将离合器总泵储液罐中的离合器液再次添加至规定高度，然后进行二次排气作业。排气时需要两人配合工作，其中一个人慢慢踩下离合器踏板数次，当感到有阻力时踩住踏板不动，另一个人拧松放气阀直至离合器液开始流出，再拧紧放气阀。重复操作上述步骤，直到流出的离合器液中没有气泡为止。

排气完成后，需要检查并调整离合器踏板的工作行程和储液罐中的液面高度。最后进行路试，离合器应做到接合平稳、分离彻底、无打滑（抖动、异响）且操纵机构灵敏可靠，离合器踏板自由行程也应符合相关标准。

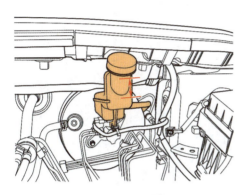

图6-14 补充离合器液

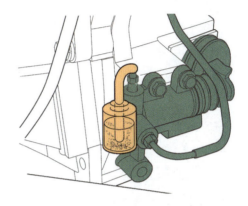

图6-15 分泵放气阀连接示意图

（3）离合器部件检修。离合器部件检修包括飞轮检修、压盘总成检修、从动盘检修和操纵机构检修等。目前，离合器的较多部件都是一次性的，在确定故障部位后，通常需要更换新部件。

① 飞轮检修。飞轮常见的损伤有齿圈磨损、轮齿断裂，以及飞轮工作面出现磨损、沟槽、翘曲和裂纹等。齿圈磨损或轮齿断裂需要更换飞轮总成，少数汽车可单独更换齿圈。

飞轮工作面可通过百分表检查平面的跳动量，当磨损或沟槽不超过0.5mm时，可清除毛糙后继续使用。若深度大于0.5mm，则应更换。

② 压盘总成检修。离合器压盘总成常见的故障有磨损、烧蚀及弹簧断裂等，检查方法主要有压盘平面度检查和压紧弹簧检查。

a. 压盘平面度检查。将钢直尺放在压盘工作表面上，使用塞尺检查钢直尺与压盘工作面之间的间隙，当平面度误差不大于0.2mm时，可通过砂纸或油石修磨。若平面度误差大于0.2mm，则应更换。

b. 压紧弹簧检查。将压盘工作面向上平放，使用游标卡尺检查压紧弹簧到压盘工作面的距离，各个压紧弹簧的高度差不能大于0.5mm，如图6-16所示。压紧弹簧与分离轴承接触处的磨损深度应不大于0.5mm，否则需更换压盘总成。

③ 从动盘检修。离合器的动力传递是依靠从动盘的摩擦片和主动部件之间的摩擦作用来实现的，因此从动盘是离合器的重要部件。从动盘摩擦片的常见损伤有磨损、烧蚀、破裂和油污；从动盘的常见损伤有花键孔磨损、减振片断裂及从动片翘曲、破裂等。从动盘的检查

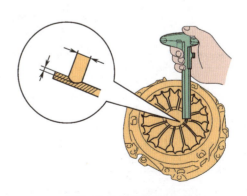

图6-16 压紧弹簧的检查

内容主要有目视外观检查、从动盘花键毂间隙检查、摩擦片磨损检查及从动盘总成跳动检查等。

a. 目视外观检查。从动盘摩擦片的磨损状况通常用目视法检查。若摩擦片有轻微烧蚀、硬化，可用锉刀或粗砂纸磨光后继续使用；若摩擦片有轻微油污，可用清洁剂清洁，表面的轻微烧焦可用砂纸打磨。若摩擦片磨损超过使用限度、出现裂纹或脱落、烧焦面积大且深或有严重油污时，则需要换用新的从动盘。

b. 从动盘花键毂间隙检查。使从动盘在变速器花键轴上轴向移动，若能移动自如且不松动，则为正常，否则应修整从动盘毂花键齿或更换从动盘总成。

c. 摩擦片磨损检查。用游标卡尺检测从动盘摩擦片的磨损程度，如图6-17所示，摩擦片工作面到铆钉头的深度为0.50mm，磨损极限为0.30mm，超过极限时应更换。若摩擦片磨损过多或破裂，则应更换。

d. 从动盘总成跳动检查。如图6-18所示，用百分表检查从动盘总成轴向圆跳动量，必要时应更换从动盘。

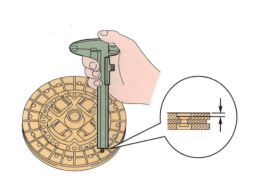

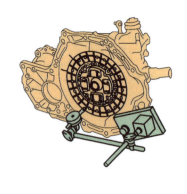

图6-17　铆钉头深度检测　　　　　　　图6-18　从动盘总成轴向圆跳动量检查

④ 操纵机构检修。操纵机构中的分离轴承常因维护不当导致缺油而产生异响，或因磨损而发生松动，甚至损坏。检查分离轴承，其应转动灵活，用手压紧轴承内圈转动，若有阻滞，则为轴承座或滚子磨损；若转动灵活，但稍有响声，则为缺油，两种情况都应更换分离轴承。

3.离合器常见故障的诊断与排除

离合器的常见故障主要包括离合器打滑、离合器分离不彻底、离合器接合不稳及离合器异响等，故障点通常出现在飞轮、从动盘、压盘、压紧弹簧、分离拨叉及分离轴承等部件上。

（1）离合器打滑。离合器打滑的故障诊断策略见表6-1。

表6-1　离合器打滑的故障诊断策略

故障现象	① 离合器打滑主要表现在松开离合器踏板时，发动机动力不能完全传给驱动轮，导致汽车不能起步或勉强起步； ② 行驶中急加速时，汽车速度不提高或提高不明显； ③ 汽车重载时爬坡无力，偶尔出现离合器烧焦的味道
故障原因	压盘不能压紧从动盘摩擦片，或摩擦片的摩擦系数过小
诊断排除	① 离合器踏板自由行程是否调整过小； ② 液压操纵机构或机械式拉索等是否回位； ③ 分离轴承是否发生卡滞； ④ 摩擦片是否烧损、硬化、有油污或磨损严重等； ⑤ 压紧弹簧是否发生疲劳、开裂或失效； ⑥ 压盘或飞轮表面是否变形、磨损

（2）离合器分离不彻底。离合器分离不彻底的故障诊断策略见表6-2。

表 6-2　离合器分离不彻底的故障诊断策略

故障现象	① 汽车起步时,将离合器踏板踩到底,仍然挂挡困难,并且变速器内常伴有齿轮撞击声; ② 强行挂挡后,如果不松开离合器踏板,汽车就会向前窜动或发动机熄火
故障原因	当将离合器踏板踩到底时,压盘离开从动盘的移动量过小,或部件的变形导致压盘与从动盘摩擦片有所接触而不能彻底分离
诊断排除	① 离合器踏板自由行程是否调整过大; ② 液压操纵机构是否存在泄漏、有空气或油量不足等问题; ③ 操纵机构是否发生卡滞; ④ 摩擦片是否变形或铆钉松动; ⑤ 从动盘是否翘曲; ⑥ 从动盘毂的花键与变速器输入轴是否发生卡滞; ⑦ 压盘是否变形; ⑧ 压紧弹簧是否断裂或不在同一平面内; ⑨ 摩擦片是否装反

(3)离合器接合不稳。离合器接合不稳的故障诊断策略见表 6-3。

表 6-3　离合器接合不稳的故障诊断策略

故障现象	离合器接合不稳又称为离合器发抖,主要表现在起步过程中,缓放离合器踏板、轻踩加速踏板使离合器接合时出现汽车抖动,汽车不能平顺起步,严重时车身出现明显抖动
故障原因	从动盘摩擦片表面与压盘表面、飞轮接触表面之间的正压力分布不均,在同一平面内的接触时间不同,使得飞轮或压盘与从动盘接合不平顺
诊断排除	① 操纵机构是否发生卡滞; ② 摩擦片是否翘曲; ③ 压盘是否变形; ④ 离合器盖是否松动; ⑤ 飞轮轴向圆跳动量是否超标; ⑥ 压紧弹簧本身弹力是否均匀、有无断裂或不在同一平面内等

(4)离合器异响。离合器异响的故障诊断策略见表 6-4。

表 6-4　离合器异响的故障诊断策略

故障现象	离合器接合,或踩下离合器踏板少许,或完全踩下时,离合器产生异响
故障原因	离合器的部分零件严重磨损及主、从动部件或传动部件出现松动
诊断排除	① 离合器踏板自由行程是否调整过小; ② 离合器踏板回位弹簧是否过软、脱落或发生折断; ③ 分离轴承是否缺油或损坏; ④ 分离轴承与压紧弹簧的间隙是否过小; ⑤ 分离轴承回位弹簧是否发生折断; ⑥ 压紧弹簧是否断裂; ⑦ 摩擦片铆钉是否外露; ⑧ 从动盘减振器弹簧是否发生折断等

6.3　手动变速器维修与故障诊断

1.手动变速器的基本组成

在汽车行驶过程中,汽车需要的驱动力和车速变化范围大,而发动机提供的转矩和转速变化范围较小，因此，在汽车传动系统中需要设置变速器。变速器主要有3个方面的作用：改变传动比、实现倒挡、切断动力传递。

根据操作方式不同，变速器分为手动变速器和自动变速器两种。其中，手动变速器由驾驶人操作变速杆实现挡位变换；自动变速器由自动变速器控制模块控制挡位变换，驾驶人通常只需要操作加速踏板。发动机前置前轮驱动汽车（以下简称前置前驱汽车）与发动机前置后轮驱动汽车（以下简称前置后驱汽车）的变速器结构是不同的，但一般都包括变速传动机构、操纵机构、同步器和安全装置。

（1）变速传动机构。手动变速器通常有 4～6 个前进挡和1个倒挡，这些挡位通过定轴齿轮机构获得。前置前驱汽车通常使用两轴式变速器，2根轴分别称为输入轴和输出轴，如图6-19所示。前置后驱汽车通常使用三轴式变速器，3根轴分别称为输入轴、中间轴和输出轴。两轴式变速器与三轴式变速器的工作原理基本相似。下面以5挡变速器为例进行介绍。

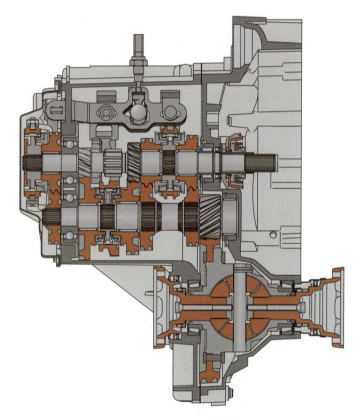

图6-19　手动变速器的结构

变速器有 5 个前进挡和1个倒挡，每个前进挡都有一对常啮合齿轮，倒挡的输入轴齿轮和输出轴齿轮之间有倒挡惰轮。前进挡采用同步器换挡，其中1、2挡共用一个同步器，3、4挡共用一个同步器，5挡单独使用一个同步器；倒挡采用齿轮直接啮合传递动力。

（2）操纵机构。手动变速器通过接合套的轴向移动实现换挡，由于接合套位于变速器壳体内部，于是设置了专门的操纵机构供驾驶人进行换挡操作。驾驶人通过操纵机构（图6-20）可以准确可靠地换挡，并且能够随时从任意挡位退到空挡。根据变速杆与变速器的位置不同，操纵机构分为直接式和间接式两种形式。

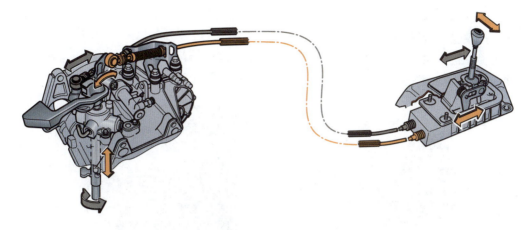

图6-20 操纵机构

（3）同步器。变速器在换挡过程中，只有所选挡位的待啮合齿轮轮齿线速度相等（即同步），才能平顺啮合而顺利挂挡。如果在两齿轮的轮齿线速度不相等时强行挂挡，则会在两齿轮之间出现冲击，导致齿轮端面磨损，甚至轮齿折断。因此，大多数手动变速器的前进挡设有同步器，它可使待接合齿圈与接合套转速同步，保证换挡平顺，简化换挡操作，从而降低驾驶人的劳动强度。

手动变速器目前广泛采用惯性式同步器，它依靠摩擦作用实现同步，可以从结构上保证接合套与接合齿圈在达到同步之前不发生接触，如图6-21所示。根据结构不同，惯性式同步器分为锁环式同步器和锁销式同步器。

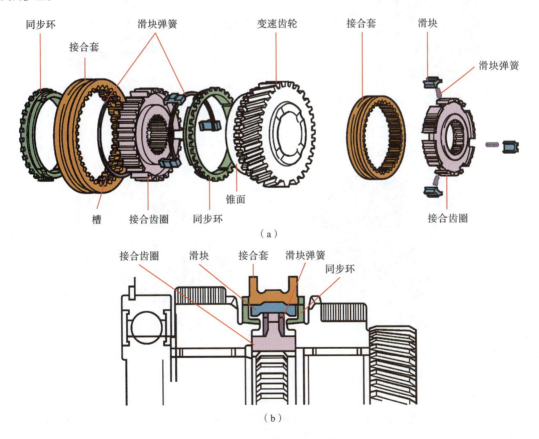

图6-21 惯性式同步器的结构

2.手动变速器的拆装

下面介绍手动变速器的拆卸过程。

①将变速器放在工作台上,先旋开放油螺塞,如图6-22所示,再旋转变速器,将变速器油排净。

②拆开连接分离轴承的卡子(无须拆下),如图6-23所示。

图6-22 旋开放油螺塞

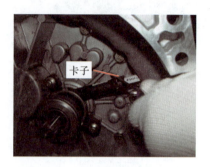

图6-23 拆开连接分离轴承的卡子

③拆下液压分离轴承座及分离轴承快速接头(图6-24)。

④分离接头总成,如图6-25所示。

图6-24 拆下分离轴承快速接头

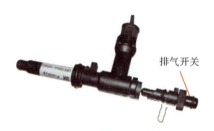

图6-25 分离接头总成

⑤拆下分离轴承螺栓,取下分离轴承,如图6-26所示。

⑥用工具旋下后盖螺栓,取下后盖,如图6-27所示。

图6-26 取下分离轴承

图6-27 取下后盖

⑦直接取出倒挡同步环,如图6-28所示。

⑧挂入一个前进挡,并将弹性锁销冲出,再将5挡拨叉及齿轮向下移动,待输入轴同输出轴相互锁止,用扭力扳手逆时针旋下5挡从动齿轮的紧固螺母,如图6-29所示。

注意:也可先挂入5挡,将细铜棒(或其他硬度较低的金属棒)放在5挡主、从动齿轮之间,再用扭力扳手逆时针旋下5挡从动齿轮的紧固螺母。

图6-28 取出倒挡同步环

图6-29 旋下5挡从动齿轮的紧固螺母

⑨ 按照上述方法，用扭力扳手逆时针旋下5挡主动齿轮的紧固螺母，如图6-30所示。

⑩ 用冲子冲出弹性锁销后，挂入倒挡，取出倒挡拨叉，如图6-31所示。

图6-30 旋下5挡主动齿轮的紧固螺母

图6-31 取出倒挡拨叉

⑪ 取出5挡同步器和主、从动齿轮，如图6-32所示。

⑫ 取下滚针轴承，如图6-33所示。

图6-32 取出5挡同步器和主、从动齿轮

图6-33 取下滚针轴承

⑬ 用内六角套筒旋下轴承挡板螺栓，取下轴承挡板，如图6-34所示。

⑭ 用卡钳取出输出轴后轴承调整垫片，如图6-35所示。

图6-34 取下轴承挡板

图6-35 取出输出轴后轴承调整垫片

⑮ 按照上述方法，取出输入轴后轴承调整垫片，如图6-36所示。

⑯ 旋下操纵机构壳体螺栓，如图6-37所示。

图6-36 取出输入轴后轴承调整垫片

图6-37 旋下操纵机构壳体螺栓

⑰ 旋下定位座，如图6-38所示。

⑱ 旋下倒车灯开关，此时可直接将操纵机构总成从变速箱壳体中拔出，如图6-39所示。

图6-38 旋下定位座

图6-39 旋下倒车灯开关

⑲ 如图6-40所示，旋出3个定位螺栓，需要注意1挡、2挡拨叉轴定位座较长。

⑳ 用内六角套筒旋下惰轮轴螺钉，如图6-41所示。

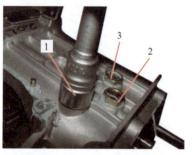

1—叉轴定位座；2—3挡、4挡拨叉轴定位座；
3—1挡、2挡拨叉轴定位座

图6-40 旋出定位螺栓

图6-41 旋下惰轮轴螺钉

㉑ 旋下变速器壳体螺栓，如图6-42所示。

㉒ 旋下离合器壳体螺栓，如图6-43所示。

㉓ 抬起变速器壳体使变速器总成悬空，用铜棒敲输入轴和输出轴，将变速器壳体和5挡轴套取出，如图6-44所示。

㉔ 取出倒档惰轮总成，如图6-45所示。

图6-42 旋下变速器壳体螺栓

图6-43 旋下离合器壳体螺栓

图6-44 取出变速器壳体和5挡轴套

图6-45 取出倒挡惰轮总成

㉕ 旋出倒挡拨叉机构总成螺栓，取下倒挡拨叉，如图6-46所示；用卡钳取下开口挡圈，如图6-47所示。

㉖ 如图6-48所示，握住输入轴总成、输出轴总成及3根拨叉轴，将其一起取出，最后取出差速器总成。

图6-46 取下倒挡拨叉

图6-47 取下开口挡圈

图6-48 取出输入轴总成、输出轴总成及3根拨叉轴

3.手动变速器检修

(1)轴承检查。如图6-49所示,检查变速器输入轴和输出轴上的轴承表面有无烧蚀痕迹,并转动轴承检查其是否存在卡滞或异响现象。若轴承表面有烧蚀发黑、脱碳现象或转动轴承时出现卡滞或异响,则应更换轴承。

(2)齿轮检查。检查所有齿轮,判断其是否损坏或出现磨损和裂纹,并检查轮毂花键是否发生磨损或损坏,如图6-50所示。

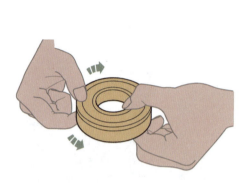

图6-49 轴承检查

图6-50 齿轮检查

(3)输入轴与输出轴的检查。观察输入轴和输出轴是否有异常磨损,使用百分表和支架分别检查输入轴(6-51(a))、输出轴(6-51(b))的径向圆跳动量。具体数值可参考相关车型维修数据。

(a)　　　　　　　　　　　　(b)

图6-51 输入轴与输出轴的检查

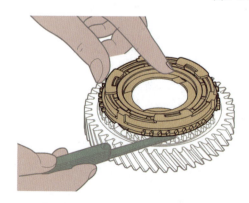

(4)同步环的检查。主要包括目视检查和同步环与齿轮侧面间隙的检查。

① 目视检查。检查所有挡位同步环是否发生异常磨损并出现裂纹,检查锥面是否发生磨损并有裂纹。若有磨损并出现裂纹,则必须更换同步环。

② 同步环与齿轮侧面间隙的检查。如图6-52所示,将同步环平放在齿轮中,使用塞尺沿圆周方向测量同步环与齿轮侧面的间隙。具体数值可参考相关车型维修数据。

图6-52 同步环与齿轮侧面间隙的检查

(5)同步器齿毂部件的检查。主要包括目视检查和同步器齿套与换挡拨叉间隙的检查。

① 目视检查。检查1挡、2挡及3挡、4挡同步器的齿毂和齿套操作情况，判断同步器齿毂、滑块是否因磨损而发生异常并出现裂纹，若有则应更换相关部件。

② 同步器齿套与换挡拨叉间隙的检查。如图6-53所示，将换挡拨叉与同步器齿套接合，使用塞尺检查同步器齿套与换挡拨叉的间隙。具体数值可参考相关车型维修数据。

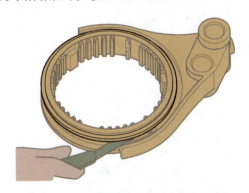

图6-53　同步器齿套与换挡拨叉间隙的检查

（6）输入轴直径的检查。如图6-54所示，使用千分尺检查输入轴的磨损情况，分别测量A、B、C三点表面直径，具体数值可参考相关车型维修数据。

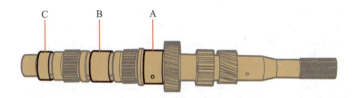

图6-54　输入轴直径的检查

4.手动变速器常见故障的诊断与排除

手动变速器是汽车传动系统的主要部件，其故障会直接影响汽车的行驶性能、乘坐舒适性及燃油经济性。汽车手动变速器的部件出现故障后，需要按照汽车生产厂商的要求，以总成更换的方式进行维修。

手动变速器的常见故障包括换挡困难、跳挡、乱挡、卡挡、漏油及异响等，这些故障都会影响变速器的正常工作，同时对汽车和驾乘人员的安全造成威胁。

（1）换挡困难。换挡困难的故障诊断策略见表6-5。

表 6-5　换挡困难的故障诊断策略

故障现象	变速器不能顺利挂入挡位或无法挂挡，同时伴有齿轮撞击声
故障原因	待啮合轮齿的圆周速度不相等，或拨叉轴及拨叉阻力过大
诊断排除	① 离合器是否调整不当或分离不彻底； ② 变速杆是否弯曲变形； ③ 操纵机构是否调整不当； ④ 拨叉轴是否弯曲变形； ⑤ 拨叉轴与支承孔配合是否过紧或出现锈蚀； ⑥ 同步器是否失效； ⑦ 自锁、互锁装置是否卡死

（2）跳挡。跳挡的故障诊断策略见表6-6。

表 6-6 跳挡的故障诊断策略

故障现象	在汽车行驶过程中,尤其是在加速或爬坡时,变速杆自动跳回空挡位置
故障原因	啮合齿轮在传递动力时产生较大的轴向力,导致轮齿脱离啮合,或啮合轮齿未能全齿宽啮合
诊断排除	① 变速器/发动机固定支座螺栓是否松动或断裂; ② 变速器离合器壳体是否对正或松动; ③ 换挡拉索是否调整不当; ④ 拨叉是否出现弯曲或磨损; ⑤ 拨叉轴支承轴承是否发生磨损; ⑥ 拨叉轴自锁装置是否失效; ⑦ 接合齿圈或接合套花键齿是否磨损成锥形; ⑧ 齿轮轴向间隙是否过大

(3)乱挡。乱挡的故障诊断策略见表 6-7。

表 6-7 乱挡的故障诊断策略

故障现象	变速器实际挂入的挡位与应挂入的挡位不符,或原挡位未退出却能挂入另一挡位
故障原因	操纵机构选挡不正确或互锁装置失效
诊断排除	① 操纵机构部分杆件是否发生变形或连接松动; ② 换挡拉索是否调整不当; ③ 变速杆支承球头座是否松动; ④ 换挡控制器是否损坏

(4)卡挡。卡挡的故障诊断策略见表 6-8。

表 6-8 卡挡的故障诊断策略

故障现象	变速器卡在某个挡位,无法回到空挡
故障原因	接合套与接合齿圈不能正常分离
诊断排除	① 拨叉轴是否弯曲卡死; ② 同步器滑块是否发生塞堵; ③ 齿轮轴向定位卡簧是否脱落。 根据变速杆是否操作自如,具体检查范围可以适当缩小。若变速杆操作自如,则应检查齿轮轴向定位卡簧或拨叉紧固销钉是否脱落;否则,应检查操纵机构或同步器

(5)漏油。变速器漏油的故障诊断策略见表 6-9。

表 6-9 变速器漏油的故障诊断策略

故障现象	变速器内的机油从变速器壳体接合面、轴承盖等位置渗漏出来
故障原因	变速器的机油加注过多、密封不良或内部压力过高等
诊断排除	① 通气孔是否堵塞; ② 机油是否添加过多; ③ 变速器固定支座紧固螺栓是否松动; ④ 油封是否损坏; ⑤ 密封垫或密封胶是否失效; ⑥ 接合面是否发生变形; ⑦ 壳体是否出现裂纹

(6)异响。变速器异响的故障诊断策略见表 6-10。

表 6-10 变速器异响的故障诊断策略

故障现象	变速器在工作过程中发出不正常的响声
故障原因	变速传动机构间隙偏大、松旷，齿轮及花键等啮合异常，或润滑不良
诊断排除	① 变速器是否缺油或机油规格是否正确； ② 齿轮轮齿是否严重磨损； ③ 齿轮内孔是否严重磨损； ④ 齿轮轮齿是否折断或出现齿面剥落、缺损； ⑤ 齿轮轴向圆跳动量是否偏大； ⑥ 轴承是否严重磨损； ⑦ 输入轴、输出轴等是否弯曲变形； ⑧ 花键是否过度磨损； ⑨ 自锁装置是否损坏
通过异响的特征判断异响部位	① 如果变速器在任何挡位（包括空挡）都会发出无节奏的"呼隆"声，并且车速越快响声越大，但在空挡踩下离合器踏板时响声消失，则故障在第一轴轴承； ② 如果变速器在任何挡位（不包括空挡）都会发出无节奏的"呼隆"声，并且车速越快响声越大，但在空挡时不响，则故障应在输出轴或中间轴轴承； ③ 如果汽车行驶中换挡有撞击声，则表明同步器或自锁装置损坏； ④ 发动机怠速运转，空挡有尖锐的金属撞击声。如果响声均匀，则表明常啮合齿轮的齿面磨损过多，造成啮合或配合间隙过大；如果响声不均匀，则表明常啮合齿轮的齿面损伤变形、轮齿折断或齿轮轴变形； ⑤ 发动机怠速运转，空挡时无异响，但挂入其他挡位会产生异响。如果响声均匀，则表明相应挡位的齿轮齿面磨损过多，造成啮合或配合间隙过大；如果响声不均匀，则表明相应挡位的齿轮齿面损伤变形、轮齿折断或齿轮轴变形

■ 6.4 自动变速器维修与故障诊断

6.4.1 行星齿轮式自动变速器

1.行星齿轮式自动变速器的基本构造

自动变速器型号众多，其外部形状和内部结构千差万别，但它们的组成形式基本相似。行星齿轮式自动变速器（图6-55）主要包括液力变矩器、齿轮机构、液压系统、换挡控制系统和换挡操纵机构等部分。

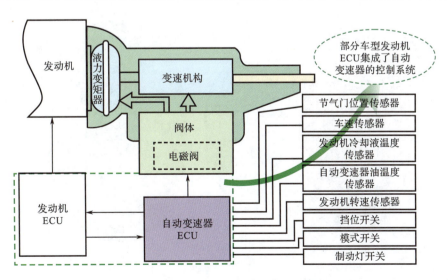

图6-55 行星齿轮式自动变速器的基本结构

（1）液力变矩器。液力变矩器是一种将动力从发动机曲轴传给变速器输入轴的液力传动装置，它能够在发动机和变速器之间提供平稳传递转矩的液力连接。

液力变矩器有4个主要组成部件，分别是泵轮、涡轮、导轮和锁止离合器，如图6-56所示。泵轮与变矩器壳体构成一个整体，变矩器壳体通过螺栓紧固到发动机挠性盘上，其转速与发动机曲轴转速相同。涡轮通过花键与变速器输入轴连接。泵轮驱动自动变速器油流动，使其对涡轮叶片产生冲击力，以使涡轮旋转，涡轮再带动变速器输入轴旋转。导轮安装于泵轮和涡轮之间，其上带有单向离合器，导轮通过单向离合器与固定轴相连，单向离合器使导轮只能和泵轮同向旋转。液力变矩器的工作原理如图6-57所示。

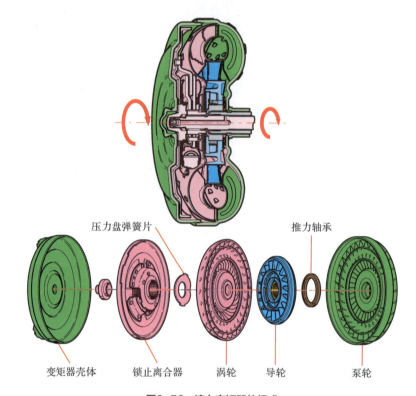

图6-56 液力变矩器的组成

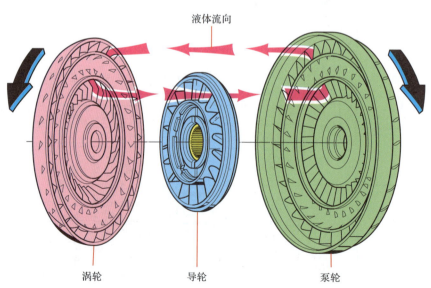

图6-57 液力变矩器的工作原理

（2）行星齿轮组。一个或一个以上齿轮不仅绕自身轴线自转，还绕另一齿轮的固定轴线旋转的齿轮传动方式称为行星齿轮传动。行星齿轮传动作为齿轮传动的一种类型，其结构更加紧凑，因而被广泛用于自动变速器的传动，它可以简单高效地实现变速器各个挡位动力的传递。

如图6-58所示，行星齿轮组由齿圈、太阳轮、行星轮和行星架组成，其特点是结构紧凑、简单高效。

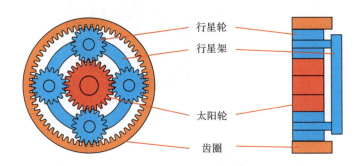

图6-58 行星齿轮组

① 齿圈。它位于行星齿轮组的最外侧，其内侧有轮齿可与行星架上的行星轮啮合。

② 太阳轮。它位于行星齿轮组的中心，其外侧有轮齿可与行星架上的行星轮啮合。

③ 行星轮。它位于太阳轮和齿圈之间，安装在行星架上。

④ 行星架。它是支承行星轮的金属架，其上的行星轮与太阳轮和齿圈啮合。

在简单行星齿轮组中，以单排单级为例，将太阳轮、齿圈、行星架3个元件中的任意一个元件固定，选择其余两个元件中的任意一个作为输入或输出元件，可以实现不同的传动方式。如果将3个元件中的任意两个通过刚性连接锁定在一起作为输入，剩下的一个元件作为输出，则可以实现直接传动。行星齿轮组的减速、加速和反向（倒车）传动如图6-59～图6-61所示。

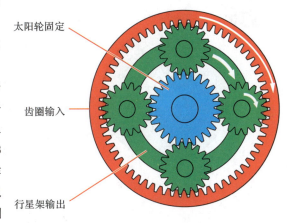

图6-59 减速传动

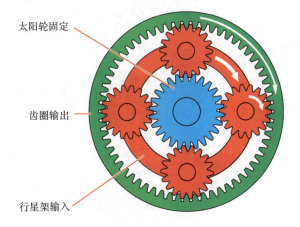

图6-60 加速传动

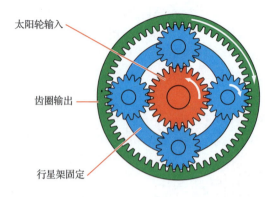

图6-61 反向（倒车）传动

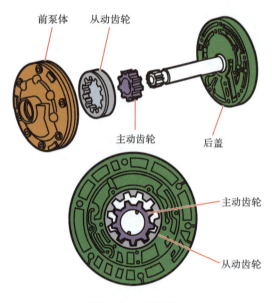

图6-62 油泵的组成

（3）液压供给装置——油泵。油泵通常安装在变矩器的后方，由变矩器毂上的键驱动。有些自动变速器的油泵与变矩器及变速器输入轴不是同轴安装的，它们由变矩器通过传动链来驱动。油泵的组成如图6-62所示。

发动机曲轴通过挠性盘与变矩器相连，而变矩器通过键与油泵驱动齿轮或链轮相连。当发动机运行时，油泵可提供自动变速器正常工作所需的油压。

（4）液压控制装置——阀体。阀体作为液压控制装置，其作用是通过调节和引导液流来控制输出到不同液压执行装置的油压，以实现换挡。阀体主要由上阀体和下阀体组成，两者通过隔板隔开，隔板上设有用于控制两个阀体之间油液流量的开口，如图6-63所示。

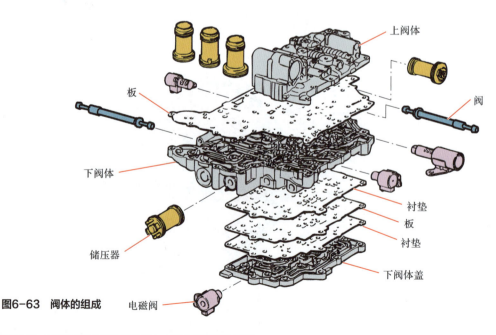

图6-63 阀体的组成

阀体中使用的液压控制阀基本都是滑阀，其作用是调整油液压力和改变阀体内部油道中油液的流向。滑阀沿阀孔滑动，其上有两个或多个与阀孔内壁配合的台肩，它们所形成的配合面既应配合紧密以防油液泄漏，又应保证滑阀在阀孔内能自由移动。多数滑阀都是一侧有弹簧，而液压作用于另一侧。当液压力大于弹簧力时，滑阀被推向弹簧侧。此外，也会使用球阀控制液压。

（5）多片离合器。多片离合器由摩擦片、钢片、活塞、离合器鼓（或变速器壳体）、卡环及密封件等组成，如图6-64所示。多片离合器能承受较大的转矩。活塞通过回位弹簧回位，回位弹簧由卡环定位。多片离合器中的钢片和摩擦片交替安装，摩擦片的两面都有摩擦材料，而钢片两面光滑，没有摩擦材料。部分自动变速器的多片离合器采用单面带摩擦材料的摩擦片，即一面带有摩擦材料，另一面为光滑的钢片。

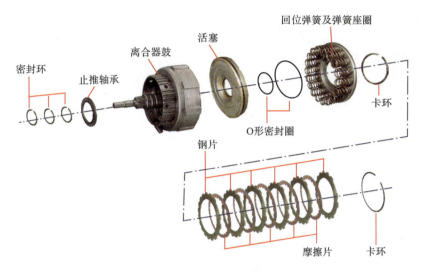

图6-64 多片离合器的组成

（6）单向离合器。单向离合器除用于变矩器的导轮外，还用于齿轮机构中。齿轮机构中的单向离合器又称为超越离合器，用于实现转矩的单向传递，其结构如图6-65所示。

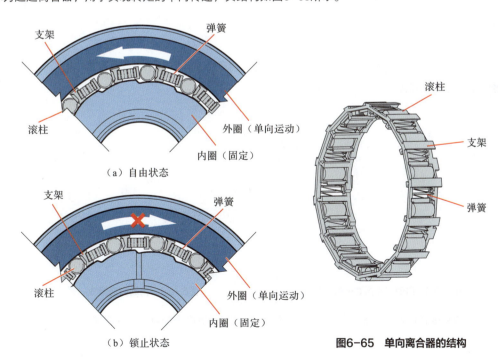

图6-65 单向离合器的结构

2.行星齿轮式自动变速器的维修

（1）自动变速器外观检查。通过检查自动变速器外观，判断其是否漏油、线束插头是否松动或有腐蚀现象，如图6-66所示。

检查变速器换挡拉索是否松动或有破损，通过操作变速杆检查换挡拉索是否有发涩现象，如图6-67所示。

（2）自动变速器油液位的检查。自动变速器油的温度对液位影响较大，一般在油温处于35～50℃之间时检查液位是比较准确的。检查液位时车辆一定要处于水平位置。

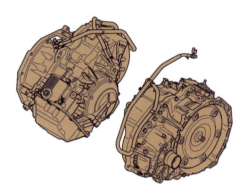

图6-66　自动变速器外观检查　　　　　图6-67　换挡拉索检查

① 连接故障诊断仪，起动发动机，保持其怠速运转，使用故障诊断仪读取自动变速器油温数据，当油温达到50℃时，关闭发动机，将变速杆置于"N"位置。

② 举升车辆，并在自动变速器油位检测螺栓（图6-68）放置容器，打开检测孔。

③ 观察是否有自动变速器油从检测孔中流出，若有则说明自动变速器油的液位正常；若没有则说明液位过低，应添加自动变速器油。

④ 安装自动变速器油位检测螺栓，并按规定力矩拧紧。

（3）自动变速器油的更换。当前大部分车辆的自动变速器均为免维护自动变速器，自动变速器油需要定期更换，更换周期一般为60 000～80 000km，具体应根据车辆的不同情况参照保养手册中的更换周期进行更换。

① 举升车辆，拆卸发动机下护板，在自动变速器放油螺栓（图6-69）下放置容器，松开自动变速器放油螺栓，将油液完全排除。

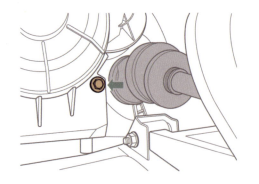
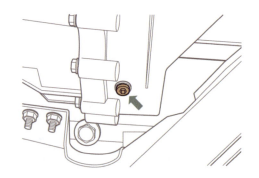

图6-68　自动变速器油位检测螺栓　　　　　图6-69　自动变速器放油螺栓

② 拆卸自动变速器油位检测螺栓，通过检测孔向自动变速器内添加自动变速器油。

③ 按照车辆配置手册中标注的容量加注自动变速器油后,检查自动变速器油的液位是否正常。

6.4.2 双离合器自动变速器

1.双离合器自动变速器概述

1)工作原理

双离合器自动变速器可以形象地设想为将两个变速器的功能合二为一,并建立在单一的系统内。该种变速器包含两个自动控制的离合器,通过电子控制及液压推动,可同时控制两个离合器工作,其结构形式如图6-70所示。在变速器工作过程中,一组齿轮啮合,当接近换挡时,下一组挡位的齿轮已被预选,但离合器仍处于分离状态;换挡时,一个离合器将啮合的齿轮分离,另一个离合器使预选的齿轮啮合,从而在整个换挡期间能确保至少有一组齿轮可以输出动力,保证动力不中断。

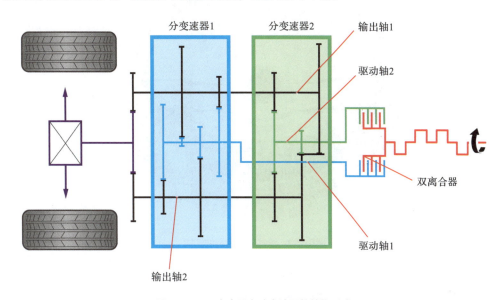

图6-70 双离合器自动变速器的结构形式

2)双离合器

目前常用的双离合器有干式和湿式两种。干式双离合器的结构相对简单,但长时间工作会出现过热问题,影响运行的可靠性。湿式双离合器的离合器片浸在自动变速器油中,可更好地散热,因而工作可靠性高,但其结构相对复杂。

(1)干式双离合器。干式双离合器包含两套类似手动变速器使用的离合器装置组件,其中包括两个离合器摩擦片、两个压盘及两个离合器分离杆。干式双离合器的结构如图6-71所示。

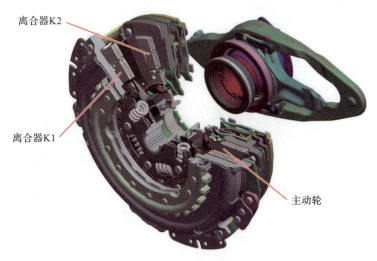

图6-71 干式双离合器的结构

干式双离合器中的两个独立的离合器负责将动力传给两个分变速器,有两种离合器位置:
① 当发动机停机和怠速时,两个离合器都断开。
② 在汽车行驶过程中,两个离合器中只有一个接合。

离合器通过花键与变速器的驱动轴相连,磨损后能自动进行调整。

(2)湿式双离合器。湿式双离合器的结构如图6-72所示。发动机转矩通过从动盘传到位于外膜片体处的两个离合器上。外膜片体与离合器的主轮毂焊接在一起,因此始终可以实现动力传递。

离合器是由钢膜片和摩擦片组成的,通过动力接合可以将转矩传给两个内膜片体K1和K2。内膜片体K1与驱动轴1相连,内膜片体K2与驱动轴2相连。

图6-72 湿式双离合器的结构

3)输入轴

以大众 BQ380、DQ500变速器为例,其输入轴作为一个紧凑的单元被布置在变速器内。如图6-73所示,输入轴2是中空的,输入轴1穿过它与离合器通过啮合齿相连。输入轴1根据挂入的挡位将发动机转矩传递给输出轴。两根输入轴上都有轴承,通过轴承可将两根轴导入变速器内。

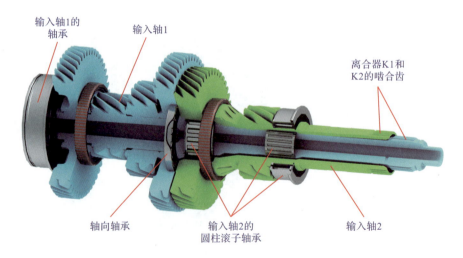

图6-73 输入轴的结构

（1）输入轴1。输入轴1和离合器K1通过啮合齿相连，可以实现1挡、3挡、5挡和7挡之间的切换。为了获取该轴的转速，其上装有输入轴转速传感器的传感器轮。输入轴1的结构如图6-74所示。

（2）输入轴2。输入轴 2 是空心轴，它与离合器 K2 通过啮合齿相连，可以实现2挡、4挡、6挡和倒挡之间的切换。为了获取该轴的转速，其上装有输入轴转速传感器的传感器轮。输入轴2的结构如图6-75所示。

图6-74　输入轴1的结构

图6-75　输入轴2的结构

4）输出轴

在变速器中有两根输出轴，根据所挂入的挡位，发动机转矩由输入轴传给相应的输出轴。每一根输出轴上都有滑动齿轮，借助它可将发动机转矩通过从动齿轮传给车轴驱动装置的齿轮。

（1）输出轴 1。输出轴 1 上装有1挡、4挡、5挡和倒挡的滑动齿轮，以及1挡和倒挡的同步器、4挡和5挡的同步器和停车制动器轮等，如图6-76所示。

（2）输出轴 2。输出轴 2 上装有2挡、3挡、6挡和7挡的滑动齿轮，以及2挡和3挡的同步器、6挡和7挡的同步器等，如图6-77所示。

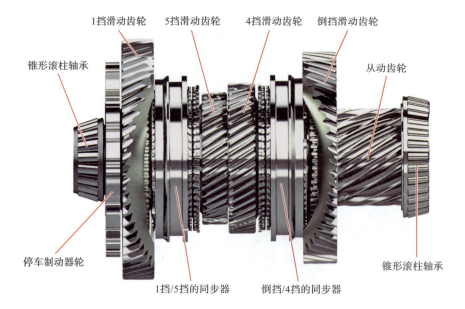

图6-76 输出轴1的结构

图6-77 输出轴2的结构

2.双离合器变速器的维修

（1）自动变速器油的检查。检查时，车辆一定要保持水平放置。

① 举升车辆，在自动变速器油位检查螺栓（图6-78）下放置容器，松开该检测螺栓。

② 若有自动变速器油从孔内流出，则表示油位正常，应重新紧固检测螺栓。若没有自动变速器油从孔内流出，则表示油位过低，需要加注自动变速器油，直至孔内有油流出为止。

③ 安装自动变速器油位检测螺栓，按规定力矩拧紧。

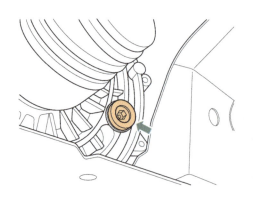

图6-78 自动变速器油位检查螺栓

（2）自动变速器油的更换。具体操作步骤如下：

① 举升车辆，并在自动变速器放油螺栓（图6-79）下放置容器，松开该放油螺栓，待油液完全排出后紧固。

② 打开自动变速器油位检查螺栓，加入规定容量的自动变速器油，油面高度以加油螺栓下沿为准，如图6-80所示。

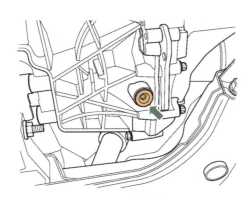 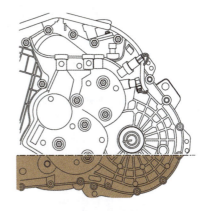

图6-79　自动变速器放油螺栓　　　　　　　　　　图6-80　油面高度

③ 重复自动变速器油的检查步骤，检查油位是否符合规定。

（3）双离合器的拆卸。具体操作步骤如下：

① 将自动变速器与发动机分离，放置在工作台或拆装台架上。

② 先使用螺钉旋具在图6-81（a）中箭头所示的卡环开口处向外轻轻撬动，使卡环松脱后取出；再将小齿轮（图6-81（b））取出。

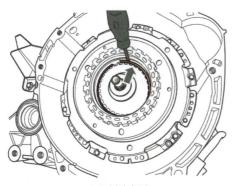 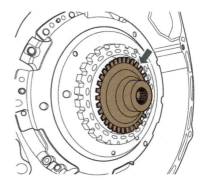

（a）拆除卡环　　　　　　　　　　　　　（b）取出小齿轮

图6-81　拆除卡环并取出小齿轮

③ 如图6-82所示，使用卡簧钳拆卸双离合器卡簧。

④ 如图6-83所示，将三爪拉器安装在双离合器上，使用扳手转动拉器螺栓，将双离合器从变速器中拉出。

⑤ 拆卸双离合器的两个分离轴承（图6-84）及支架。

⑥ 如图6-85所示，检查分离轴承表面有无烧蚀的痕迹，并转动轴承检查是否存在发卡或异响故障，若有则应更换分离轴承。

图6-82 拆卸双离合器卡簧

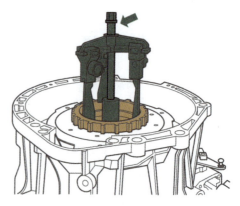

图6-83 使用三爪拉器拉出双离合器

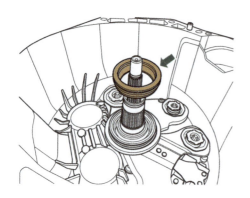

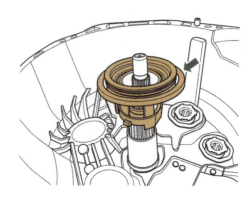

图6-84 拆卸分离轴承

图6-85 检查分离轴承

6.5 主减速器、差速器和传动轴维修与故障诊断

6.5.1 主减速器与差速器概述

发动机的动力经过变速器输出后，需要经过主减速器和差速器才能传给车轮。对于前轮驱动的汽车，主减速器和差速器一般安装在变速器壳体内；对于后轮驱动的汽车，主减速器和差速器一般安装在后驱动桥内。主减速器的主要作用是减速增矩，在发动机纵置的车辆上，它还具有改变转矩传递方向的作用。

1. 主减速器

在前轮驱动的汽车中，主减速器位于变速器壳体内，因而没有专用的主减速器壳体，统称为"变速驱动桥"。变速器的输出轴即为 主减速器的主动轴，动力由变速器直接传给主减速器，省去了万向传动装置。轿车和中小型货车上大都采用单级式主减速器，如图6-86所示。

2.差速器

汽车上广泛采用对称式圆锥行星齿轮差速器。普通的对称式圆锥行星齿轮差速器由差速器壳（左、右两侧各有一个）、半轴齿轮（2个）及行星齿轮（3个或4个，小型、微型汽车多采用2个）等组成，如图6-87所示。其具有结构简单、工作平稳、制造方便和质量较小等优点。

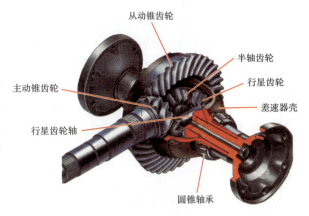

图6-86 单级式主减速器

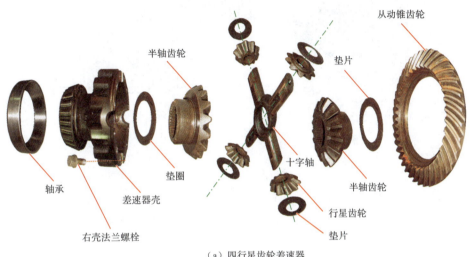

（a）四行星齿轮差速器

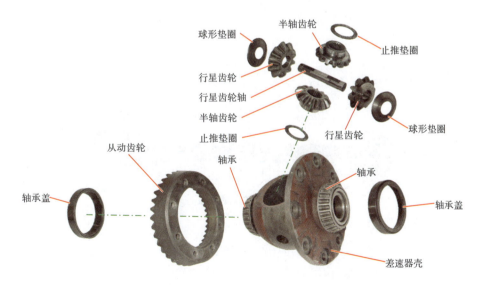

（b）双行星齿轮差速器

图6-87 差速器

差速器工作时,行星齿轮绕行星齿轮轴的旋转称为行星齿轮的自转;行星齿轮绕半轴轴线的旋转称为行星齿轮的公转。差速器能够依靠行星齿轮的自转与公转将转矩改变方向。

防滑差速器可以提高汽车在湿滑地面上的通过能力,主要应用在越野汽车及中大型汽车上。防滑差速器的基本原理是:当一个驱动轮打滑时,差速器将切断打滑驱动轮的动力传输,将大部分动力输送给另一个驱动轮,使汽车能够继续行驶。防滑差速器又称为强制锁止式差速器,即在对称式锥齿轮差速器上设置差速锁。当一侧驱动轮滑转时,可利用差速锁使差速器不起差速作用。防滑差速器的结构如图6-88所示。

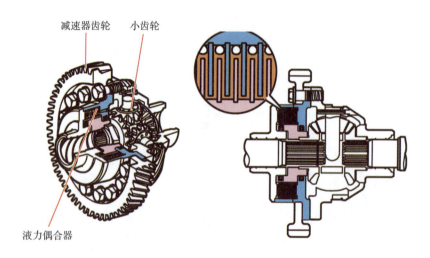

图6-88　防滑差速器的结构

6.5.2　传动轴概述

1.传动轴

传动轴总成主要由传动轴及其两端焊接的花键轴和万向节叉组成。转向驱动桥、断开式驱动桥或微型汽车的传动轴通常制成实心轴,传动轴中一般设有由滑动叉和花键轴组成的滑动花键,以实现传动长度的变化。

传动轴将来自变速器的转矩传给驱动桥,以驱动车轮转动。前驱车辆的半轴如图6-89所示。

图6-89　前驱车辆的半轴

2.万向节

万向节安装在转轴之间,用于改变动力传递角度。按其在扭转方向上是否有明显的弹性,可分为刚性万向节和挠性万向节。刚性万向节按其运动特性可分为不等速万向节、准等速万向节和等速万向节。不等速万向节主要用于发动机前置后轮驱动汽车的变速器与驱动桥之间,等速和准等速万向节主要用于发动机前置前轮驱动汽车的内、外半轴之间。球笼式等速万向节的结构如图6-90所示。

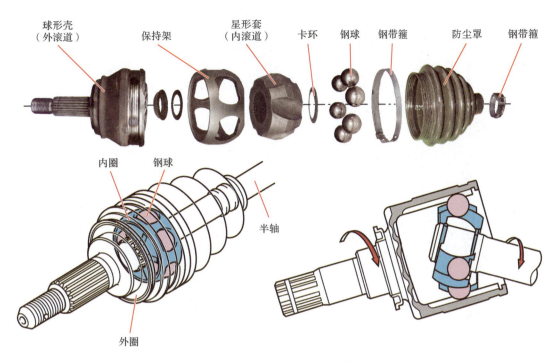

图6-90 球笼式等速万向节的结构

6.5.3 主减速器维修

主减速器的检查与调整主要包括主减速器轴承预紧度的检查与调整，以及主、从动锥齿轮啮合的检查与啮合间隙的调整。

① 主减速器轴承预紧度的检查与调整。主减速器齿轮的圆锥滚子轴承应有一定的装配预紧度，以减小传动过程中轴向力引起的齿轮轴的轴向位移，保证锥齿轮副的正常啮合。检查轴承预紧度的方法因不同车型而异，一般是在不安装油封和油封座的情况下，按照规定力矩紧固轴承螺栓，若以 16 ~ 33 N 的拉力能够使其转动，则认为轴承的预紧度是合适的。若不符合上述要求，可增减调整垫片，直到合适为止。

② 主、从动锥齿轮啮合的检查。检查主、从动锥齿轮的啮合状态时，先在主动锥齿轮的轮齿上涂红色颜料，再使主动锥齿轮往复转动。此时，从动锥齿轮轮齿的两工作面上会出现红色印迹。若从动锥齿轮轮齿工作面上的印迹均位于齿高的中间位置、偏向齿的小端，并且占齿面宽度的 60 % 以上，则为正确啮合。如果印迹不在上述位置，则可以通过增减主减速器壳与主动锥齿轮轴承座之间的调整垫片来调整啮合位置。

③ 主、从动锥齿轮啮合间隙的调整。主减速器上一般带有调整螺母，可以通过旋转调整螺母来改变从动锥齿轮的位置。调整后须测量轮齿的齿侧间隙，通常为0.15 ~ 0.40mm。若间隙大于规定值，应继续通过调整螺母使从动锥齿轮靠近主动锥齿轮，反之则离开。为保持已调好的圆锥滚子轴承的预紧度不变，一端螺母拧进的圈数应等于另一端螺母拧出的圈数。

6.5.4 传动轴异响的维修

由于汽车经常在复杂道路上行驶，万向传动装置很容易受到损害，其故障主要表现在传动轴异响和万向节异响。如果是发动机前置后轮驱动的汽车，万向传动装置故障还包括中间支承的异响。

在万向节技术状况良好的情况下，如果传动轴在汽车行驶中发出周期性的响声，且速度越高响声越大，甚至伴有车身振动，则应进行以下步骤：

① 检查传动轴是否出现弯曲或传动轴管凹陷，若有弯曲，则按照要求进行校正。

② 检查传动轴管与万向节叉是否焊接不正或传动轴未进行动平衡试验和校准，若存在问题，则应更换传动轴或进行传动轴平衡操作。

③ 检查伸缩叉安装是否错位，因为错位将造成传动轴两端的万向节叉不在同一平面内，无法满足等速传动的条件。若有错位，则重新安装伸缩叉。

第7章 制动系统维修与故障诊断

■ 7.1 制动系统概述

汽车制动系统是使车轮减速或停止转动的装置。按照功能不同,汽车制动系统可分为行车制动系统和驻车制动系统。行车制动系统在汽车行驶中使用,能够使汽车减速或在最短距离内停车,它由驾驶人用脚来操纵。驻车制动系统在汽车停稳后使用,能够使停在平地或斜坡上的汽车保持不动,它通常由驾驶人用手来操纵,俗称"手刹"。

液压式制动系统主要由操纵机构、制动助力系统、制动液压系统、制动器及制动系统指示灯等组成,部分部件如图7-1所示。

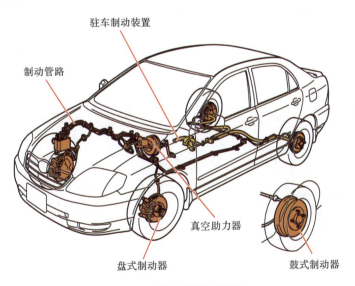

图7-1 制动系统的部分部件

1.操纵机构

操纵机构是将驾驶人施加于制动踏板的力传给制动主缸的装置,它由制动踏板、推杆或具有传力作用的联动装置等组成。当驾驶人踩下制动踏板时,制动踏板推动推杆,将作用力传给制动主缸的活塞。

2.制动助力系统

制动助力系统是一种制动加力装置,其作用力与制动踏板作用力共同施加在制动主缸上,有利于汽车更快制动,从而降低驾驶人的疲劳强度。常用的制动助力系统是真空助力系统(图7-2),它利用发动机或真空泵提供的真空与大气压力差实现助力。

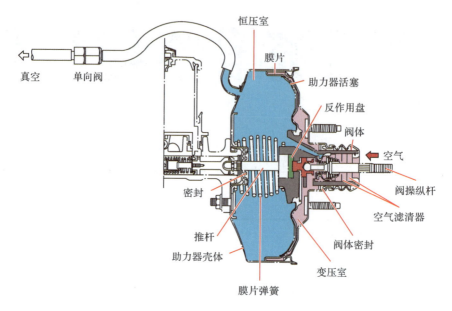

图7-2 真空助力系统

3.制动液压系统

制动液压系统是将制动踏板作用力转换成液压压力并传给车轮制动器的装置,它主要由制动主缸(图7-3)、储液罐、制动轮缸、制动压力调节装置及制动管路(图7-4)等组成。

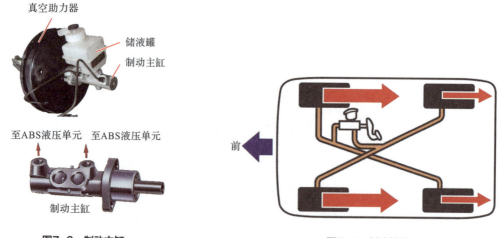

图7-3 制动主缸　　　　　图7-4 制动管路

4.制动器

制动器是使车轮停止转动的装置,按照结构不同可分为鼓式制动器(图7-5(a))和盘式制动器(图7-5(b))两种。鼓式制动器多用于汽车后轮,主要由制动蹄、制动鼓等组成。盘式制动器多用于汽车前轮,主要由制动钳、制动片、制动盘和防溅板等组成。

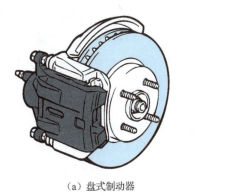
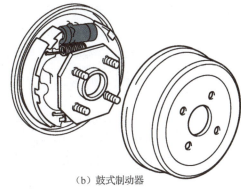

（a）盘式制动器　　　　　　　　（b）鼓式制动器

图7-5　制动器

5.电子制动控制系统

电子制动控制系统是在传统制动系统的基础上增加了一些电子控制装置，如传感器、电子制动控制模块和制动压力调节器（执行器）等。

汽车电子制动控制系统包括防抱死制动系统（ABS）、电子制动力分配（EBD）系统、电子驻车制动（EPB）系统、液压制动辅助（HBA）功能、牵引力控制系统（TCS）及电子稳定程序（ESP）等。

■ 7.2　盘式制动器

7.2.1　盘式制动器概述

盘式制动器可以用于前轮，也可以用于后轮，它主要由制动钳、制动片、制动盘和防溅板等组成。其中，制动盘固定在车轮的轮毂上，制动钳位于制动盘上方，其内装有活塞，制动片则位于制动钳和制动盘之间，如图7-6所示。

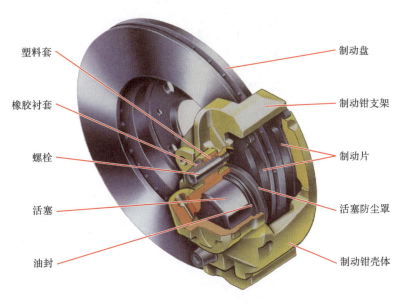

图7-6　盘式制动器的组成

当驾驶人踩下制动踏板时,制动踏板作用力经助力系统增力后传到制动主缸;制动主缸产生液压压力,并通过制动管路传至盘式制动器中的活塞上;在液压压力的作用下,活塞推动制动片压紧制动盘,制动片与制动盘之间的摩擦力迫使制动盘减速,从而降低车速,最终使汽车停止行驶。当驾驶人松开制动踏板时,液压压力下降,活塞回位,制动片与制动盘分离,两者间的摩擦力消失。

1.制动钳

制动钳安装在转向节或车桥凸缘上,并横跨在制动盘上,其内部装有活塞,可形成液压腔。在制动主缸液压压力的作用下,制动钳及活塞使制动片压向制动盘。常见的制动钳有固定式和浮动式两种。

(1)固定式制动钳。固定式制动钳(图7-7)固定在悬架装置上,其钳体在制动过程中保持不动,钳体两侧分别有1个或2个活塞,采用密封圈密封。

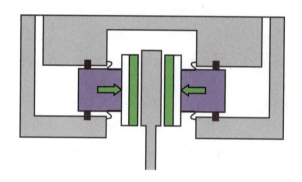

图7-7 固定式制动钳

(2)浮动式制动钳。浮动式制动钳(图7-8)由支架和钳体两部分组成,其中支架固定在悬架装置上,钳体通过导向销与支架连接,并且可以沿导向销左右滑动。

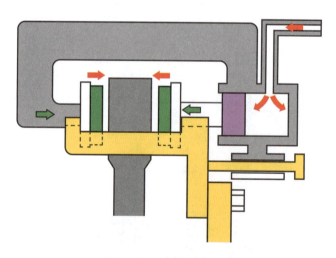

图7-8 浮动式制动钳

和固定式制动钳相比,浮动式制动钳的轴向和径向尺寸更小,制动液受热汽化的机会也少。此外,在兼作驻车制动器的情况下,浮动式制动钳无须加装驻车制动钳,只需加装推动活塞的机械传动部件。

2.制动片

制动片(图7-9)的作用是与制动盘接触产生摩擦力,以阻止制动盘转动。制动片由摩擦材料和钢制底板组成,常见的固定方式有铆接、粘接和模铸粘接。

3.制动盘

制动盘(图7-10)是制动器中尺寸最大的部件,常采用耐磨的铸铁材料制成,并通过螺栓安装在轮毂上。它通过与制动片接触来产生摩擦力,以阻止车轮转动。

图7-9 制动片

图7-10 制动盘

7.2.2 盘式制动器维修

1.盘式制动器的拆卸

盘式制动器的拆卸步骤如下:

① 检查储液罐中的制动液液位,如果液位处于最满标记和最低允许液位之间的中间位置,则不必排出制动液;如果液位高于上述两者之间的中间位置,则应将制动液排出至中间位置。

② 举升车辆,拆下车轮总成。

③ 拆卸制动钳下导销螺栓,如图7-11所示。

④ 保持制动器挠性软管不断开,向上转动制动钳(图7-12所示为已向上转动的制动钳),并用粗钢丝或同等工具固定制动钳。

⑤ 将制动片从制动钳安装托架上拆下,如图7-13所示。

图7-11 拆卸制动钳下导销螺栓

图7-12 已向上转动的制动钳

图7-13 拆下制动片

2.目视检查

尽管制动片上设计有磨损指示器,但对外观进行目视检查仍然是非常重要的。目视检查包括以下内容:

① 检查钳体和支架是否损坏或松动。

② 检查制动钳排气螺栓是否松动。

③检查制动盘表面是否有划痕或污物。

④检查制动片表面颜色是否正常。

⑤检查制动器是否存在漏油现象。

3. 制动钳检查

检修制动钳时，需要先拆下制动钳，再按照以下内容进行检查：

①检查钳体是否有锈蚀和损伤现象、制动轮缸橡胶防尘套是否完好且有良好的弹性。

②检查活塞在钳体中是否可以平滑移动。

③检查导向销是否出现磨损或变形、弹性夹的弹性是否正常（针对浮动式制动钳）。

4. 制动片检修

在制动片多个位置测量其厚度，如图7-14所示，查看制动片是否达到磨损极限及磨损是否均匀，并根据情况进行更换。更换制动片时，同一车轮的制动片应一同更换。当制动片出现不均匀磨损时，应查找故障原因并进行修理。

5. 制动盘检修

检查制动盘时，应先用工业酒精或专业制动器清洗剂清洁制动盘的摩擦面，然后检查制动盘摩擦面是否存在锈蚀、点蚀、开裂、灼斑及变形等情况。如果制动盘的摩擦表面出现上述情况，则需要修整或更换制动盘。制动盘磨损会导致其发生形变，可通过测量制动盘厚度偏差和制动盘轴向圆跳动量进行判断。

图7-14 测量制动片的厚度

（1）制动盘厚度偏差的测量。具体操作步骤如下：

①拆卸制动钳及制动片，清洁制动盘的摩擦面，以便千分尺能接触干净的制动盘摩擦面。

②使用千分尺测量制动盘圆周上均匀分布的4个点或更多点的厚度并记录，如图7-15所示。操作时，须确保在制动盘摩擦面内进行测量，并且每次测量时千分尺与制动盘外边缘的距离相等（约为10mm）。

③计算所记录的最大厚度和最小厚度之差，得出厚度偏差值，并根据维修手册判断该值是否符合规定。如果制动盘厚度偏差超出规定，则制动盘需要进行表面修整或更换。

注意：在对制动盘进行表面修整或更换后，需要测量制动盘的轴向圆跳动量，以确保盘式制动器的最佳制动性能。

（2）制动盘轴向圆跳动量的测量。在测量制动盘轴向圆跳动量之前，需要拆卸制动盘，以便检查轮毂和制动盘的接合面，确保没有异物、锈蚀或碎屑等。在拆下制动盘之前，需要标记制动盘与车轮双头螺柱的相对位置，以保证装配的唯一性。

①对准拆卸前所作的装配标记，将制动盘安装在轮毂上，并在车轮双头螺柱上安装垫圈，再将车轮螺母按照合理顺序紧固至规定值，以正确固定制动盘。

②将百分表组件或同等工具安装在支柱处，使百分表测量头与制动盘摩擦面呈90°接触，并且距离制动盘外边缘约13mm，如图7-16所示。转动制动盘，直到百分表读数达到最小值，将百分表归零；再次转动制动盘，直到百分表读数达到最大值，并标记最大值对应的测量点位置，该最大值就是制动盘轴向圆跳动量。

③根据维修手册判断制动盘的轴向圆跳动量是否符合规定，如果符合规定，则安装制动钳并踩几下制动踏板，以便使制动盘固定到位，再拆下垫圈；如果超出规定，则应对制动盘进行表面修整或更换，并再

次测量制动盘的轴向圆跳动量,以确保盘式制动器的最佳制动性能。

图7-15 制动盘厚度的测量

图7-16 制动盘轴向圆跳动量的测量

6.制动管路排气

制动管路排气的操作步骤如下:

① 举升车辆,从车辆底部找到位于轮胎背面的制动分泵放气螺塞。

② 取下制动分泵放气螺塞的防尘帽,将软管的一端连接至放气螺塞,另一端插入制动液空瓶中,如图7-17所示。

③ 两人配合操作,其中一人在车内多次踩下制动踏板,另一人在踩下制动踏板的状态下松开放气螺塞。当制动液不再流出时,拧紧放气螺塞(图7-18),然后松开制动踏板。

图7-17 用软管连接放气螺塞和制动液空瓶

图7-18 拧紧放气螺塞

④ 重复上述步骤,直至排出制动管路中的全部空气,然后彻底拧紧放气螺塞。对每个车轮重复排气步骤,以排出各个制动管路中的空气。

⑤ 将储液罐内的制动液添加至规定位置。

7.3 鼓式制动器

鼓式制动器是汽车较早使用的一种制动器,多应用于货车或客车上。鼓式制动器与盘式制动器相比,其最大的优点是使用较小的力就可以产生极大的制动力,但存在抗热及抗水衰退性、制动器间隙自调节性及制动方向稳定性较差的问题。常见的鼓式制动器有领从蹄式和伺服式两种。

7.3.1 鼓式制动器概述

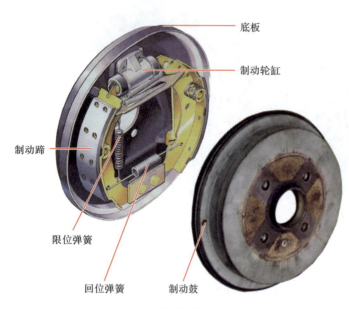

图7-19 鼓式制动器的组成

鼓式制动器可以用于前轮,也可以用于后轮。鼓式制动器相比盘式制动器具有更多的组成部件,其基本部件主要包括制动蹄、底板、制动轮缸、制动鼓、回位弹簧、限位弹簧及调节器等,如图7-19所示。

当驾驶人踩下制动踏板时,制动踏板作用力经助力系统增力后传到制动主缸;制动主缸产生液压压力并送入制动管路;在液压压力的作用下,制动轮缸活塞推动制动蹄外张,使之与制动鼓接触,制动蹄与制动鼓之间的摩擦力迫使制动鼓的转速下降,从而降低车速,最终使汽车停止行驶。当制动踏板被松开时,液压压力下降,在回位弹簧的作用下,制动轮缸活塞回位,制动蹄与制动鼓分离,两者间的摩擦力消失。

1.制动蹄

制动蹄是制动器相对固定的部件,它与旋转的制动鼓摩擦产生制动力。常见的制动蹄由钢制蹄片铆接或粘接摩擦材料而成,如图7-20所示。钢制蹄片由两块T形断面钢板焊接而成。制动蹄外部的弯曲金属板称为基板,其上固结有摩擦材料。焊接在基板下的金属板称为腹板,其上通常加工出多种形状和规格的孔,用于安装回位弹簧、限位弹簧和调节器等。

2.制动鼓

在鼓式制动器中,最外端的主要部件是制动鼓,如图7-21所示。制动鼓不与底板相连,而与轮毂相连,它和车轮一起旋转。当制动系统工作时,制动蹄通过与制动鼓的内表面摩擦来产生制动力。制动鼓为铸铁件或铸铁与钢的复合件,通过螺栓孔套在车轮螺栓上。此外,制动鼓的中心还有一个大孔,其作用是进行轮毂中心定位。

图7-20 制动蹄

图7-21 制动鼓

7.3.2 鼓式制动器维修

在维修鼓式制动器时,首先应拆下制动鼓,并用湿抹布清理制动部件上的粉尘,防止人员误吸而损害身体健康;然后对制动鼓、制动蹄、各类弹簧及调节器等部件进行检修。

1. 制动鼓检修

制动鼓为制动系统提供摩擦面,除了正常磨损,它常因恶劣的使用环境而出现损坏。制动鼓常见的损坏形式有划伤、裂纹和变形。

(1)划伤。划伤是一种严重的制动鼓损坏形式,具体包括摩擦面粗糙、擦伤及出现深度凹槽。划伤的原因有许多,其中最常见的原因是制动蹄磨损严重,导致铆钉或基板直接与制动鼓接触。此外,硬度不均的摩擦材料或制动鼓内部滞留的灰尘等颗粒也可能划伤制动鼓。因此,鼓式制动器比盘式制动器更容易遭遇划伤问题。制动鼓划伤会引起制动蹄快速磨损,并且常伴有"轰隆"声或"嘎、嘎"声,特别是在制动蹄与制动鼓之间有金属接触时。

(2)裂纹。制动鼓的裂纹通常是由制动产生的应力不均或事故中的冲击力而引起的。裂纹可能出现在制动鼓的任何部位,常见的部位是制动鼓安装孔附近或摩擦面的外边缘。

(3)变形。完好的制动鼓摩擦面平行于轮毂轴心,并能以轮毂中心为圆心正确转动。制动鼓在制动作用过程中会发生变形,但是只要松开制动器,制动鼓通常会恢复原形。如果摩擦面没有恢复到正确形状,如不与轮毂轴线平行或不能绕轮毂轴线正确转动,那么制动鼓就发生了变形。常见的制动鼓变形有弯曲变形、失圆变形和偏心变形。

制动鼓的弯曲变形可通过测量其直径进行检查,如图7-22所示;制动鼓的失圆变形、偏心变形可通过测量其摩擦面的径向跳动量来检查,如图7-23所示。具体测量方法可参见维修手册,若测量结果超出维修手册的规定,则应更换制动鼓。

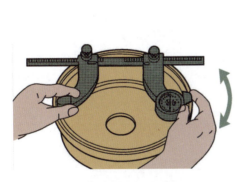

图7-22 制动鼓直径的测量

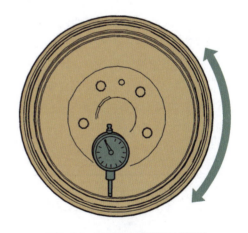

图7-23 制动鼓径向跳动量的测量

2. 制动蹄检修

制动底板上通常设有观察孔,以便于目测制动蹄摩擦材料的厚度,但更准确的检修方法是将制动鼓拆下,对整个制动蹄进行全面的外观检查。检查制动蹄的外观时,如果发现摩擦材料破损,则需更换制动蹄。此外,制动蹄摩擦材料的厚度也要符合维修手册规定的最小厚度,如图7-24所示。

3. 底板检修

底板对鼓式制动器的部件起支承作用,也可防止水或沙土进入制动器内部。当对制动器进行维护时,需要对6个凸起的制动蹄支承垫进行检查,因为它们与制动蹄边缘之间会产生摩擦。如果制动蹄支承垫的磨

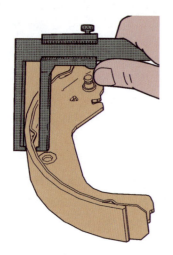

图7-24 检查制动蹄摩擦材料的厚度

损超过规定范围，则应更换底板。此外，还要检查底板是否发生松动或弯曲，并检查其是否与轮毂端面平行，可以用游标卡尺或百分表组件进行检查。在维修过程中，应使用厂商规定的润滑脂对凸起的制动蹄支承垫及接触的相关部件进行润滑。

4.制动轮缸检修

鼓式制动器的制动轮缸是用铸铁制成的，其缸筒经过打磨，可为轮缸油封和活塞提供光滑的表面。如果缸筒表面出现损伤，则会导致制动轮缸漏液。

制动轮缸活塞的外面装有防尘罩，用来避免污物进入缸筒。在活塞与油封之间有一根带密封皮碗支架的弹簧，用来避免彼此变形，以保证制动力释放时密封皮碗紧贴缸筒壁，从而防止外界空气进入制动轮缸。在对制动轮缸进行检查时，应用钝器将防尘套撬起并观察，如果防尘套内只是潮湿，则是正常现象，这是由制动液渗透引起的；如果防尘套处发生滴漏，则表示密封皮碗异常，需要更换制动轮缸。在每个制动轮缸的后部有排气螺栓和连接制动软管的螺纹孔，应同时检查制动轮缸与制动软管、制动轮缸与排气螺栓之间是否存在制动液泄漏的情况。

5.鼓式制动器间隙调整

如果制动蹄和制动鼓之间的间隙过大，则会使制动踏板的位置变得很低，进而导致制动轮缸行程不足以使制动摩擦材料和制动鼓接触，驾驶人需要多次踩下制动踏板以使更多的制动液进入制动轮缸，保证其充分移动以产生制动力。因此，鼓式制动器需要调整制动蹄和制动鼓之间的间隙。按照调整方式不同，鼓式制动器间隙调整可分为制动鼓安装前调整和制动鼓安装后调整。

在安装制动鼓之前，先使用制动鼓至制动蹄间隙规（以下简称量规）对制动鼓内径最宽处进行测量，然后牢牢握紧量规上的固定螺栓，并保持在当前位置，接着在量规的一侧与相应的制动蹄之间插入适当规格的塞尺，转动制动蹄调节器星轮，直到制动蹄接触量规和塞尺，调整结束后安装制动鼓。

大多数鼓式制动器可以在制动鼓安装后通过旋转星轮或调节器进行间隙调整。调节时，先使用一字螺钉旋具推开棘片，再使用调整工具使星轮转动，同时转动制动鼓，如果感到制动鼓受到阻力，则应停止调整。反复进行行车制动和驻车制动操作，直到调节器不发出"咔塔"声，再调整驻车制动器拉索。

7.4 制动助力系统

7.4.1 真空助力系统

常见的制动助力系统有真空助力系统和电液助力系统两种。真空助力系统利用发动机进气歧管真空及大气压力来增大制动踏板对制动主缸活塞的作用力，以提供助力功能。电液助力系统利用电动机驱动液压泵来提高制动主缸内的液压压力，以实现助力。真空助力系统是目前应用最多的制动助力系统。

7.4.2 真空助力器

真空助力系统的核心部件是真空助力器，它利用进气歧管真空与大气压力之差来增大推杆对制动主缸活塞的作用力，从而增大制动主缸内的液压压力，以实现助力作用。在配置柴油发动机或增压汽油发动机的汽车上,由于进气歧管不能形成有效真空,真空助力系统中还设计有真空泵。

真空助力器位于制动踏板和制动主缸之间,它有单膜片式和双膜片式两种结构,两者的工作原理相似,如图7-25所示。单膜片式主要由动力腔、控制阀和单向阀组成。双膜片式又称为串联膜片式,它相当于将两个单膜片式串联在一起,包括2个膜片、4个腔室和一个控制阀。

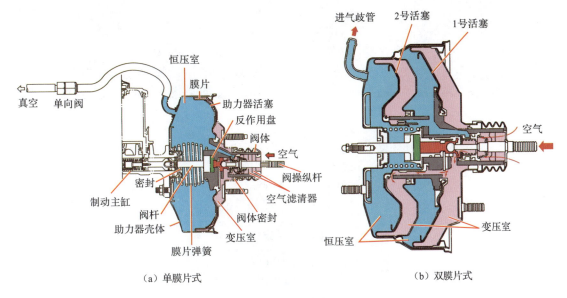

图7-25 真空助力器

7.4.3 真空助力系统维修

(1)常见的故障现象。若真空助力系统工作异常,则制动系统可能存在以下故障:

① 制动踏板发沉。

② 踩下或者释放制动踏板时出现"嘶、嘶"声。

③ 制动踏板被踩下时过于接近地板。

④ 制动有拖滞感。

制动有拖滞感也可能是因为制动液压系统出现故障,此时应将制动主缸与真空助力器分离,如果制动器松开,则表明故障在真空助力器;如果制动器没有松开,则表明故障在制动液压系统。

(2)系统检查与测试。当制动系统出现与真空助力系统相关的故障时,首先应进行真空助力系统性能检查,然后根据需要对真空助力系统及相关附件进行测试。测试主要包括真空供给测试、单向阀测试、助力器空气阀测试、制动踏板行程检测及制动踏板自由行程检测等,若配有电子真空泵,还需要对其进行测试。

(3)真空助力器的拆装。拆卸真空助力器时,首先应该拆卸蓄电池负极电缆、真空软管及单向阀等部件,然后拆卸制动主缸与真空助力器之间的紧固件,并移走制动主缸,如图7-26所示。在进行上述操作时,注意不要损坏制动管路,如果制动管路没有足够的空间,可拆下制动管路并封堵所有开口及周围部分,如图7-27所示。之后,将真空助力器的阀杆从制动踏板上脱开,拆卸真空助力器紧固件,如图7-28所示,最后从发动机舱中取出真空助力器。真空助力器的安装可按照与拆卸相反的顺序进行。具体车型的拆装步骤可参见专业维修手册。

注意:禁止通过阀杆搬运真空助力器,以防止损坏真空助力器控制阀的密封件。

（a）
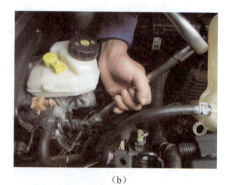
（b）

（c）

图7-26　拆卸制动主缸

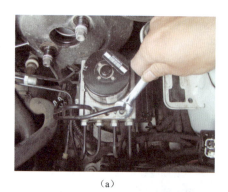
（a）
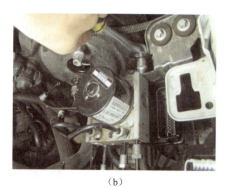
（b）

（c）

图7-27　拆卸真空助力器周围组件

有些真空助力器阀杆（或推杆）的长度是可以调节的，安装时需要检查其长度并调节。如果推杆过长，则制动主缸的操作就会出现异常，可能造成制动器拖滞；如果推杆过短，则在制动时会产生噪声，并导致制动距离偏长。阀杆的长度主要影响制动踏板的高度和行程。

图7-28　拆卸真空助力器紧固件

7.5　制动控制系统

7.5.1　防抱死制动系统

防抱死制动系统（ABS）是在传统机械制动液压系统的基础上所建立的电子控制装置，除了传统的制动液压系统部件，还包括电子制动控制模块、轮速传感器、液压控制单元及ABS故障指示灯等。ABS组成框图如图7-29所示。

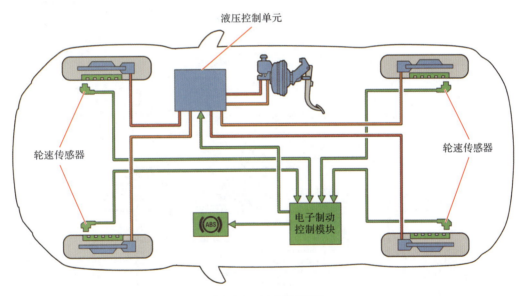

图7-29　ABS组成框图

电子制动控制模块由输入电路、数字控制器、输出电路和警告电路组成，其主要功能是通过信号收集进行分析和判别，防止车轮抱死。

轮速传感器主要安装在前轮转向节和后轮肘节两个位置，传感器和信号齿轮都属于车轮轴承总成的一部分，不能单独维修和更换，传感器与信号齿轮之间的间隙不可调。

液压控制单元主要包括电动液压泵、蓄能器和电磁阀等，它和电子制动模块（EBCM）集成在一起，串接在制动主缸和制动轮缸之间，用于调节制动轮缸的制动压力。

ABS故障指示灯呈琥珀色，当ABS工作异常时，ABS故障指示灯点亮，提示需要进行维修。

7.5.2 其他电子制动系统

1. 电子制动力分配系统

电子制动力分配（EBD）系统集成在 ABS 控制总成中，它取代了传统制动液压系统中的比例阀，如图7-30所示。EBD能够合理分配前、后轮的制动力，防止车辆制动时出现甩尾现象，并且保证车辆在不同路面上获得最佳的制动效果，从而缩短制动距离，提高制动灵敏度和协调性。

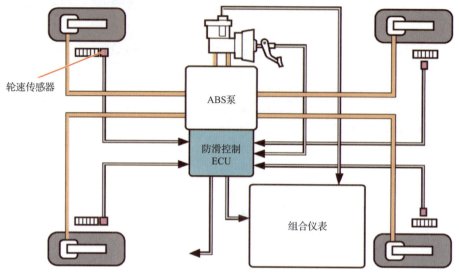

图7-30　EBD系统框图

2. 牵引力控制系统

牵引力控制系统（TCS）能够在车辆起步、加速或在湿滑路面上行驶时控制驱动轮滑移率，以维持车辆行驶的稳定性和适当的驱动力，如图7-31所示。

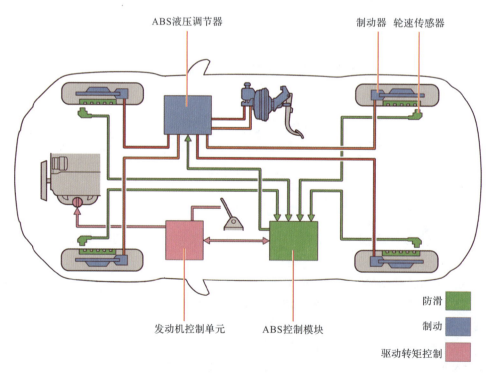

图7-31　牵引力控制系统

TCS 的防滑原理与 ABS 相似，也是通过控制液压控制单元来调节车轮的制动力，进而调节车轮滑移率，以保持车轮与地面的最佳附着力。但是它们存在以下区别：

① ABS 对所有车轮起作用，控制其滑移率；而 TCS 只对驱动轮起作用。

② ABS 的目的是防止汽车制动时车轮发生抱死滑移，以提高制动效率和安全性；而 TCS 的目的是防止驱动轮原地滑转，改善车轮与路面的附着力，以提高车辆牵引力。

③ ABS 只有在汽车行驶过程中驾驶人踩下制动踏板后才开始工作；而 TCS 则是在整个汽车行驶过程中都处于警示状态的，一旦驱动轮出现滑转，立即开始工作。

3.电子稳定程序

电子稳定程序（ESP）能够主动纠正汽车在高速或湿滑路面上行驶时出现的转向过度和转向不足，避免汽车出现偏航现象，同时集成了 ABS 和 TCS 的功能。当汽车出现转向过度趋势时，ESP 对外侧的一个或全部车轮进行制动；当车辆出现转向不足趋势时，ESP 对内侧的一个或全部车轮进行制动，从而纠正汽车的偏转特性。ESP 能够提高驾驶安全性，优化操控性及驾驶舒适性，并通过对汽车横向和纵向的动态控制，提高 ABS、TCS 的性能。电子稳定程序的组成如图 7-32 所示。

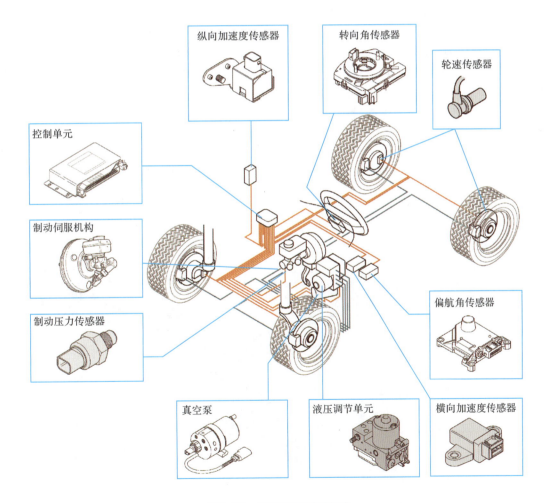

图 7-32 电子稳定程序的组成

第8章
转向系统维修与故障诊断

8.1 转向系统概述

在汽车行驶过程中,驾驶人需要根据道路状况频繁地改变其行驶方向,因此,对于轮式汽车来讲,转向系统能够使与转向桥相连的车轮相对于汽车的纵轴线偏转一定的角度,从而实现车辆转向。根据转向动力不同,转向系统分为机械转向系统和动力转向系统。

转向系统通常由转向操纵机构(转向盘、转向柱)、转向器和转向传动机构3部分组成,部分部件如图8-1所示。

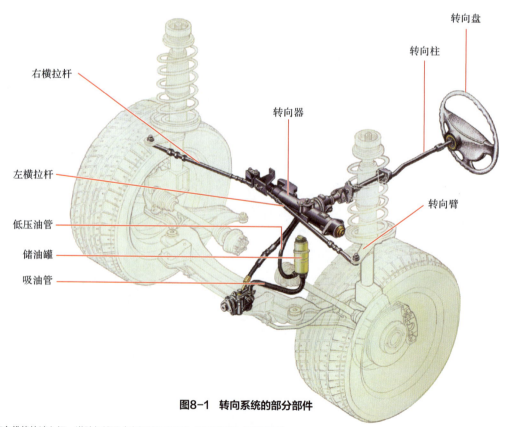

图8-1 转向系统的部分部件

1.转向操纵机构

转向操纵机构主要包括转向盘和转向柱。

（1）转向盘。转向盘呈圆形，其作用是将驾驶人施加的力矩传给转向柱。其内部由金属架构成，外侧包裹柔软的合成橡胶或树脂，具有缓冲作用。

（2）转向柱。转向柱（图8-2）位于转向盘和转向器之间，其作用是将转向盘的转向力矩传给转向器。转向柱主要由转向柱管、转向轴、转向传动轴、万向节及转向柱调整机构等组成。

2.转向器

转向器（图8-3）是转向系统的减速传动装置，目前在汽车上广泛使用的转向器有齿轮齿条式和循环球式两种。

图8-2 转向柱　　　　　　　图8-3 转向器

（1）齿轮齿条式。齿轮齿条式转向器通常安装在副车架或发动机托架上，安装点采用橡胶衬垫隔离振动和冲击。齿轮齿条式转向器具有结构简单、质量小、转向灵敏、成本低及便于布置等特点，因而广泛应用于小客车和轻型汽车上。齿轮齿条式转向器主要由输入轴、转向小齿轮、转向齿条及转向器壳体等组成，如图8-4所示。

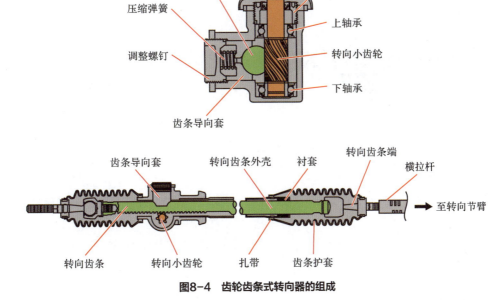

图8-4 齿轮齿条式转向器的组成

（2）循环球式。循环球式转向器一般为两级传动，第一级采用螺杆螺母传动，第二级采用齿扇齿条传动。循环球式转向器具有传动效率高、操纵轻便、使用寿命长及工作平稳、可靠等特点，通常应用在货车或越野汽车上。循环球式转向器主要由输入轴、转向螺杆、转向螺母、钢球、钢球导管、摇臂轴（齿扇轴）及转向器壳体等组成，如图8-5所示。

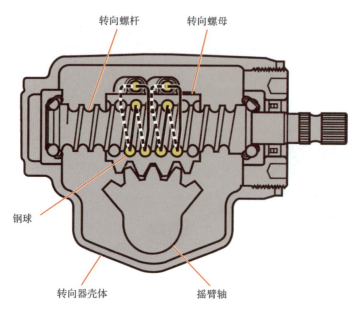

图8-5　循环球式转向器的组成

3.转向传动机构

转向传动机构的作用是将转向器输出的力矩传给转向桥两侧的转向节，使两侧转向轮偏转。同时，它使两侧转向轮的偏转角度按一定关系变化，以保证汽车转向时车轮与地面的相对滑动尽可能小。

拉杆式转向传动机构与齿轮齿条式转向器配合使用，它主要由横拉杆、梯形臂（图中未画出）及转向节（球节）等组成，如图8-6所示。当齿条左右移动时，横拉杆随之等量移动推动梯形臂及转向节绕支点转动，从而使转向轮偏转相应的角度。横拉杆由内横拉杆和外横拉杆组成。转向节主要由球头、转向头销、球头座、球节窝、压缩弹簧及防尘罩等组成。

图8-6　拉杆式转向传动机构的组成

4.动力转向系统

现代汽车的动力转向系统是在机械转向系统的基础上增加了一套助力装置，这样可以使转向操纵更加轻便。在正常情况下，采用动力转向系统的汽车在转向时所需要的力只有一小部分是由驾驶人提供的，而大部分作用力是由助力装置提供的，这样可以保证在助力装置失效时，仍能确保转向系统的机械部件正常工作。现代汽车使用的动力转向系统主要有液压助力转向系统和电动助力转向系统两种类型，如图8-7所示。

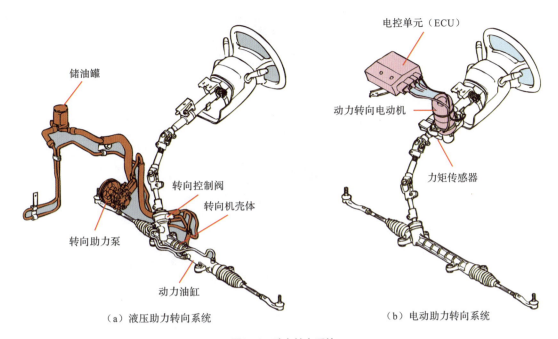

图8-7 动力转向系统

液压助力转向系统是在机械转向系统的基础上增加了一套液压助力系统，液压助力转向器中增加了转向控制阀和转向动力腔。液压由转向助力泵提供，它安装在发动机前段，由曲轴驱动。目前，大部分车辆采用叶片泵作为转向助力泵，其分解示意图如图8-8所示。

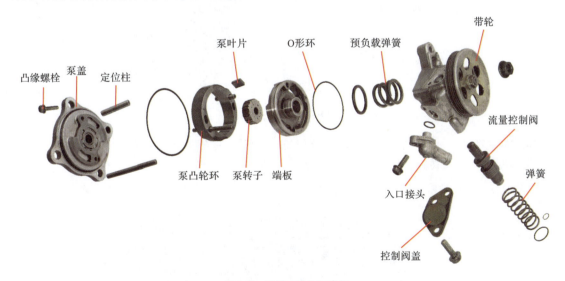

图8-8 叶片泵分解示意图

电动助力转向系统（EPS）采用电动方式实现转向助力，它是一种智能助力转向系统，其组成如图8-9所示。

力矩传感器的作用是将驾驶人的转向意图反馈给动力转向控制模块，它为动力转向控制模块控制动力转向电动机提供主要参数。力矩传感器安装在转向器输入轴或转向柱的扭力杆上，如图8-10所示。

第8章 转向系统维修与故障诊断 183

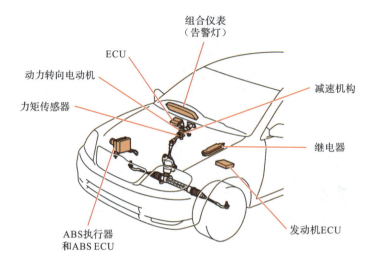

图8-9 电动助力转向系统的组成

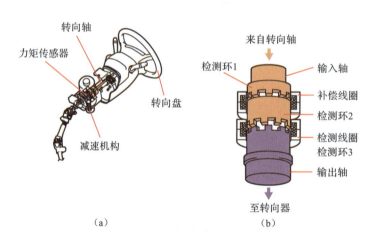

图8-10 力矩传感器

动力转向电动机（图8-11）是电动助力转向系统的执行器，它安装在转向器上，采用蜗杆蜗轮传动方式驱动小齿轮轴，从而使齿条移动，实现转向助力。

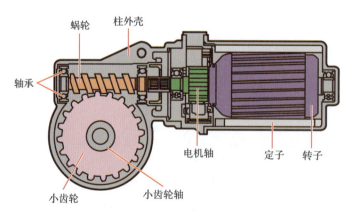

图8-11 动力转向电动机

8.2 转向系统的维修与故障诊断

8.2.1 转向系统检查

下面以液压助力转向系统为例，介绍转向系统的检查内容。

（1）转向助力泵传动带的检查。具体操作步骤如下：

① 用手按压传动带，检查预紧力是否正常。

② 目视检查传动带是否出现过度磨损、帘线断裂等情况。

注意：在传动带肋条边有轻微龟裂是可以接受的。若传动带的肋条处产生龟裂或凸肩缺失，则需要更换传动带。

（2）动力转向液液位的检查。具体操作步骤如下：

① 将汽车停驻在水平路面上。

② 当发动机停转时，检查转向油罐中的液位，其标记如图8-12所示。必要时，向转向油罐中添加动力转向液。预热后的动力转向液，其温度为 75 ~ 80℃，液位应处于标记"HOT MAX"和"HOT MIN"之间；冷却后的动力转向液，其温度为 20 ~ 25℃，液位应处于标记"COLD MAX"和"COLD MIN"之间。

③ 起动发动机，使其怠速运转。

④ 转动转向盘由右侧极限位置到左侧极限位置往复数次，使动力转向液的温度上升，直至75 ~ 80℃。

⑤ 检查动力转向液是否起泡或乳化，若起泡或乳化，则需要对转向系统进行排气。

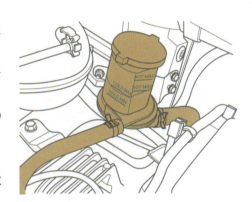

图8-12 转向油罐液位标记

⑥ 使发动机停机，等待3 ~ 5min，再重新检查转向油罐中的液位。

（3）转向系统的排气。具体操作步骤如下：

① 在发动机停止工作时，反复多次将转向盘从一个锁止位置转到另一个锁止位置。

② 起动发动机，使其怠速运转，检查转向油罐中的液面，必要时添加动力转向液，使液位保持在标记"COLD MIN"之上。

③ 来回转动转向盘，但在任意一侧都不要将其转到极限位置，排出转向系统中的空气。要想使液位保持在标记"COLD MIN"之上，必须将转向系统中的空气排出，方能获得正常的动力转向性能。

④ 将转向盘回正，使发动机继续怠速运转 2 ~ 3min。

⑤ 汽车进行路试，确认动力转向功能正常且无异响。

⑥ 按步骤①和步骤②重新检查动力转向液的液面，确保在转向系统达到正常工作温度且稳定后，液面达到标记"HOT MAX"处，必要时可适当添加动力转向液。

（4）转向力的检查。具体操作步骤如下：

① 将汽车停放在水平路面上，并使车轮对准正前方。

② 继开蓄电池负极电缆。

需要注意的是，断开蓄电池负极电缆后至少需要等待 60s，以防止安全气囊和安全带预紧器启动。

③ 拆卸驾驶员安全气囊。

④ 连接蓄电池负极电缆。
⑤ 使用扭力扳手,检查转向盘固定螺母的紧固力矩是否正确。
⑥ 起动发动机,使其怠速运转。
⑦ 如图8-13所示,使用扭力扳手将转向盘分别向左和向右转动90°,检查两种情况下的转向力矩。最终得到的转向力应符合维修手册相关标准。

(5)横拉杆球头的检查。具体操作步骤如下:
① 拆卸横拉杆球头。
② 将横拉杆球头牢固地夹在卡钳上。
③ 将螺母安装在球头螺栓上。
④ 前后摇动球头螺栓5次以上。
⑤ 如图8-14所示,使用扭力扳手按2~4r/s的速度连续旋转螺帽,并在第5圈时读取力矩值。具体力矩值应符合维修手册相关标准,若其不在规定范围内,则应更换横拉杆总成。

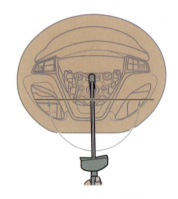

图8-13 转向力矩的检查

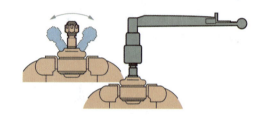

图8-14 横拉杆球头的检查

(6)转向盘自由间隙的检查。具体操作步骤如下:
① 将车辆停驻在水平路面上,保证车轮对准正前方。
② 如图8-15所示,在转动转向盘的同时感受中间轴之间是否存在间隙,如果有间隙,则应更换中间轴。转向盘的最大自由间隙为30mm。

注意:部分车型的转向盘自由间隙无法调整,可在中间轴万向节正常的情况下,更换机械转向器的横拉杆总成。

(7)中间轴万向节的检查。具体操作步骤如下:

如图8-16所示,固定中间轴万向节的一端,沿顺时针及逆时针方向扭转上、下中间轴万向节的另一端,感觉是否产生移动,若有移动,则应更换中间轴。

图8-15 转向盘自由间隙的检查

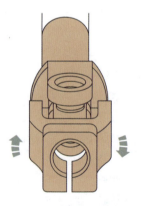

图8-16 中间轴万向节的检查

8.2.2 转向系统拆装

（1）转向盘和转向柱的拆装。具体操作步骤如下：

① 将点火开关转至"LOCK"位锁住转向盘。

② 如图8-17所示，使用卡簧钳拆卸转向盘左、右两侧的装饰盖。

③ 如图8-18所示，使用专用扳手拆卸转向盘左、右两侧的螺栓。

图8-17 拆卸转向盘左、右两侧的装饰盖

图8-18 拆卸转向盘左、右两侧的螺栓

④ 先拆下安全气囊插件，再取出安全气囊和转向盘装饰盖。

⑤ 如图8-19所示，使用专用套筒、棘轮扳手拆下转向盘螺母。

⑥ 如图8-20所示，使用转向盘专用拆卸工具拆卸转向盘。

图8-19 拆下转向盘螺母

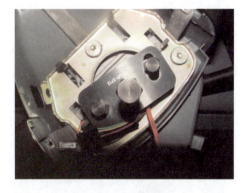
图8-20 拆卸转向盘

⑦ 使用十字螺钉旋具拆下转向管柱装饰罩上的4个螺钉。

⑧ 拆下螺钉后，取下转向管柱上、下装饰罩。

⑨ 取出钥匙、防盗线圈装饰罩。

⑩ 取出防盗线圈。

⑪ 使用十字螺钉旋具拆下组合开关上的4个螺钉。

⑫ 拔下组合开关上的刮水器插件。

⑬ 拔下转向开关插件。

⑭ 按图8-21所示的箭头方向拔下开关插件。

⑮ 取出组合开关。

⑯ 拔下图8-22所示的白色插件。

⑰ 拔下图8-23所示的蓝色插件。

图8-21 拔下开关插件

图8-22 拔下白色插件

图8-23 拔下蓝色插件

⑱ 如图8-24所示，使用专用扳手拆下转向管柱上点火开关的2个螺栓。

⑲ 如图8-25所示，使用专用套筒、棘轮扳手拆下转向管柱与仪表板连接的螺栓。

图8-24 拆下转向管柱上点火开关的2个螺栓

图8-25 拆下转向管柱与仪表板连接的螺栓

图8-26 拆卸转向管柱总成

⑳ 使用专用套筒、棘轮扳手拆下转向节与转向器的连接螺栓，取出转向柱管总成和转向万向节总成，如图8-26所示。

转向盘和转向柱的安装参照拆卸过程的相反顺序进行。

（2）转向器总成的拆装。具体操作步骤如下：

① 举升车辆，使用专用扳手拆下波纹管前端的螺母和螺栓，如图8-27所示。

② 拔下三元催化转化器前、后的橡胶圈。

③ 使用专用套筒和棘轮扳手拆下三元催化转化器和波纹管之间与车身连接的2个螺栓。
④ 拔下后消声器与车身吊钩连接的橡胶圈,取出排气管。
⑤ 如图8-28所示,使用专用扳手拆下左横拉杆球头与转向节的连接螺母。

图8-27 拆下波纹管前端的螺母和螺栓

图8-28 拆下左横拉杆球头与转向节的连接螺母

⑥ 如图8-29所示,使用专用套筒和棘轮扳手拆下左前轮速传感器的螺栓。

图8-29 拆下左前轮速传感器的螺栓

⑦ 从左前减振器上拔下轮速传感器线缆。
⑧ 如图8-30所示,使用专用扳手拆下转向节与下摆臂球头的螺母。如图8-31所示,将左前制动轮缸用绳子从中间穿过并固定在车上,保证其位置不影响拆卸。

图8-30 拆下转向节与下摆臂球头的螺母

图8-31 固定左前制动轮缸

⑨ 将左驱动轴从左转向节处拔出,并用绳子扎紧吊起,如图8-32所示。
⑩ 使用卡箍钳拆下动力转向回油管的卡箍,如图8-33所示,拆卸时需要准备容器回收油液。

第8章 转向系统维修与故障诊断 189

图8-32 吊起左驱动轴

图8-33 拆下动力转向回油管的卡箍

⑪ 使用专用扳手拆下图8-34所示的动力转向进油管螺母。

⑫ 使用专用套筒和棘轮扳手拆下转向节与转向器的连接螺栓，如图8-35所示。

图8-34 动力转向进油管螺母

图8-35 拆下转向节与转向器的连接螺栓

⑬ 使用专用套筒、棘轮扳手和梅花扳手拆下图8-36所示的螺母和螺栓。使用液压升降输送器顶住前桥。

⑭ 使用专用扳手拆下图8-37所示的车身与副车架连接螺栓。

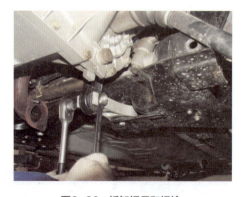

图8-36 拆卸螺母和螺栓

图8-37 车身与副车架连接螺栓

⑮ 使用专用扳手拆下图8-38所示的车身与前副车架连接螺栓。

图8-38 车身与前副车架连接螺栓

⑯ 在发动机舱内用专用扳手拆下减振器与车身壳体连接的3个螺母。

⑰ 使用液压升降输送器将前桥放下,取出前桥(图8-39)、悬架和转向器。

⑱ 如图8-40所示,使用专用套筒、棘轮扳手拆下副车架与转向器左侧连接的螺栓。

图8-39 前桥

图8-40 拆下副车架与转向器左侧连接的螺栓

⑲ 如图8-41所示,使用专用套筒、棘轮扳手拆下副车架与转向器右侧连接的螺栓。

⑳ 取下图8-42所示的转向器总成。

图8-41 拆下副车架与转向器右侧连接的螺栓

图8-42 转向器总成

转向器总成的安装参照拆卸过程的相反顺序进行。

8.2.3 转向系统常见故障的诊断与排除

(1)转向盘振摆。转向盘振摆的故障诊断策略见表8-1。

表8-1 转向盘振摆的故障诊断策略

故障现象	汽车在某转速范围内行驶时，出现转向轮摇摆或转向盘抖动的现象
故障原因	① 转向器螺杆（蜗杆）两端轴承严重磨损，间隙过大； ② 横、直拉杆球头销及球头座磨损，导致球关节松旷； ③ 转向摇臂与摇臂轴的紧固螺栓、螺母出现松动； ④ 前轮轮毂轴承因磨损松旷，固定螺母出现松动； ⑤ 前轮前束过大，车轮外倾角、主销后倾角过小； ⑥ 前轴弯曲，车架、前轮轮辋变形； ⑦ 前轮外胎由于修补或装用翻新胎失去平衡； ⑧ 减振器失效，前钢板弹簧刚度不一致
诊断排除	① 一人转动转向盘，另一人在车底观察转向器和转向传动机构。若转向盘转动一定角度，而转向摇臂并不转动，则故障在转向器；若转向摇臂转动一定角度而前轮并不偏转，则故障在转向传动机构。 ② 若故障在转向器，应拆下转向器，检查螺杆与指销（螺母齿条与齿扇）的啮合间隙是否过大。若过大，应予调整。 ③ 如果故障在转向传动机构，应将横、直拉杆拆下，检查横、直拉杆球头销和球头碗是否磨损严重、弹簧是否折断、螺塞是否调整过松，必要时应重新调整或换件。 ④ 若转向盘自由转动量符合要求，用千斤顶将前轮抬起，用撬棍向上撬动轮胎。若轮胎表现松旷，则故障为前轮毂轴承松旷或转向节主销与衬套间隙过大，应进行调整或修理，损坏的轴承应更换。 ⑤ 确认前轮无松旷，应检查前轮前束是否符合要求，若不符合要求，应重新调整。 ⑥ 若前轮前束符合要求，则应检查钢板弹簧U形螺栓、转向器固定螺栓是否松动，若松动，应按规定力矩拧紧。 ⑦ 若上述检查均无异常，则应检查前钢板弹簧的刚度和减振器。若弹簧刚度不符合要求或减振器失效，则应予以更换。 ⑧ 若存在摆振现象，则应对转向轮进行平衡检测和校正。 ⑨ 经上述检查调整仍无效者，应卸下前轴和车架，检查前轴是否弯曲变形，若变形应予以校正或更换

（2）低速摆头。低速摆头的故障诊断策略见表 8-2。

表 8-2 低速摆头的故障诊断策略

故障现象	汽车在低速行驶时，驾驶人感到方向不稳，前轮产生摆振
故障原因	① 汽车装载前后不均； ② 前轮胎气压过低或过高； ③ 前悬架弹簧错位、拆断或固定不良； ④ 转向盘自由行程过大或转向拉杆球头销松旷； ⑤ 转向节主销与衬套的配合间隙过大或前轴主销孔与主销的配合间隙过大； ⑥ 前轮定位不正确
诊断排除	① 外观检查。检查车辆是否因装载货物过长而引起前轮承载过小。检查前轮胎气压是否过低或过高，并及时进行调整。检查前悬架弹簧是否出现错位、折断或固定不良，若错位，应拆卸修复；若折断，应给予更换；若固定不良，应按规定力矩拧紧。 ② 检查转向盘自由行程。一人握紧转向摇臂，另一人转动转向盘，若发现转向盘自由行程过大，则表示转向器啮合传动副间隙过大，应进行调整。放开转向摇臂，由一人继续转动转向盘，另一人则从车底观察转向拉杆球头销，若其出现松旷现象，则表示球头销磨损过多，应先更换损坏的零件，再进行调整。 ③ 在以上检查均无异常的情况下，可抬起前桥，用手沿转向节轴轴向推拉前轮，感觉是否松旷，若有松旷感，可由一人观察前轴与转向节连接部位，若发现此处松旷，则表示转向节主销与衬套的配合间隙过大或前轴主销孔与主销的配合间隙过大，应更换主销及衬套；若此处不松旷，则表示前轮毂轴承松旷，应重新调整轴承的预紧度。 ④ 若非上述原因所致，应对前轴进行检查，检查前轮定位是否正确，若不正确，应予以调整；检查前轴是否变形，若有变形，应进行校正

（3）高速摆头。高速摆头的故障诊断策略见表 8-3。

表 8-3 高速摆头的故障诊断策略

故障现象	汽车以高速或某一个较高车速行驶时，出现转向盘发抖、行驶不稳定的现象
故障原因	① 前轮胎气压过低； ② 转向器及转向传动机构松动； ③ 前减振器漏油或失效； ④ 悬架弹簧松动； ⑤ 前轮偏摆或不平衡； ⑥ 前轮定位不正确或车架变形
诊断排除	① 外观检查。检查前轮胎气压是否过低，若气压过低，应充气使之达到规定值；检查前桥、转向器及转向传动机构是否出现松动，对于松动的部件应予以紧固；检查前减振器是否漏油，若其漏油或失效，应及时更换；检查左、右悬架弹簧是否发生折断或弹力减弱，若出现折断或弹力减弱，应更换弹簧；检查悬架弹簧是否固定可靠，若其松动，应将其紧固。 ② 无负荷检查。抬起驱动桥，用三脚架顶住非驱动轮，起动发动机并逐步换入高速挡，使驱动轮达到使车身摆振的车速，若此时车身和转向盘都出现抖动，则表示传动轴出现严重弯曲或松旷，驱动桥齿轮啮合间隙过大，应进行更换或调整；若车身和转向盘不抖动，则表示故障在前桥。 ③ 检查前轮是否出现偏摆。抬起前桥，在前轮轮辋边放一划针，慢慢转动车轮，观察轮辋是否偏摆过大，若其偏摆过大，应进行更换。拆下前轮，在车轮动平衡仪上检查前轮的动平衡情况，若不平衡量较小，可通过加装平衡块予以平衡。 ④ 若上述检查均无异常，应检查车架和前轮是否正常，可用前轮定位仪检查前轮是否正常，若有异常，应进行调整；检查车架有无变形，若出现变形，应进行校正

第9章
行驶系统维修与故障诊断

■ 9.1 行驶系统基础知识

汽车行驶系统的作用是：①将传动系统传来的转矩转换为汽车行驶所需的驱动力；②支承汽车的总重量，并承受、传递路面作用于车轮的力和力矩；③减少振动，缓和冲击，保证汽车平稳行驶。

汽车行驶系统一般由车架（或车身）、悬架、车桥和车轮等组成。

■ 9.2 车轮维修与故障诊断

9.2.1 车轮检查

1.车轮与轮胎的结构

车轮是介于轮胎与车轿之间承受负荷的旋转组件，其功用是安装轮胎和承受各种载荷。车轮一般由轮辋、轮毂和轮辐组成，如图9-1（a）所示。

目前，大多数汽车采用充气轮胎。充气轮胎分为有内胎和无内胎两种形式。有内胎轮胎的主要缺点是不适应高速行驶，因其高速行驶时温度较高，容易引发爆胎而造成安全事故。无内胎轮胎能够更好地改善轮胎的缓冲性能，延长轮胎的使用寿命，进而提高车辆行驶的安全性，因此得到广泛应用。无内胎轮胎的结构如图9-1（b）所示。

2.常规检查

（1）轮胎气压检查。在正常行驶状态下，合适的轮胎气压能减少轮胎的磨损量，延长轮胎的使用寿命，从而提高车辆的乘坐舒适性和操纵性，并提高车辆的燃油经济性。

轮胎信息标牌中标注了轮胎的气压值，它通常位于驾驶员侧的门框上或手套箱内侧，也可在用户手册中找到对应信息。

车辆的使用环境和温度会影响轮胎的气压，高温会增加胎内压力，低温会降低胎内压力。当使用冷态气压参数进行充气时，需要先使车辆停驻一段时间。

通过目测检查轮胎的变形量，可以帮助确定轮胎的充气状态是否合适，但不能判断轮胎的准确气压值，因此应使用轮胎气压表来准确检查轮胎气压。轮胎气压的检查方法如9-2所示。

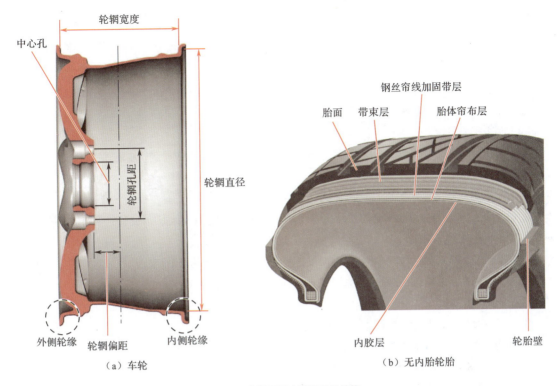

图9-1 车轮及无内胎轮胎的结构

（2）轮胎磨损检查。轮胎在使用过程中应经常检查其花纹的磨损情况，一般通过磨损指示器来判断花纹磨损程度，如图9-3所示。磨损指示器设计在轮胎胎面沟槽底部，呈凸起窄条状，并且从轮胎一侧延伸至另一侧。磨损指示器用于显示胎面花纹深度，当胎面被磨损到与磨损指示器平齐时，应及时更换轮胎。

轮胎花纹深度也可使用轮胎花纹深度计来测量。测量前，应先清除轮胎花纹中的杂物，以保证测量的准确性。测量时，将轮胎花纹深度计放在胎面沟槽中（不包括磨损指示器），该深度计的读数即为轮胎花纹深度值，如图9-4所示。

图9-2 轮胎气压的检查方法

图9-3 磨损指示器

图9-4 轮胎花纹深度的检查方法

9.2.2 轮胎拆卸、修补与动平衡

1.轮胎拆卸

拆卸轮胎时应注意以下事项：

① 在清洁、干燥、无油的场所进行轮胎拆卸，通常使用轮胎拆装机进行操作。

② 安装新轮胎时应注意轮胎尺寸、旋转方向及轮胎的平衡标记。

③ 检查并清除轮辋上的橡胶和锈蚀，以便使轮胎与轮辋接合。

④ 检查气门嘴与轮辋或气门芯是否配合平整，并清除灰尘。充气后应检测轮胎的气密性，确认无异常后需要安装气门芯帽。

⑤ 在轮胎胎圈和轮辋上涂抹适量的润滑剂，以便安装轮胎。

⑥ 进行轮胎充气时应注意安全防护。在充气开始时用橡胶锤轻敲轮胎，以使轮胎平稳嵌入轮辋圈槽内，防止轮胎跳动。

⑦ 将轮胎充气至规定的气压，气压过高或过低都会影响轮胎的使用寿命。

⑧ 充气结束后，应确认胎圈完全嵌入轮辋内。

轮胎的拆卸步骤如下：

① 使用轮胎气门芯工具泄掉轮胎气压。

② 使用轮胎拆装机的侧铲撬开轮胎侧壁，如图9-5所示。注意受压位置应尽可能避开气门嘴。

③ 将车轮放置在轮胎拆装机上，操作轮胎拆装机夹紧车轮。

④ 使用轮胎拆装机上臂压住轮胎胎面，如图9-6所示。注意上臂头与轮辋之间的距离，避免划伤轮辋。

图9-5　撬开轮胎侧壁

图9-6　压住轮胎胎面

⑤ 使用撬杆撬起轮胎，如图9-7所示。在使用轮胎拆装机下压胎壁的同时旋转轮胎，拆下轮胎的上半部分。

⑥ 使用撬杆撬起轮胎的下半部分，如图9-8所示。

图9-7　撬起轮胎

图9-8　撬起轮胎的下半部分

⑦ 旋转轮胎拆装机拆下轮胎，如图9-9所示。

图9-9 拆下轮胎

2.轮胎修补

轮胎在使用过程中易被扎伤，这里介绍两种补胎方法：热补补胎法和蘑菇钉式冷补法。

（1）热补补胎法。当轮胎胎面上的尖锐物体扎孔尺寸小于6mm，且周围40mm内无其他扎孔时，该轮胎可以进行修补。具体操作步骤如下：

① 做好标记。拆下轮胎，并在被扎的部位做好标记，如图9-10所示。

② 内部打磨。将扎入物体取出，并对被扎的部位从内部进行打磨，如图9-11所示。注意打磨时不要损坏轮胎帘布层。

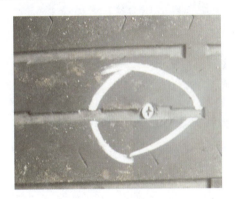

图9-10 标记被扎位置

图9-11 从内部打磨被扎部位

③ 贴胶片。在打磨的位置涂抹胶水，贴上专用的胶片，如图9-12所示。

④ 热补加热。使用热补机对胶片进行加热，如图9-13所示。加热时间应根据热补机的要求进行设定。

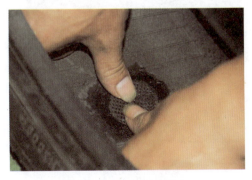

图9-12 涂胶水、贴胶片

图9-13 加热胶片

⑤完成热补。热补完成后,整个胶片已与轮胎成为一体,如图9-14所示。复装轮胎,检查漏气部位是否已无泄漏。

(2)蘑菇钉式冷补法。具体操作步骤如下:

①准备蘑菇钉。拆下被扎的轮胎,取出扎入的尖锐物体,同时准备蘑菇钉,如图9-15所示。

图9-14 完成热补

图9-15 准备蘑菇钉

②涂胶。在蘑菇钉上涂抹专用胶水,如图9-16所示。

③打磨、吸尘。对轮胎内壁被扎的部位进行打磨、吸尘。

④穿入蘑菇钉。将蘑菇钉从内测穿入破损处,使其顶端从外侧穿出,如图9-17所示。

图9-16 涂胶

图9-17 穿入蘑菇钉

⑤抽出贴合。使用专用工具从外侧拉出蘑菇钉头部,以使胎壁内的蘑菇钉底座与胎壁尽量贴合,如图9-18所示。

⑥压紧。再次从内侧压紧蘑菇钉以保证贴合,并涂胶,完成补胎,如图9-19所示。

图9-18 拉出蘑菇钉头部

图9-19 压紧蘑菇钉

⑦切割多余部分。从轮胎外侧将多余的蘑菇钉部分切除。

3.轮胎动平衡

（1）基本原理。当车辆高速行驶时，车轮的左侧和右侧均会出现不平衡现象，这会导致车轮产生横向振动。为了解决这个问题，可以在车轮左侧较轻部位附加一个与左侧较重部位质量相同的铅块，同时在车轮右侧较轻部位附加一个与右侧较重部位质量相同的铅块，即轮胎的动平衡原理。

在轮胎补胎后或车辆高速行驶时，可能会出现轮胎的动平衡问题。它可能导致以下问题：

① 行使时车身或转向盘出现抖动，影响行驶稳定性。

② 轮胎发生偏磨，导致使用寿命减少。轮胎因异常磨损可能出现异响，进而影响乘坐舒适性。

③ 减振器、球头等悬架部件的负荷增大，影响其使用寿命。

（2）检查与调整。具体操作步骤如下：

① 前期准备。进行动平衡测试前，应清除轮胎及轮辋上的杂物并取下旧平衡块，保证轮胎和轮圈表面清洁，确保轮胎气压符合标准。

② 固定车轮。使用专用固定工具将车轮固定在动平衡机上，注意选择的锥体应与轮辋中心孔尺寸相当，以保证固定牢靠，如图9-20所示。

③ 输入参数。根据动平衡机的要求测量轮胎和轮辋的相关参数，如图9-21所示。例如，轮辋边缘到动平衡机机箱的距离，可使用机箱上的专用刻度尺进行测量；轮辋宽度，可使用专用卡尺进行测量；轮圈直径，可由轮胎规格参数获得。

图9-20　在动平衡机上固定车轮

（a）

（b）

图9-21　测量轮胎和轮辋的相关参数

④ 采集数据。输入车轮相关参数后，按下确认键开始测量，如图9-22所示。在测量过程中保持车轮高速旋转，动平衡机自动采集数据。待车轮停止转动后，控制台显示测量结果，左、右显示屏显示的两个数字分别表示车轮内、外两侧需要添加的平衡块的质量，如图9-23所示。

图9-22　输入参数后开始测量

图9-23　测量结果

⑤ 确定平衡块安装位置。根据动平衡机中间显示屏的提示,用手慢慢转动车轮,确定平衡块的安装位置。

⑥ 安装平衡块。平衡块是车轮动平衡校正所使用的基本材料,其表面有规格(质量)和材质信息。按照固定形式不同,平衡块可分为挂钩式和粘贴式两种。如图9-24所示,平衡块应按照动平衡机的提示进行安装,须保证安装位置和平衡块规格(质量)都正确。安装平衡块后可能会产生新的不平衡,应重新进行动平衡测试及校正,直至达到规定要求。

(a)

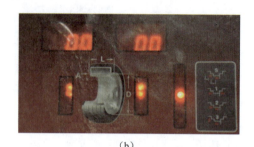
(b)

图9-24 安装平衡块并重新检查动平衡

9.3 悬架基础知识

9.3.1 悬架概述

悬架作为连接车身和车轮的部件,它具有下列功能:

① 行驶时,与轮胎一起吸收和缓冲因路面不平而引起的各种振动、摆动和冲击,以保护乘员和货物,并改善驾驶稳定性。

② 将路面和车轮作用产生的驱动力及制动力传至底盘和车身。

③ 支承车身,并使车身和车轮之间保持恰当的几何关系。

悬架的组成如图9-25所示,主要包括减振器、弹簧、扭力梁及各种臂等。

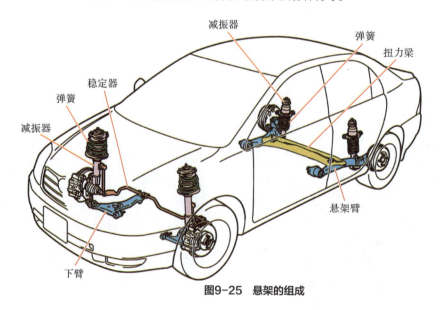

图9-25 悬架的组成

悬架根据其结构不同,可分为两种类型:非独立悬架和独立悬架。

(1)非独立悬架。该种悬架的两个车轮由一个桥壳或桥梁支承,左、右车轮一起运动,如图9-26所示。

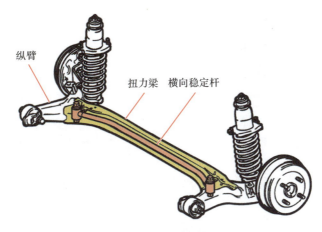

图9-26 非独立悬架

(2)独立悬架。该悬架的每个车轮由安装在车身上的臂独立支承,左、右车轮独立运动,如图9-27所示。

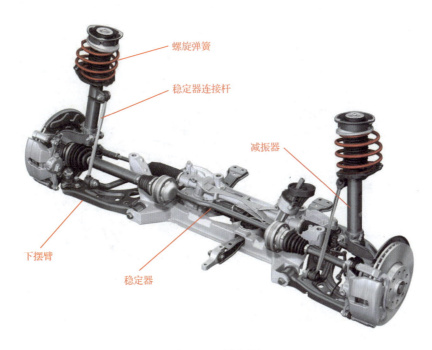

图9-27 独立悬架

9.3.2 常见的非独立悬架

常见的非独立悬架有扭梁杆式和钢板弹簧式等。

(1)扭梁杆式非独立悬架。该类悬架主要用发动机前置前轮驱动汽车的后悬架,它采用焊接在可扭转的前桥梁上的悬架臂和稳定杆(有些型号没有稳定杆)。扭梁杆式非独立悬架的结构如图9-28所示。

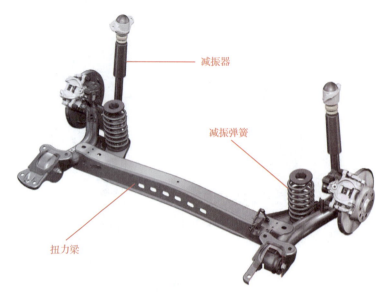

图9-28 扭梁杆式非独立悬架的结构

在汽车转弯或行驶于不平道路上时,稳定杆随前桥梁扭转,以减少横摆,从而保持车辆的稳定性。

(2)钢板弹簧式非独立悬架。该类悬架主要用作小型客车、货车的前悬架,以及商务车的后悬架。其结构简单,但强度较高,由于难以使用较软的弹簧,导致乘坐舒适性变差。钢板弹簧式非独立悬架的结构如图9-29所示。

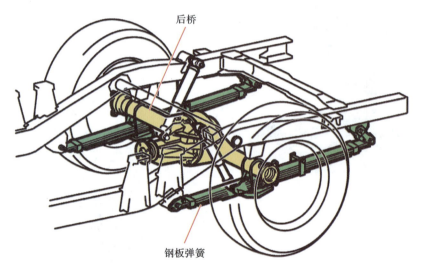

图9-29 钢板弹簧式非独立悬架的结构

9.3.3 常见的独立悬架

常见的独立悬架有麦弗逊式和双横臂式等。

(1)麦弗逊式独立悬架。该类悬架是当前乘用车和某些轻型客车应用较多的悬架结构型式,如图9-30所示。筒式减振器为滑动立柱,其上端与车身相连,下端与转向节相连。横摆臂的内端通过铰链与车身相连,外端通过球铰链与转向节相连。车轮所受的侧向力大部分由横摆臂承受,其余部分由减振器活塞和活塞杆承受。筒式减振器上铰链的中心与横摆臂外端球铰链中心的连线为主销轴线,该种结构也为无主销结构。当车轮上下跳动时，减振器下支点随前悬架摇摆动。

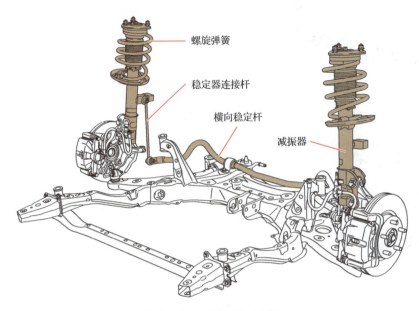

图9-30 麦弗逊式独立悬架

麦弗逊式独立悬架的特点是：结构相对简单、重量轻，可以减小非悬架质量；悬架占用空间小，可增加发动机舱的可用空间；悬架支承点之间的距离较大，安装误差或零件制造误差对前轮定位的干扰较小。

（2）双横臂式独立悬架。该类悬架的车轮通过上、下臂安装在车身上，如图9-31所示。悬架的几何形状可根据上臂和下臂的长度及其安装角度进行设计。

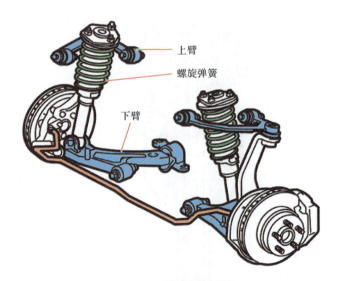

图9-31 双横臂式独立悬架

如果上臂和下臂平行且长度相等，则轮距及轮胎外倾角将发生改变，其结果是不能获得足够的转弯性能。而轮距的变化也将引起轮胎过度磨损。为了解决上述问题，通常设计上臂比下臂短，以使轮距和轮胎外倾角的变化减少。

9.3.4 悬架的弹性元件

悬架的弹性元件主要是弹簧,其又可分为钢板弹簧、螺旋弹簧及空气弹簧等。

(1)钢板弹簧。钢板弹簧由一组弯曲的弹簧钢带(又称为簧片),按照从最短到最长的顺序叠加在一起。这些簧片用中心螺栓或柳钉固联,可防止簧片发生滑动。最长的簧片的两端均弯成卷耳,用于连接弹簧与车架或构件,如图9-32所示。

(2)螺旋弹簧。螺旋弹簧(图9-33)由特殊的弹簧杆卷制而成,可以制成圆柱形或锥形,也可以制成等距或不等距的形式。圆柱形等距螺旋弹簧的刚度是不变的,锥形不等距螺旋弹簧的刚度则是可变的。

(3)空气弹簧。空气弹簧(图9-34)以空气作为弹性介质,即在一个密闭的容器内装入压缩空气(气压为0.8~1MPa),利用气体的可压缩性实现弹簧的作用。

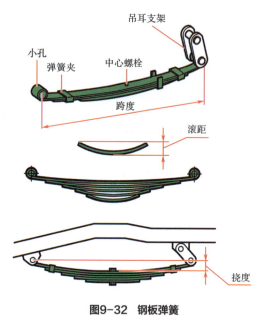

图9-32 钢板弹簧

该类弹簧常用在主动悬架上。

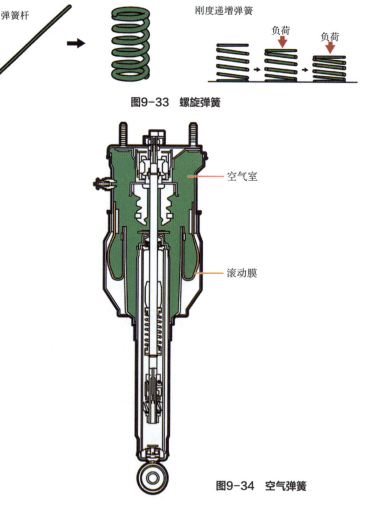

图9-33 螺旋弹簧

图9-34 空气弹簧

9.3.5 减振器

汽车上普遍使用筒式减振器，它使用减振器油作为工作介质。在该类减振器中，活塞的运动驱使油液流经节流孔（小孔）产生流动阻力，从而产生减振力，如图9-35所示。

目前，在汽车上应用较多的液压减振器是双向作用筒式减振器，其基本组成如图9-36所示。双向作用筒式减振器有3个同心缸筒，中外侧的缸筒是防尘罩，其上部的吊耳与车架相连；中间是储油缸筒，其内装有减振器油，下端的吊耳与车桥相连；内部是工作缸筒，其内装满减振器油。此外，该减振器还有4个阀，即压缩阀、伸张阀、流通阀和补偿阀。流通阀和补偿阀是普通的单向阀，当阀上的油压作用力与弹簧弹力同向时，阀处于关闭状态，油液不能通过；而当油压作用力与弹簧弹力反向时，只要很小的油压，阀便能开启。压缩阀和伸张阀是卸载阀，其弹簧刚度较大、预紧力较大，只有当油压增至一定程度时，阀才能开启；而当油压降到一定程度时，阀可自行关闭。

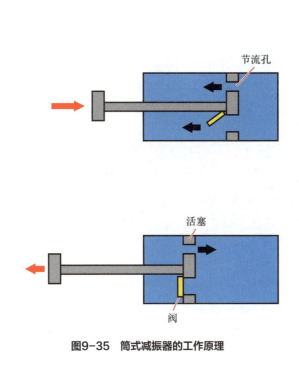

图9-35 筒式减振器的工作原理

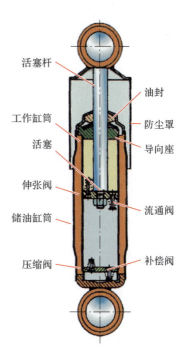

图9-36 双向作用筒式减振器的基本组成

9.4 悬架系统维修

1.前轮前束的调整

注意：调整前轮前束前，应确保车辆停驻在水平路面上，并且车轮都朝向正前方。

① 举升车辆。

② 松开图9-37所示的横拉杆固定螺母，沿顺时针或逆时针方向按相同的转动量转动横拉杆，调整两端前轮前束。

③ 调整结束后，紧固横拉杆固定螺母。

2.下摆臂总成的检查

下摆臂总成的检查步骤如下：

① 拆卸车轮，举升车辆。

② 用扭力扳手拆卸下摆臂总成后端与副车架的固定螺栓，如图9-38所示。

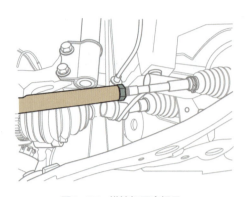

图9-37 横拉杆固定螺母

图9-38 拆卸下摆臂总成后端与副车架的固定螺栓

③ 拆卸前下摆臂与副车架的固定螺栓和螺母，以及下摆臂与转向节的固定螺栓和螺母，如图9-39所示。

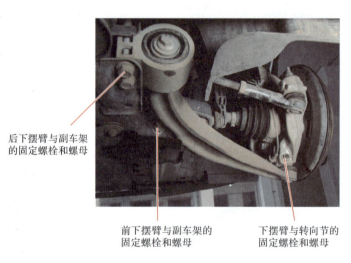

图9-39 拆卸固定螺栓和螺母

④ 分离下摆臂与转向节的，如图9-40所示。
⑤ 取下下摆臂总成，并清理表面灰尘，如图9-41所示。

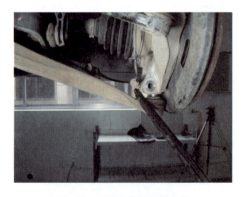

图9-40 分离下摆臂与转向节

图9-41 取下下摆臂总成

⑥ 检查下摆臂总成中的下摆臂球头、安装表面有无异常磨损，如图9-42所示。

(a) (b) (c)

图9-42 检查下摆臂总成

3.减振器总成的拆卸

减振器总成的拆卸步骤如下：

① 拆卸车轮，举升车辆，将制动软管、轮速传感器线束从减振器上分离。

② 如图9-43所示，拆卸减振器与转向节的固定螺栓和螺母。

③ 如图9-44所示，将稳定杆螺母从减振器总成上拆下。

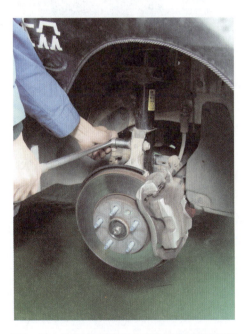 

图9-43 拆卸减振器与转向节的固定螺栓和螺母　　图9-44 拆卸稳定杆螺母

④ 如图9-45所示，降下车辆，在发动机舱内拆卸减振器支座螺母，取出支座。

⑤ 如图9-46所示，使用液压千斤顶顶住转向节，轻微顶起使转向节与减振器总成分离。

⑥ 如图9-47所示，取出减振器总成。

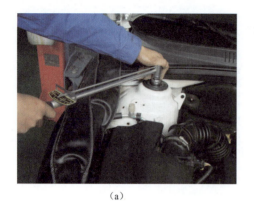
(a)

(b)

图9-45 拆卸减振器支座螺母

图9-46 顶起转向节

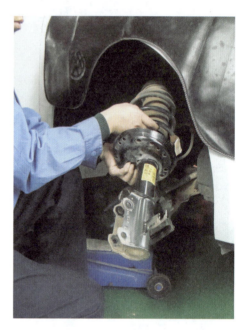

图9-47 取出减振器总成

9.5 行驶系统常见故障的诊断与排除

（1）行驶平顺性不良。行驶平顺性不良的故障诊断策略见表9-1。

表9-1 行驶平顺性不良的故障诊断策略

故障现象	汽车行驶时出现抖动，加速时出现窜动，驾驶人感觉不舒服
故障原因	① 前稳定杆卡座松旷或橡胶支承损坏； ② 车轮动平衡超标； ③ 减振器或缓冲块失效； ④ 发动机横梁和下摆臂的固定螺栓或衬套松旷； ⑤ 半轴内、外万向节因磨损松旷； ⑥ 轮胎气压过高，磨损不均

诊断排除	① 检查发动机工作是否正常，若有异常，则应修理或更换相应的发动机部件。 ② 检查前稳定杆卡座是否松动，若有松动，则修理卡座或橡胶支承；若无松动，则检查钢板弹簧 U 形螺栓、发动机横梁和下摆臂的螺栓及转向横拉杆球头，并进行相应的紧固和更换。 ③ 查看轮胎气压是否过高，若过高，则进行放气操作。 ④ 检查车轮轴承是否松旷，若松旷，则进行紧固。 ⑤ 查看减振器或缓冲块是否失效，若失效，则修理或更换减振器或缓冲块。 ⑥ 检查车轮的动平衡，若动平衡超标，则进行动平衡调节

（2）车身横向倾斜。车身横向倾斜的故障诊断策略见表9-2。

表 9-2　车身横向倾斜的故障诊断策略

故障现象	汽车车身左高右低或左低右高，出现横向倾斜
故障原因	① 左、右轮胎气压不一致； ② 左、右轮胎规格不一致； ③ 悬架弹簧的自由长度或刚度不一致； ④ 下摆臂变形； ⑤ 发动机横梁和下摆臂的固定螺栓或衬套松旷； ⑥ 减振器或缓冲块损坏； ⑦ 发动机横梁变形； ⑧ 车身变形
诊断排除	① 查看车辆前桥的左、右车轮是否有差异，若有，则检查左、右轮胎气压和轮胎规格是否一致。 ② 检查前桥两侧弹簧的自由长度和刚度是否一致。 ③ 检查两侧下摆臂是否变形或者下摆臂与发动机横梁的衬套是否损坏。 ④ 检查前桥减振器和缓冲块是否失效。 ⑤ 查看发动机横梁和车身是否存在变形

（3）行驶跑偏。行驶跑偏的故障诊断策略见表9-3。

表 9-3　行驶跑偏的故障诊断策略

故障现象	汽车正常行驶时，驾驶人须紧握转向盘才能保持汽车直线行驶，稍有放松便会发生行驶跑偏
故障原因	造成汽车行驶跑偏的根本原因是汽车车轮的相对位置不正确，导致两侧车轮的受力不同。具体原因如下： ① 两前轮胎气压不等、直径不一或汽车装载质量左、右分布不均； ② 前梁、车架发生水平面内的弯曲； ③ 前轮定位不正确； ④ 车轮有单边制动或拖滞现象； ⑤ 转向杆系变形
诊断排除	① 检查左、右车身是否一高一低，若是，则检查悬架或车架，并进行相应的维修或更换，或者查看车辆装载物品。 ② 检查轮胎的气压、规格、磨损是否正常，若有异常，则调整轮胎气压或更换为同种规格的轮胎。 ③ 检查前轮定位是否正确，若有异常，则重新定位

第4部分 汽车电气系统

第10章
汽车电气系统特点与电路图识读

■ 10.1 汽车电气系统特点

汽车电气系统具有以下基本特点：

（1）蓄电池、发电机双电源低压（12V 或 24V）直流供电。蓄电池是辅助电源，发动机未起动时，蓄电池向部分用电设备供电；发电机是主电源，其在发动机起动后向全车用电设备供电，同时对蓄电池进行充电。两者互补可以有效保证用电设备在任何情况下都能正常工作。

汽车的各种用电设备及控制系统都是由直流电驱动的，这是因为现代汽车发动机是由电力起动机起动的，起动机由蓄电池供电，而蓄电池需用直流电源充电，所以汽车电气系统为直流系统。汽车的直流电是由交流发电机产生的交流电经发电机内部的整流器整流，并由电压调节器调压后输出的。

（2）全车用电设备单线制并联。单线制指从电源到用电设备只用一根导线连接，利用车身架作为搭铁连通蓄电池负极。单线制能节省导线，使线路连接清晰，并且便于安装和检修，因而被现代汽车采用。

汽车上的电源和用电设备采用并联方式连接，它们正常工作时的电压相同。如果某个用电设备发生故障，也不会影响其他用电设备正常工作，每个用电设备都由各自串联在其支路中的专用开关控制，互不干扰。

（3）蓄电池负极搭铁。当采用单线制时，蓄电池的一个电极需要接至车架或车身上，俗称"搭铁"。蓄电池的负极接车架或车身称为负极搭铁；蓄电池的正极接车架或车身称为正极搭铁。负极搭铁对车架或车身金属的化学腐蚀较轻，且对无线电干扰小，因而被现代汽车采用。

（4）熔丝保护线路，继电器保护开关。为了防止因短路、直接搭铁导致的电流过大而烧坏线束，电路中一般设有保险装置，如熔断器、熔丝等。部分开关中经常有大电流通过，如点火开关。一般在有大电流通过的线路中安装继电器，利用其小电流控制大电流的特性来保护开关，避免开关损坏。

（5）中央配电盘统一控制电路连接。大众汽车采用配电盘统一控制电路连接，电路的起始端位于配电盘内，井然有序的电路连接为故障维修带来了极大的便利。关于配电盘，其他车系的称呼各异，如宝马车系称为前后供电模块，丰田车系称为继电器盒总成和接线盒总成，通用车系称为熔丝盒。

10.2 汽车电路图识读

10.2.1 汽车电路组成

汽车的基本电路由电源、保险装置（如熔丝等）、开关、用电设备和导线组成。导线的作用是将电源、保险装置及用电设备等连接形成一个完整的电路。当开关闭合时接通回路，用电设备中有电流通过而开始工作，如图10-1所示。

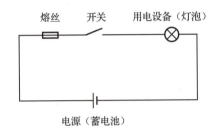

图10-1　汽车的基本电路组成

汽车上的任何电路都是从这个基本电路演变而来的，虽然多条电路由于串联、并联或混联，导致电路图看上去比较复杂，但是只要依据电流始终是从电源的正极流向负极这个原则，就可以正确识读汽车电路图。

（1）电源。汽车采用蓄电池、发电机双电源。当发动机不工作时，汽车采用蓄电池供电；当发动机起动后，发电机向蓄电池充电（如需要），并为全车供电。

（2）保险装置。保险装置在电路中起保护作用，当电路中的电流超过规定时，保险装置自动切断电路，防止烧坏导线和用电设备。汽车使用的保险装置有熔丝、电路断电器等。

（3）开关。用于控制用电设备的开关分为手动开关和电子开关两种类型。手动开关由乘员直接手动操作，电子开关根据需要自动控制。

（4）用电设备。用电设备即用电器，包括汽车上使用的灯泡、各类电动机、仪表、传感器、执行器及音响等。

（5）导线。导线负责连接电源、保险装置、开关及用电设备等。

10.2.2 汽车电路图的识读方法

汽车电路图的识读方法见表10-1。

表10-1　汽车电路图的识读方法

时刻牢记回路原则	回路是最简单的电学概念，任何用电设备想要正常工作，就需要与电源的振幅级构成回路。尽管电路图看上去比较复杂，但是只要依据电流始终是从电源正极流向负极这个原则，就可以正确识读电路图
牢记汽车电路一般原则	① 双电源原则：在读图时经常将发电机、蓄电池当作一个电源，并从这个电源的正极出发，经过用电设备回到另一个电源的负极，实际上并未构成真正的回路，也不能产生电流。因此，读图时要强调正极、负极必须是同一个电源的； ② 单线制原则：汽车电路的主要特点是用电设备单线制并联，因此回路原则在汽车电路上的具体形式就是电源正极→导线→开关→用电设备→同一电源的负极

续表

了解图注的含义	在识读电路图之前应仔细阅读图注，图注说明汽车所有用电设备的名称及其数字代号，通过读图注可以初步了解汽车用电设备的基本信息，有利于抓住电路图的重点，提高读图的速度和准确度
熟悉电路符号标记	为了便于绘制和识读汽车电路图，部分用电设备的接线柱被赋予不同的标志代号
熟悉各开关和继电器的作用	开关和继电器是控制电路通断的关键。在汽车电路图中，各种开关、继电器均为按初始位置，如按钮未按下，开关未接通，或继电器线圈未通电，其触点未闭合（常开触点）或未打开（常闭触点），这种状态称为原始状态。但在读图时，不能完全按原始状态分析，否则很难理解电路的工作原理，因为大多数用电设备都是通过开关、按钮、继电器触点的变化而改变回路的，从而实现不同的电路功能。 识读汽车电路图时，应注意与开关有关的几个问题： ① 在开关的许多接线柱中，注意哪些是接电源的，哪些是接用电设备的，接线柱旁是否有接线符号，以及符号是否常见； ② 注意开关有几个挡位，在每个挡位中，哪些接线柱通电，哪些接线柱断电； ③ 注意蓄电池或发电机的电流是通过哪条线路到达某个开关，中间是否经过别的开关和熔断器，该开关是手动的还是电控的； ④ 注意各个开关分别控制哪用电设备，该用电设备的作用或功能是什么； ⑤ 在受控制的用电设备中，注意哪些处于常通电，哪些处于短暂接通，哪些应先接通，哪些应后接通，哪些应单独工作，哪些应同时工作，以及哪些允许同时接通
掌握导线颜色标注及规律	一般情况下，汽车上的导线用什么颜色，电路图中就对应印制或标出线色代码。导线颜色有纯色型、条纹色型及螺旋条纹色型等，红色多为控制相线；棕色为搭铁线；白色、黄色导线用于控制灯；蓝色导线多用于指示灯或传感器；绿色、红/黑或绿/黑多用于脉冲式用电设备。另外，相线的代号通常是30，搭铁线的代号是31，受控制的大容量用电设备供电线的代号是X，受控制的小容量用电设备供电线的代号是15
全面了解整车电路图	在识读汽车电路图前，应先了解整车电路图。目前，汽车电路图有软件形式和PDF格式，通过整车电路的目录可以看出整车电路由哪些部分组成，再根据电路图中的图形及文字符号，可以对整车电气系统有全面的了解
纵观全图	随着汽车电子技术的发展，汽车电路越来越多。许多汽车厂商已不提供整车电路图，而是提供某个系统的电路全图，并提供相关系统的分电路图
注意各系统的工作过程和相互间的联系	在识读某个系统的电路图前，应先了解该系统所包含的部件及其作用。在读图过程中，应特别注意开关、继电器触点的工作状态
抓住典型电路进行分析，做到举一反三	识读汽车电路图要善于剖解典型电路，达到触类旁通的目的。目前，同一品牌下的不同车型的电路图基本相同，不同点只是外围接线端口不同，或在某个基础上增加了某个用电设备，这样通过理解一个示例，做到举一反三，即可掌握汽车电路的一些共同规律，再以这些共性为指导，了解其他品牌汽车的电路原理，又可以发现更多的共性及各种车型之间的差异

第11章
汽车充电、起动系统维修与故障诊断

■ 11.1 汽车充电、起动系统基本知识

1.充电系统

电源充电系统一般由点火开关、蓄电池、发电机、调节器、充电指示灯及线束等组成。点火开关控制发电机的励磁电路,当点火开关接通时,发电机内部的定子与转子之间产生磁场。

蓄电池是一个电化学装置,它从发电机得到电能并进行储存,作为下次起动发电机的能量。如果发电机不工作,蓄电池也可以在短时间内为车载电器提供电能。蓄电池的结构如图11-1所示。

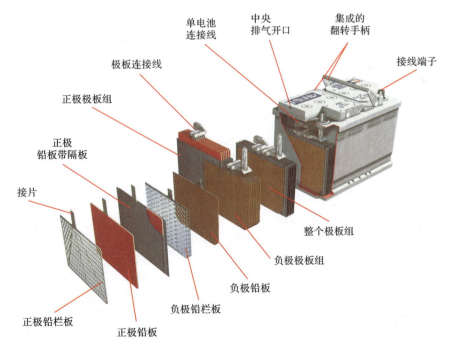

图11-1 蓄电池的结构

发电机是汽车充电系统的关键部件,其作用是产生电能并输送给蓄电池和车载电器。发电机通常是交流电机,可在为车载电器供电时按需要进行转换,这就需要一个二极管整流器将交流电转换成直流电。发

电机的结构如图11-2所示。

调节器一般安装在发电机上,其作用是限制发电机的输出电压值,防止电压过高对电路造成影响。

2.起动系统

起动系统一般由蓄电池、点火开关、起动机、空挡起动开关、起动继电器及起动线束等组成。起动机（图11-3）是汽车起动系统的核心部件,它一般由直流电动机、控制机构和传动机构组成。

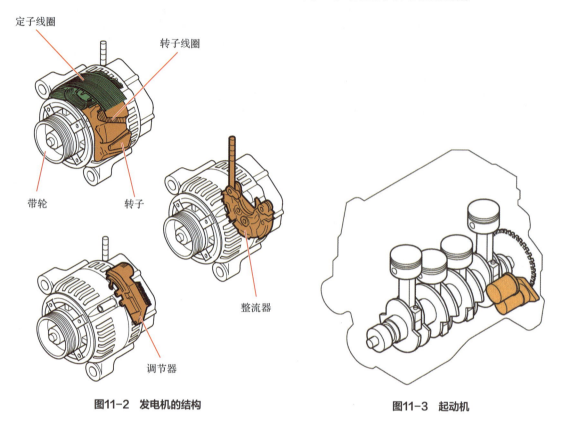

图11-2　发电机的结构　　　　图11-3　起动机

直流电动机的作用是将电能转换成机械能,以产生转矩。控制机构用来控制起动机与蓄电池之间电路的通断,从而控制起动机的工作。驱动机构的作用是在发动机起动时,使起动机驱动齿轮与飞轮齿环啮合,将起动机的转矩传给发动机曲轴,并在发动机起动后,使驱动齿轮与飞轮齿环快速脱开。起动机的结构如图11-4所示。

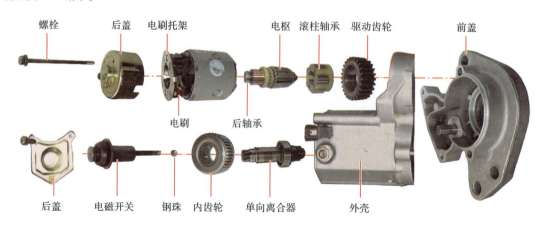

图11-4　起动机的结构

11.2 汽车充电、起动系统检修与故障诊断

11.2.1 发电机检查

发电机的检查步骤见表11-1。

表11-1 发电机的检查步骤

输出电压检查	发电机输出电压检查可以帮助维修人员判断发电机的发电电压是否符合标准范围，具体操作步骤如下： ① 将万用表设置为"DC"电压挡； ② 将万用表的正极连接蓄电池"+"，负极连接蓄电池"-"； ③ 起动发动机，调整发动机转速至2000r/min，电压表应显示13.5~15.2V； 如果发电机输出电压过高或过低，则表明发电机存在故障，应更换发电机调节器或发电机
磁场检查	当发电机工作时，其励磁绕组通电会产生磁场。此时，使用螺钉旋具或铁质工具靠近发电机转子端部，应能够感觉到磁场的吸力。否则，说明发电机没有发电，应检查调节器、电刷及转子线圈
常规检查	在对充电系统的故障进行诊断前，应该先检查以下内容： ① 蓄电池正、负极导线与极桩的连接是否紧固牢靠； ② 发电机的接线是否牢靠； ③ 发电机驱动带是否松弛； ④ 发动机转速达到1500r/min后，充电指示灯是否熄灭

11.2.2 充电系统常见故障的诊断与排除

（1）充电指示灯不亮。充电指示灯不亮的故障诊断策略见表11-2。

表11-2 充电指示灯不亮的故障诊断策略

故障现象	接通点火开关，使发动机正常运转，充电指示灯一直不亮
故障原因	① 充电指示灯灯丝断路； ② 熔丝烧断使充电指示灯线路发生断路； ③ 充电指示灯或调节器电源线路发生断路或接头松动； ④ 蓄电池极柱上的导线接头松动； ⑤ 点火开关故障； ⑥ 发电机的电刷与集电环接触不良； ⑦ 调节器内部电路故障，如调节器内部电子元件损坏而使大功率晶体管不能导通
故障排除	起动发动机并使其怠速运转，检查充电系统能否正常充电。对充电指示灯不亮的故障，按充电系统能充电和不能充电两种情况分别进行排除。 ① 接通点火开关时充电指示灯不亮，起动发动机后发电机正常工作，说明充电系统正常；检查仪表盘上的充电指示灯是否正常，若灯丝断路，则应更换。 ② 接通点火开关时充电指示灯不亮，起动发动机后发电机不能发电，应先闭点火开关，检查仪表熔丝。若熔丝断路，则更换相同规格的熔丝；若熔丝情况良好，则继续检查。接通点火开关，用万用表检测熔丝上的电压值，若电压为零，则说明点火开关及点火开关与熔丝之间的线路存在故障，应予检修或更换；若熔丝上的电压正常，则检查发电机的电刷与集电环是否接触不良或调节器内部电路是否异常

（2）充电指示灯时亮时灭。充电指示灯时亮时灭的故障诊断策略见表11-3。

表11-3　充电指示灯时亮时灭的故障诊断策略

故障现象	接通点火开关，使发动机正常运转，充电指示灯时亮时灭
故障原因	①发电机传动带因挠度过大而出现打滑现象； ②发电机整流二极管断路、定子绕组连接不良或断路而导致发电机输出功率降低，发电机电刷磨损过多； ③调节器调节电压过低； ④相关线路接触不良
故障排除	①检查传动带的挠度是否符合规定； ②检查相关线路连接情况，若不正常，则应检修； ③拆下调节器和电刷组件总成，检查调节器和电刷，若发现异常，则应检修或更换； ④检修发电机总成

（3）发电机工作异响。发电机工作异响的故障诊断策略见表11-4。

表11-4　发电机工作异响的故障诊断策略

故障现象	发电机在运转过程中产生不正常噪声
故障原因	①风扇传动带过紧或过松； ②发电机因损坏被卡住或松旷缺油，轴承钢球保护架脱落； ③发电机的转子与定子相碰，俗称"扫膛"； ④电刷磨损过多，或电刷与集电环接触角度偏斜，电刷在电刷架内倾斜摆动； ⑤发电机安装不到位使机体倾斜或发电机的电枢轴出现弯曲； ⑥发电机传动带过松，导致传动带轮与散热片碰撞
故障排除	①检查风扇传动带的松紧度。 ②检查发电机传动带轮与发电机安装是否松旷。 ③用手触摸发电机外壳和轴承部位，感觉是否烫手或有振动，若烫手说明定子和转子相碰或轴承损坏。借助听诊器或旋具听发电机的轴承部位，若其声音清脆、不规则，则说明轴承缺油或滚柱已损坏。 ④拆下电刷，检查其磨损和接触情况。 ⑤拆卸发电机，检查其内部机件配合和润滑是否良好。如果发电机噪声细小而均匀，应检查硅二极管和励磁绕组是否发生断路或短路

（4）充电电流故障。充电电流故障包括充电电流过大和充电电流过小，其故障诊断策略见表11-5。

表11-5　充电电流的故障诊断策略

	故障现象	汽车灯泡易烧坏，蓄电池温度过高且其电解液消耗过快
充电电流过大	故障原因	电压调节器调节电压过高或失效
	故障排除	起动发动机，加速至1500r/min，用万用表测量发电机端子B的电压，如果其值超过最大值的20%，则可确认电压调节器故障，应予以更换
充电电流过小	故障现象	在蓄电池充电性能良好的情况下，发电机在各转速下的充电电流均很小，蓄电池亏电
	故障原因	①接线端松动。 ②发电机发电不足，其原因如下： 　a.发电机传动带过松； 　b.二极管损坏； 　c.电刷接触不良，集电环上有油污； 　d.励磁绕组局部短路，定子绕组短路或插头松开。 ③电压调节器故障： 　a.电压调整偏低； 　b.触点脏污； 　c.继电器触点接触不良

| 充电电流过小 | 故障排除 | ① 检查发电机传动带的张紧度；
② 用跨接线跨接电压调节器的端子B和F，若充电电流增大，则说明故障在电压调节器；若充电电流仍过小，则故障在发电机，应拆检发电机 |

11.2.3 起动机检测

起动机检测步骤如下：

（1）测量起动机端子30的电压。如图11-5所示，将点火开关转到"START"位置，测量起动机端子30与机体搭铁之间的电压，标准电压应为8.0 V 或更高。

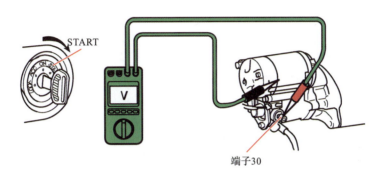

图11-5　测量起动机端子30的电压

（2）测量起动机端子 50的电压。如图11-6所示，将点火开关转到"START"位置，测量起动机端子50与机体搭铁之间的电压，标准电压应为8.0V或更高。如果电压低于 8.0V，则应检查熔丝、点火开关及起动继电器等。

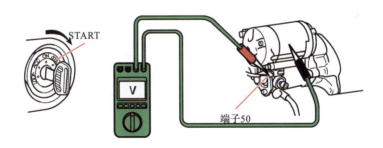

图11-6　测量起动机端子50的电压

11.2.4　起动系统常见故障的诊断与排除

起动机作为起动系统的核心部件之一，其故障会直接影响起动系统的正常工作。起动机的常见故障包括起动机异响、起动机不转和起动机无法起动发动机等。

（1）起动机异响。根据表11-6列举的起动机异响的主要现象及可能的原因，可以发现异响基本是由起动机内部故障造成的。

表11-6 起动机异响的故障诊断策略

现　　象	可能的原因	解决方法
起动时（发动机运转前）有高频变调的噪声，但发动机可以起动	起动机驱动齿轮与飞轮间距过大	检查调整起动机安装位置
发动机已运转，点火开关释放后，有高频变调的噪声	起动机驱动齿轮与飞轮间距过小，飞轮跳动引起间歇性故障	
发动机已运转但起动机仍接合时，有高频鸣响。当起动机接合、发动机反转时，有类似警报声的声音	离合器失效	检查或更换离合器
发动机已运转，在起动机渐停时出现"隆、隆"声或（严重时）敲击声	起动机的转子出现弯曲或不平衡	检查或更换起动机

（2）起动机不转。检查起动机不转的常见方法是先接通前照灯，然后起动车辆，观察车辆状态。接通前照灯的目的是判断电源是否正常或线路是否存在故障。起动机不转的故障诊断策略见表11-7。

表11-7 起动机不转的故障诊断策略

现　　象	可能的原因	解决方法
起动机不转，前照灯正常亮	点火开关电路开路	检查点火开关的触点及连接
	起动机故障	检查换向器、电刷及连接
	控制电路开路	检查电磁阀、开关及连接
	蓄电池接线端子电阻高	清理、紧固端子导线夹
起动机不转，前照灯明显变暗	蓄电池亏电或有故障	对蓄电池再次充电并测试
	环境温度过低	检查线路及蓄电池
	小齿轮卡死	起动机与飞轮-活动小齿轮之间对位不好；检查轮齿
	电枢转子卡滞	轴承卡住、轴弯曲、极靴松动
	起动机短路	按需要修理或更换
	发动机短路	检查发动机电气及机械系统
起动机不转，前照灯稍微变暗	蓄电池接线端子松动或腐蚀	拆下清理并重新安装
	小齿轮未啮合	清理驱动轴及电枢转子轴，更换已损坏的部件
	电磁阀接通但不工作，起动机电路的电阻过大或开路	清理换向器，更换电刷，修理不良连接
起动机不转，前照灯熄灭	蓄电池接线端子接触不良	清理蓄电池端子和导线夹，并紧固导线夹
起动机不起，前照灯不亮	开路	清理并紧固连接处，更换导线
	蓄电池放电或有故障	对蓄电池再次充电并测试

（3）起动机无法起动发动机。起动机虽然能够转动，但其无法起动发动机。该种故障的诊断策略见表11-8。

表11-8 起动机无法起动发动机的故障诊断策略

现　　象	可能的原因	解决方法
起动机转动慢，发动机不起动	蓄电池亏电	检查蓄电池
	环境温度过低	检查线路及蓄电池
	蓄电池导线过细	更换适合的导线
	起动机失效	测试起动机
	发动机机械故障	检查发动机
电磁阀推杆颤动	蓄电池电压低，其端子松动或腐蚀	检查蓄电池，清理、紧固端子连接处
	电磁阀保持线圈开路	更换电磁阀
起动后，小齿轮脱开缓慢	电磁阀推杆卡死	清理并活动推杆
	超越离合器卡在电枢转子轴	清理电枢转子轴及离合器套
	超越离合器失效	更换离合器
	拨杆回位弹簧老化	安装新弹簧
	飞轮与齿轮对位过紧	将起动机与飞轮重新对位
起动机转动，发动机不起动	小齿轮未啮合	将起动机与飞轮重新对位
	小齿轮打滑	更换失效的驱动装置

第12章 汽车空调系统维修与故障诊断

■ 12.1 汽车空调系统基础知识

12.1.1 汽车空调系统概述

汽车空调系统的作用是调节车内温度（提供冷气与暖气）和通风净化空气。汽车空调系统由制冷、制暖、通风及电子控制4个子系统组成，如图12-1所示。

（1）制冷系统。汽车空调系统产生冷气的过程称为制冷。制冷系统主要由压缩机、冷凝器、储液干燥器、节流元件及蒸发器等组成，它们之间通过特制的橡胶软管或金属管路实现连接，从而形成一个封闭的制冷循环管路，如图12-2所示。

（2）制暖系统。制暖系统负责对车内空气和由外部进入车内的新鲜空气进行加热，以达到取暖和除湿的目的，如图12-3所示。

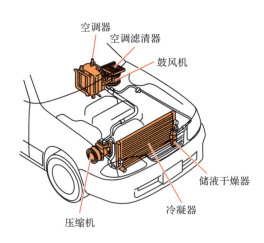

图12-1 汽车空调系统的组成

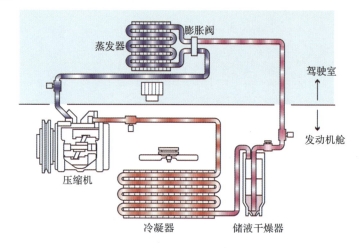

图12-2 制冷系统

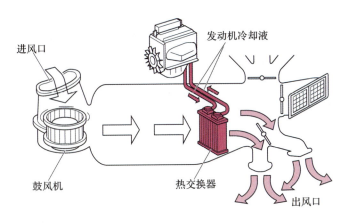

图12-3 制暖系统

（3）通风系统。通风系统主要由空气分配装置、鼓风机、控制风门和空气净化装置等组成。通风系统的作用是将新鲜的空气引入车内，并通过净化装置对空气进行清洁，以提高车内空气的新鲜度。

（4）电气控制系统。电子控制系统主要指控制面板及控制电路。它对空调制冷系统和取暖系统的温度、压力进行控制，并对车内空气的温度、风速进行控制，以满足驾驶人对车内环境的需求。

12.1.2 空调制冷系统的工作原理

制冷剂在循环系统内的工作过程，即空调的制冷过程为压缩—冷凝—膨胀—蒸发，如图12-4所示。

（1）压缩过程。压缩机从蒸发器出口的低压回路吸入气态制冷剂，经加压后由高压管路送到冷凝器中进行冷却。当气态制冷剂被压缩时，其温度和压力会升高，压缩机入口处的制冷剂温度为0～3℃，压力约为150kPa，经压缩后其温度可达约80℃，压力约为1800kPa，此时制冷剂的形态为高温高压的气体。

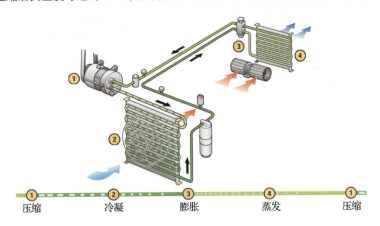

图12-4 空调制冷过程

（2）冷凝过程。冷凝过程主要在冷凝器内完成，制冷剂在冷凝器中释放热量，由气态变成液态。进入冷凝器的气态制冷剂，其在冷却风扇的作用下，由外部空气进行冷却，温度下降至沸点以下，制冷剂由高温高压的气体转变为中温高压的液体。

（3）膨胀过程。冷凝后的中温高压液体被送入节流元件。节流元件的进口空间小（截面积小）、出口空间大（截面积大），因而具有节流降压的作用。从节流元件出来的制冷剂所处的空间会迅速变大，压力和温度也随之降低。由于其压力已降低，且沸点已低于环境温度，部分液态制冷剂开始沸腾，由液态变为气态，吸收热量，降低温度。但是，节流元件出口处的大部分制冷剂仍为液态。

（4）蒸发过程。经节流元件节流降压后，进入蒸发器的液态制冷剂实现汽化，通常称为蒸发过程。蒸发过程需要吸收热量，会使蒸发器表面温度降低，在鼓风机的作用下，空气不断流过低温的蒸发器表面，被冷却后再送进车厢内，以达到制冷的目的。

在蒸发过程中，液态制冷剂经过蒸发器吸收热量汽化，变成低温低压的气体。气态制冷剂又经蒸发器出口及低压管路回到压缩机中，进入下一个制冷循环过程。

12.1.3 空调压缩机的结构与原理

汽车空调压缩机是制冷系统的"心脏"，其作用是吸入来自蒸发器的低温低压气态制冷剂，并将其压缩成高温高压状态后送往冷凝器，以保证制冷剂在系统中的循环流动。

目前，车辆上使用最多的压缩机是斜盘式压缩机。它是一种轴向往复活塞式压缩机，由离合器、主轴、斜盘、活塞、进气簧片阀、排气簧片阀及压力安全阀（泄压阀）等零部件组成。这种压缩机通常以主轴为中心，在其圆周布置若干气缸及双向活塞，每个气缸的两端都有进气阀和排气阀。当主轴旋转时，斜盘也随之旋转，同时驱动所有的活塞做轴向往复运动。斜盘式压缩机的构造如图12-5所示。

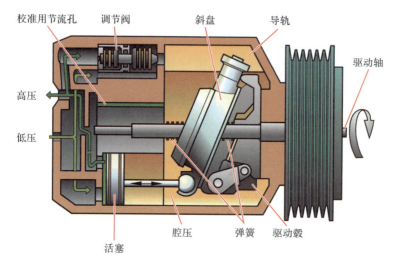

图12-5 斜盘式压缩机的构造

12.2 空调系统维修

12.2.1 空调系统抽真空

当对制冷系统进行维修或更换元件时，空气会进入系统，且空气中含有一定量的水蒸气（湿空气），抽真空并不能直接将水分抽出制冷系统，而是通过产生真空降低水的沸点，使水汽化变成蒸汽后被抽出制冷系统。因此，系统抽真空的时间越长，系统内残余的水分越少。为最大限度地将系统内的空气及水蒸气抽出，必须采用重复抽真空法，即第一次抽真空完毕后，再连续抽真空30min以上。

（1）连接歧管压力表、真空泵与制冷系统。将歧管压力表上的两根高、低压软管分别与压缩机或空调管路上的高、低接口相连，如图12-6所示；将歧管压力表上的中间软管与真空泵相连。

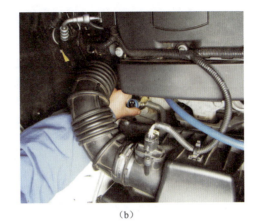

(a)　　　　　　　　　　　　　　　(b)

图12-6　连接歧管压力表

（2）抽真空。起动真空泵，打开歧管压力表的高、低压手动阀。观察歧管压力表的真空度大于 95kPa 后，继续保持10min，然后停止抽真空。

（3）真空泄漏检查。关闭高、低压手动阀，高低压表的表针应在10min 内不得回升。歧管低压压力表的真空度在100～200kPa之间。若在抽真空时系统无法达到上述要求，或已达到但在 10min 内表针有回升，则说明制冷系统存在泄漏。

（4）查漏。系统内的真空度在10min 内没有回升，且低压压力表的真空度介于100～200kPa之间，也要进行制冷系统查漏。其方法是从低压端注入少量气态制冷剂，当压力达到 100kPa 时，迅速关闭制冷剂瓶和低压手动阀。用电子检漏仪（图12-7）或肥皂水检查泄漏位置，若发现管接头有泄漏，则应进行紧固。

注意：如果抽真空不足，管路内的水分会冻结，这将阻碍制冷剂的流动并导致空调系统内表面生锈。

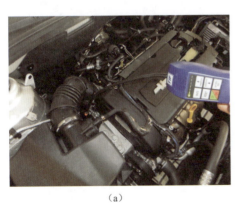
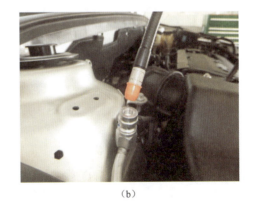

(a)　　　　　　　　　　　　　　　(b)

图12-7　电子检漏仪

（5）第二次抽真空。再次起动真空泵，打开歧管压力表的高、低压手动阀，继续抽真空，时间不少于30min，可以增加时间以保证抽真空的效果，结束时应先关闭高、低压手动阀，再关闭真空泵。

12.2.2　空调系统制冷剂的加注

从高压端加注制冷剂的具体操作步骤如下：

① 空调系统预先加注冷冻机油，并抽真空、查漏，然后加注制冷剂。

② 按规定接好歧管压力表、制冷剂注入阀和高、低压端气门阀管路，并用制冷剂排除管路中的空气。

排气的具体方法是先关闭高、低压手动阀,断开高压端气门阀和软管的连接,然后打开高压手动阀,最后打开制冷剂注入阀。在软管口听到制冷剂气体发出"嘶嘶"声后,等待20~30s,再将软管与高压端气门阀相连,关闭高压手动阀。采用同样的方法排除低压端和管路中的空气,然后关闭高、低压手动阀。

③ 使制冷剂罐倒立,将高压手动阀调至全开位置,以便制冷剂液体从高压端进入空调系统。注意此时不能起动发动机,也不能起动空调系统。

④ 在小罐装制冷剂加注完毕后,关闭高压手动阀,再更换另一罐(仍需要排除中间软管的空气),直到加入规定量的制冷剂液体为止。

⑤ 在高压端加注规定量的制冷剂液体后,关闭制冷剂注入阀和高压手动阀。

⑥ 起动发动机,打开空调 A/C 开关,将风机置于高速挡、温控开关调至最冷位置,从视液镜中观察、确认系统内无气泡、无过量制冷剂;观察压力表的读数是否正常,一般低压为0.147~0.192MPa,高压为1.37~1.67MPa。

⑦ 关闭空调 A/C 开关,使发动机停止运转,等待1~3min后拆卸歧管压力表的两个接头。拆卸接头时动作应迅速,以免漏出过多的制冷剂。

注意:当从高压端向系统加注制冷剂时,发动机不应处于运转状态(压缩机停转),更不可拧开歧管上的手动低压阀,以避免产生液压冲击。

第13章
照明系统维修与故障诊断

■ 13.1 汽车照明系统基础知识

汽车照明系统的组成如图13-1所示,主要包括外部照明灯和车内灯。

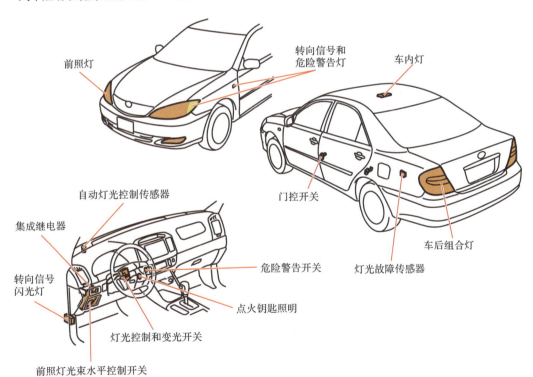

图13-1 汽车照明系统的组成

外部照明灯包括前照灯、日间行车灯、驻车灯和牌照灯、转向信号灯、危险警告灯、制动灯及雾灯等。车内灯包括顶灯/阅读灯、仪表灯、门控灯及行李舱照明灯等。

13.2 汽车照明系统维修

13.2.1 灯光组合开关的更换

灯光组合开关的更换方法如下：

① 断开蓄电池负极电缆。

② 拆卸驾驶员安全气囊。

③ 如图13-2所示，拆卸转向盘的固定螺母1，断开多功能转向盘按键总成的线束插接器2，然后取出转向盘。

④ 拆卸灯光组合开关的固定螺钉，如图13-3所示。

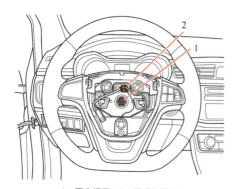

1—固定螺母；2—线束插接器

图13-2 拆卸转向盘附件

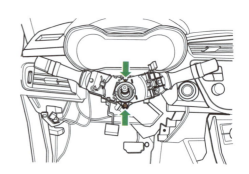

图13-3 拆卸灯光组合开关的固定螺钉

⑤ 断开灯光组合开关的线束插接器（图13-4），取出灯光组合开关。

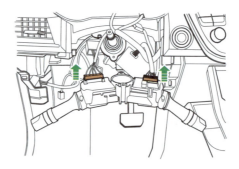

图13-4 灯光组合开关的线束插接器

13.2.2 前照灯的更换

前照灯的更换方法如下：

① 断开蓄电池负极电缆。

② 拆卸前保险杠。

③ 拔出红色插销，断开前照灯总成线束插接器（图13-5）。

④ 拆卸前照灯下端的固定螺栓（图13-6）。

⑤ 拆卸前照灯上端的固定螺栓和螺钉（图13-7），取下前照灯。

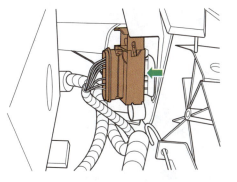

图13-5 前照灯总成线束插接器

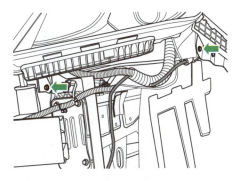

图13-6 前照灯下端的固定螺栓

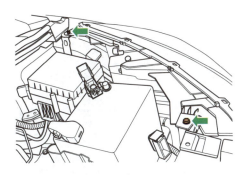

图13-7 前照灯上端的固定螺栓和螺钉

13.2.3 前照灯电路的检查

前照灯电路的检查方法如下：

①断开前照灯插接器（图13-8（a）），将灯光开关转至前照灯挡位（图13-8（b））。

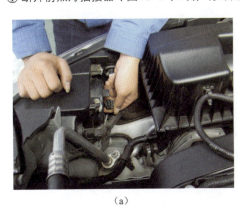

（a）　　　　　　　　　　　　　　　　（b）

图13-8 检查前的准备工作

②如图13-9所示，使用万用表蜂鸣挡检查插接器接地端和车身搭铁之间的电阻，万用表应发出蜂鸣声。

③如图13-10所示，使用万用表20V直流电压挡检查插接器供电端和接地端的电压，标准电压应为蓄电池电压。

④使用试灯进行供电检查。如图13-11所示，使试灯探针接触插接器供电端，并将试灯负极夹子夹在搭铁上，试灯应点亮。

图13-9　接地电路检查　　　图13-10　供电检查（万用表法）

图13-11　供电检查（试灯法）

第14章 汽车中控门锁系统维修与故障诊断

14.1 汽车中控门锁系统基础知识

中控门锁系统是中央控制门锁系统的简称,它主要由控制部分和执行部分组成,如图14-1所示。中控门锁系统通过门锁控制开关和钥匙控制电动机,实现对所有车门开闭的控制。其作用是增加汽车使用的方便性和安全性。

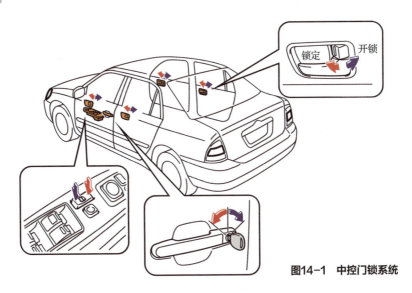

图14-1 中控门锁系统

14.1.1 汽车中控门锁系统

汽车中控门锁系统具体包括门锁控制开关、钥匙控制开关、门控开关及门锁执行机构、门锁连杆操纵机构等。

(1)门锁控制开关。门锁控制开关一般安装在驾驶员侧车门的扶手上,通过门锁控制开关可以同时锁住或打开所有车门,如图14-2(a)所示。

(2)钥匙控制开关。钥匙控制开关安装在左前车门和右前车门的外侧锁中,如图14-2(b)所示。当从车外用车门钥匙开门或锁门时,钥匙控制开关即发送开门或锁门信号给门锁控制电控单元(ECU),实现车门开锁或上锁。

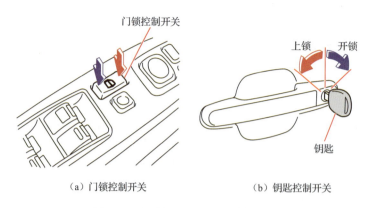

(a)门锁控制开关　　　　　　(b)钥匙控制开关

图14-2　门锁控制开关与钥匙控制开关

（3）门控开关。门控开关用于检测车门的开闭情况。当车门打开时，门控开关接通；当车门关闭时，门控开关断开。

（4）门锁执行机构。中控门锁通过电磁驱动方式进行门锁的开启与关闭。目前门锁执行机构主要有电磁线圈式和直流电动机式。

① 电磁线圈式门锁执行机构。当车门上锁时，该机构的电磁线圈中流过正向电流，衔铁带动连杆右移，扣住门锁舌片；当车门开锁时，该机构的电磁线圈中有反向电流流过，衔铁带动连杆左移，脱离门锁舌片。

② 直流电动机式门锁执行机构。在该机构中，连杆由可逆转的直流电机驱动，通过电机的正转和反转实现锁门和开门，如图14-3所示。

（5）门锁连杆操纵机构。门锁电机（或其他执行机构）通过门锁连杆操纵门锁上锁或开启。

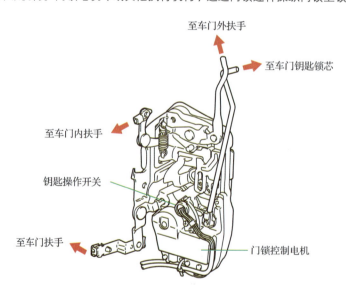

图14-3　直流电动机式门锁执行机构

14.1.2　遥控中控门锁系统

遥控中控门锁系统（图14-4）也称为无钥匙进入系统，其作用是从远处锁住或解锁所有车门，为驾驶人提供便利。遥控中控门锁系统是在普通中控门锁系统的基础上增加了手持遥控发射器（遥控器）、车门控制接收器及集成继电器（含防盗 ECU）等部件。

遥控器有分开型和组合型 2 种。组合型遥控器的发射天线由钥匙板兼任。身份代码存储器中存储的身份代码通过输出部分经由发射天线向外发送；车门控制接收器对接收的信号进行放大和调制，再发送给防盗 ECU；防盗 ECU 检查身份代码是否相符，若一致，则驱动相应的执行器。

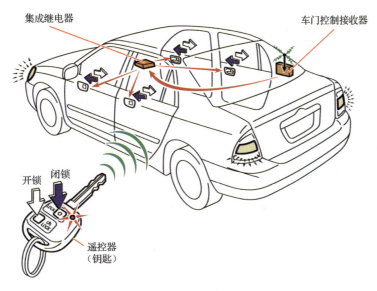

图14-4　遥控中控门锁系统

■ 14.2　汽车中控门锁系统维修

14.2.1　前门锁总成拆卸

这里以左前门锁总成为例（其他车门锁可参考），介绍门锁总成的拆卸方法。

① 断开蓄电池负极电缆。

② 拆卸左前门内饰板。

③ 拆卸左前门锁体总成上的固定螺钉（图14-5）。

④ 揭下挡水膜（图14-6）。

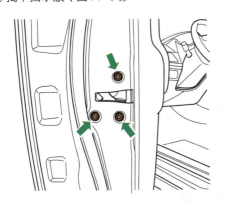

图14-5　左前门锁体总成上的固定螺钉

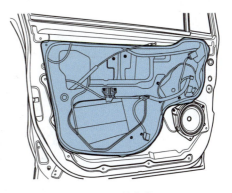

图14-6　挡水膜

⑤拆卸门内开启拉线1、门外开启拉杆2和锁芯拉杆3,如图14-7所示。
⑥断开左前门锁体总成线束插接器(图14-8)。
⑦取下左前门锁体总成。

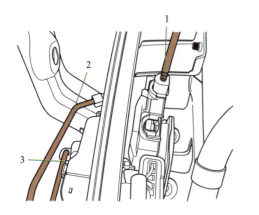

图14-7 拆卸门内开启拉线、门外开启拉杆和锁芯拉杆

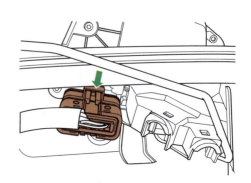

图14-8 左前门锁体总成线束插接器

14.2.2 行李舱锁总成拆卸

行李舱锁总成的拆卸方法如下:
①断开蓄电池负极电缆。
②拆卸行李舱门内装饰板。
③断开行李舱锁总成线束插接器(图14-9)。
④拆卸行李舱锁总成上的固定螺栓(图14-10)。
⑤取下行李舱锁总成(图14-11)。

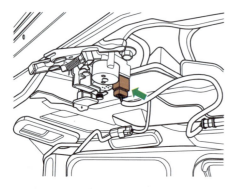

图14-9 行李舱锁总成线束插接器

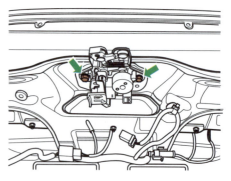

图14-10 行李舱锁总成上的固定螺栓

图14-11 行李舱锁总成

14.3　汽车中控门锁系统的常见故障及排除方法

汽车中控门锁系统的常见故障及维修方案见表14-1。

表14-1　汽车中控门锁系统的常见故障及维修方案

故障现象	怀疑故障部位	维修方案
机械钥匙不能锁/开车门	① 中控门锁的电源出现故障； ② 左前门锁总成内的开/闭锁开关接触不良； ③ 线束插头接触不良； ④ 相关搭铁点接触不良； ⑤ 线路异常； ⑥ 中控锁电机出现故障； ⑦ 车身控制模块（BCM）出现故障	① 检修电源线路； ② 检修线束、插头； ③ 检修搭铁点故障； ④ 更换门锁电机总成； ⑤ 检修 BCM，必要时更换 BCM
中控锁开关不能锁/开车门	① 中控门锁的电源出现问题； ② 左前玻璃升降开关总成上的中控门锁开关出现故障； ③ 线束插头接触不良； ④ 相关搭铁点接触不良； ⑤ 线路异常； ⑥ 中控门锁电机出现故障； ⑦ BCM 出现故障	① 检修电源线路； ② 检修线束、插头； ③ 检修搭铁点故障； ④ 检修左前门玻璃升降开关； ⑤ 更换门锁电机总成； ⑥ 检修 BCM，必要时更换 BCM
只有左前门锁异常	① 中控锁的电源出现故障； ② 左前门锁线束插头接触不良； ③ 左前门锁搭铁点接触不良； ④ 线路异常； ⑤ 左前门中控门锁电机出现故障； ⑥ BCM 故障	① 检修电源线路； ② 检修线束、插头； ③ 检修搭铁点故障； ④ 更换门锁电机总成； ⑤ 检修 BCM，必要时更换 BCM
遥控器不能锁/开车门	① 使用环境有电磁干扰； ② 遥控器出现故障； ③ 中控门锁的电源出现故障； ④ 线束插头接触不良； ⑤ 相关搭铁点接触不良； ⑥ 线路异常； ⑦ 中控门锁电机出现故障； ⑧ BCM 出现故障	① 移动至无干扰的环境中使用； ② 检修遥控器电池，必要时更换遥控器； ③ 检修电源线路； ④ 检修线束、插头； ⑤ 检修搭铁点故障； ⑥ 更换门锁电机总成； ⑦ 检修 BCM，必要时更换 BCM

第15章
汽车音响与导航系统维修与故障诊断

■ 15.1 汽车音响与导航系统基础知识

15.1.1 汽车音响系统的组成

随着电子技术的发展，加上驾驶者对视听享受的追求越来越高，汽车音响系统越来越受到重视，已经成为评价汽车舒适性的指标之一。驾驶者可以通过汽车音响系统获取驾驶所需的交通信息和新闻，也可享受系统提供的娱乐功能。汽车音响系统主要由天线、音响主机、功率放大器和扬声器等组成，如图15-1所示。

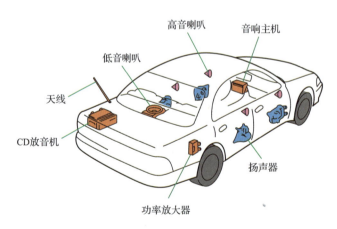

图15-1 汽车音响系统的组成

（1）天线。天线的作用是接收广播电台发射的电波，并通过高频电缆传送给无线电调频装置。

（2）音响主机。音响主机也称为信号源，它是汽车多媒体系统的节目源，包括汽车收音机（调谐器）、激光唱机（CD放音机）等。

（3）功率放大器。功率放大器的作用是对音频信号进行电压放大和功率放大，并推动扬声器发出声音。

（4）扬声器。扬声器的主要功能是将音频信号还原成声音向外传达，它是汽车音响系统的终端，决定了车厢内的音响性能。

15.1.2 汽车导航系统的组成

汽车导航系统主要由全球卫星定位系统和车辆自动导航系统两大部分组成。

1. 全球卫星定位系统

全球卫星定位系统（GPS）由距地面21 000km、均匀分布于6个轨道面上的24个地球同步卫星组成，如图15-2所示。它主要包括空间部分（导航卫星）、监控部分（地面站）及用户设备（GPS接收器）。

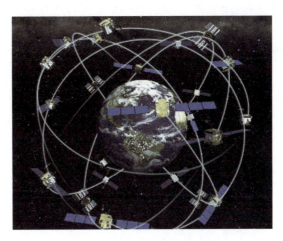

图15-2　全球卫星定位系统的组成

汽车导航系统利用GPS导航卫星的无线电波来检测车辆的绝对位置。在全球任何地方、任何时刻都至少能看到4颗GPS导航卫星，如图15-3所示。汽车位置可通过测量无线电波从卫星至接收器的传播时间来进行计算。车载GPS导航系统内置的GPS天线通过接收至少3颗导航卫星传递的数据信息，即可测出接收器在地球上的位置坐标（经度、纬度和高度）。但考虑到实际空间中存在许多误差因素，故而通过第4颗导航卫星来做"双重检验"，以清除误差因素的影响。

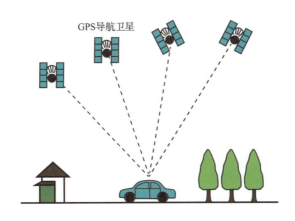

图15-3　GPS导航卫星

2. 车辆自动导航系统

（1）车辆地理位置定位原理。车辆自动导航系统根据导航接收器总成中的陀螺仪传感器和车速传感器来确定车辆的运动轨迹,从而确定车辆的相对位置。其中,陀螺仪传感器通过检测角速度来计算方位,车速传感器用于计算车辆运动距离。

汽车导航系统根据GPS测定的车辆绝对位置和车辆自动导航系统测定的车辆相对位置来计算车辆的实际位置。

(2)地图匹配原理。当前的驾驶路线由自动导航(根据陀螺仪传感器和车速传感器)和GPS导航计算得出。将该信息与电子地图数据中的可能路线进行对比,并将车辆位置设置在最合适的路线上。经过地图匹配后,系统将在显示器上显示路线修正情况,如图15-4所示。

图15-4 地图匹配

3.汽车导航系统工作过程

在出发前,用户通过系统提供的输入方法(触屏或语音等)将目的地输入导航设备中。汽车导航系统根据GPS测定的车辆绝对位置和车辆自动导航系统测定的车辆相对位置来计算车辆的实际位置,并结合车载电子地图及用户输入的车辆目的地计算最佳行驶路线,然后以语音/图像的形式提供给驾驶人。

■ 15.2 汽车音响与导航系统维修

15.2.1 低音喇叭的拆卸

这里以左前门上的低音喇叭为例(其他车门锁可参考),介绍低音喇叭的拆卸方法。

① 拆卸前车门内饰板。
② 断开低音扬声器线束插接器,如图15-5所示。
③ 拆卸低音扬声器的铆钉(图15-6),取出低音扬声器。

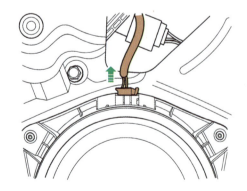

图15-5 断开低音扬声器线束插接器

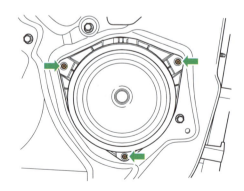

图15-6 低音扬声器的铆钉

15.2.2 GPS主机的拆卸

GPS主机的拆卸方法如下:

① 拆卸 GPS 主机盖板(图15-7),须依据相应车型采取合适方法。

② 拆卸 GPS 主机的固定螺钉(图15-8)。

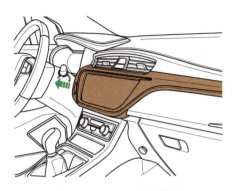

图15-7 GPS 主机盖板

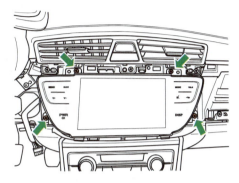

图15-8 GPS 主机的固定螺钉

15.3 汽车音响与导航系统的常见故障及排除方法

汽车音响系统的常见故障及怀疑部位见表15-1。

表15-1 汽车音响系统的常见故障及怀疑部位

故障现象	怀疑部位
按下电源开关不能启动系统	整车电源处于非 OFF 位置
	系统电源
	音响主机/收放机
面板开关不工作	音响主机/收放机
听不到任何来自扬声器的声音	音响主机/收放机电源电路
	音响主机/收放机静音
	扬声器电路
所有模式下的音质均不佳	音响主机/收放机
	扬声器电路
	扬声器
出现异常噪声	音响主机/收放机
	扬声器
	音响主机/收放机受到干扰
无线电收音机夜间无照明	整车照明电路
	音响主机/收放机

汽车导航系统的常见故障与诊断见表 15-2。

表15-2 汽车导航系统的常见故障与诊断

故障现象	故障原因
导航仪黑屏障	① 蓄电池亏电； ② 交流发电机损坏； ③ 导航仪失常
方向偏差较大	① 车速传感器信号、陀螺仪传感器信号缺失； ② 线束损坏
寻找不到目的地	导航信息存储介质（导航光盘）损坏
GPS 无法搜索卫星信号	① 导航仪本身或其系统失常； ② 卫星信号弱； ③ 受到汽车内的其他用电设备干扰； ④ PS 天线损坏

第16章
其他电动辅助装置的维修与故障诊断

■ 16.1 刮水器与洗涤系统维修与故障诊断

16.1.1 刮水器与洗涤系统概述

刮水器与洗涤系统由前刮水器、前喷洗器喷嘴、喷洗器储液罐、前刮水器连杆、后刮水器、后刮水器电动机和喷洗器开关等组成。此外,通常也将前照灯清洗归入刮水器与洗涤系统里。刮水器与洗涤系统的组成如图16-1所示。

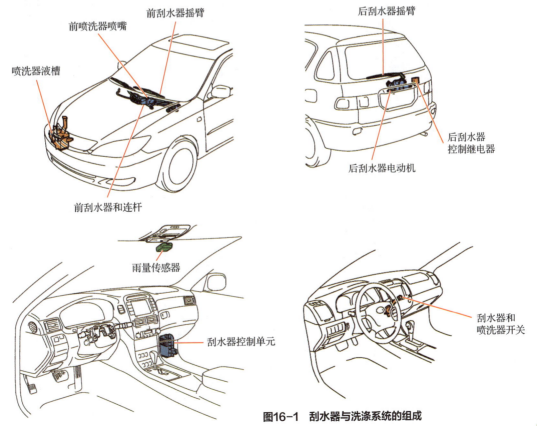

图16-1 刮水器与洗涤系统的组成

16.1.2 刮水器电动机的供电检查

刮水器电动机需要进行供电检查，具体方法如下：

① 打开发动机舱盖，拆卸风窗玻璃刮水器摇臂的装饰盖，如图16-2所示。

（a）

（b）

图16-2　拆卸风窗玻璃刮水器摇臂的装饰盖

② 断开刮水器电动机的插接器，如图16-3所示。

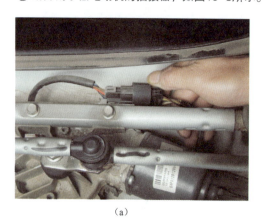
（a）

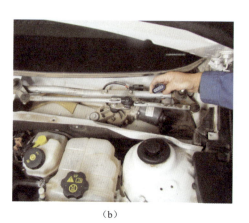
（b）

图16-3　断开刮水器电动机的插接器

③ 使试灯探针接触刮水器电动机的供电端，将试灯负极夹子夹在搭铁上，如图16-4所示。当打开刮水器开关时，试灯应点亮。

图16-4　供电检查（试灯法）

16.1.3 刮水器系统故障诊断

刮水器系统的典型故障现象主要包括：刮水器不工作、刮水器调速功能失效及刮水器工作效果不佳等。如果刮水器完全不工作，则应检查以下项目：

① 刮水器电动机是否失效；

② 刮水器开关否失效；

③ 继电器是否失效；

④ 雨量传感器是否失效；

⑤ 车身控制单元（BCM）是否出现故障；

⑥ 线路是否出现故障；

⑦ 插接器是否松动。

针对刮水器抖动的情况，应着重检查以下项目：

① 刮水器片安装是否到位；

② 刮水器连杆机构是否损坏。

16.2 电动后视镜维修与故障诊断

16.2.1 电动后视镜的组成与原理

汽车后视镜的位置直接关系到驾驶人能否观察到后方情况，进而对行车安全产生重要影响。电动后视镜可以通过开关进行调节，便于操作，因而受到人们越来越多的青睐。汽车的电动后视镜一般由镜片、电机总成及壳体等组成，如图16-5所示，其操作开关一般安装在左前车门或仪表板上。

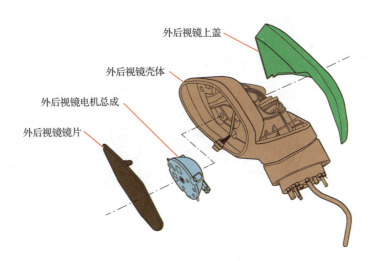

图16-5 汽车电动后视镜的组成

在每个后视镜镜片的背面都有两个双向电动机，可操纵镜片运动。通常上下方向的倾斜运动由一个电动机控制，左右方向的倾斜运动由另一个电动机控制。通过改变电动机的电流方向，可以完成后视镜的位置调整。有的电动后视镜还有伸缩功能，通过伸缩开关控制伸缩电动机工作，使整个后视镜伸出或缩回。

16.2.2　电动后视镜的供电检查

电动后视镜的供电检查方法如下：

①拆卸电动后视镜插接器的盖板，如图16-6所示。

②断开电动后视镜插接器，如图16-7所示。

图16-6　拆卸电动后视镜插接器的盖板

图16-7　断开电动后视镜插接器

③如图16-8所示，使试灯探针接触插接器的供电端，将负极夹子夹在车身搭铁上，当调整电动后视镜的调节按钮时，试灯应点亮。

图16-8　电动后视镜的供电检查

■ 16.3　电动车窗维修与故障诊断

16.3.1　电动车窗的基本组成

电动车窗可使驾驶人和乘员只通过开关就能使车窗玻璃自动升降，其特点是操作简单，有利于行车安全。电动车窗主要由车窗电动机、车窗升降调节器和各类控制开关（如电动车窗开关）等组成，如图16-9所示。

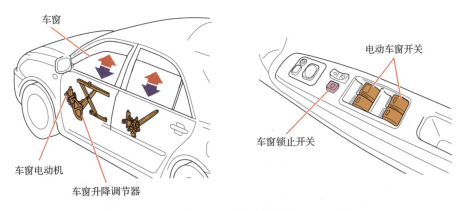

图16-9 电动车窗的组成

(1) 车窗电动机。电动车窗通常使用双向永磁式电动机,每个车窗一般只装一个。当向下或向上操作电动车窗开关时,车窗电动机正向或反向转动,同时通过传动机构将动力传给车窗升降调节器,使车窗玻璃升高或降低。

(2) 车窗升降调节器。常见的车窗升降调节器有绳索式和交叉臂式两种类型,如图16-10所示。

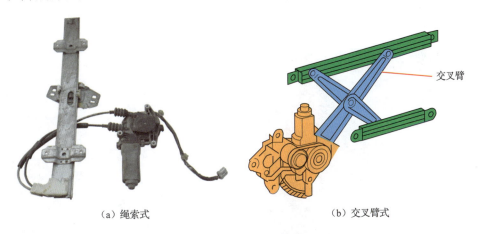

(a) 绳索式　　　　　　　　(b) 交叉臂式

图16-10 车窗升降调节器

(3) 控制开关。控制开关包括电动车窗开关和车窗锁止开关。电动车窗开关又分为主控开关(驾驶员侧)和分控开关(乘员侧)。主控开关可控制各车窗的升降,具有"Auto"功能的主控开关还可实现对应侧车窗的自动升降功能;分控开关只能控制对应车窗的升降。车窗锁止开关可切断各分控开关的控制功能。

16.3.2 电动车窗维修

(1) 电动车窗初始化(通用车系)。如果车窗无法执行快速上升/下降的功能(如在断开车辆蓄电池后),驾驶员信息中心内会显示警告信息。此时需要参照以下步骤完成电动车窗初始化:

① 关闭车门。
② 将点火开关置于"ON"位置。
③ 完全降下车窗玻璃。
④ 拉起电动车窗开关直至完全关闭车窗,并保持至少2s。
⑤ 完成电动车窗初始化,其余的车窗可重复进行上述操作。

(2) 车窗电动机的供电检查。具体方法如下:

① 拆卸内侧门拉手紧固螺栓，如图16-11所示。
② 拆卸车窗升降调节器开关后方储物格内的紧固螺栓，如图16-12所示。

图16-11　拆卸内侧门拉手紧固螺栓

图16-12　拆卸紧固螺栓

③ 拆卸车内内饰板卡扣，并将车内内饰板从车门上分离，如图16-13所示。分离时应注意内饰板后方的线束，断开内饰板线束。

④ 检查车窗电动机的供电情况。如图16-14所示，使试灯探针接触车窗电动机插接器的供电端，将试灯负极夹子夹在车身搭铁上，打开点火开关，试灯应点亮。

图16-13　拆卸车内内饰板

图16-14　检查车窗电动机的供电情况